EWÉ ÒRÌṢÀ

JOSÉ FLAVIO PESSOA DE BARROS
&
EDUARDO NAPOLEÃO

EWÉ ÒRÌṢÀ

Uso litúrgico e terapêutico dos vegetais nas casas de candomblé jêje-nagô

14ª EDIÇÃO

Rio de Janeiro | 2025

Copyright © 1998, José Flavio Pessoa de Barros e Eduardo Napoleão

Capa: Leonardo Carvalho
Editoração: DFL

2025

Impresso no Brasil

Printed in Brazil

CIP-Brasil. Catalogação na fonte
Sindicato Nacional dos Editores de Livros, RJ.

B278e
14ª ed.

Barros, José Flavio Pessoa de
Ewé òrìsà: uso litúrgico e terapêutico dos vegetais nas casas de candomblé jêje-nagô / José Flavio Pessoa de Barros & Eduardo Napoleão. – 14ª ed. – Rio de Janeiro: Bertrand Brasil - 2025.

Inclui glossário e bibliografia
ISBN 978-85-286-0744-4

1. Candomblé – Cerimônias e práticas. 2. Ervas – Aspectos religiosos. 3. Ervas – Uso terapêutico. I. Napoleão, Eduardo. II. Título.

99-1593

CDD – 299.67
CDU – 299.6.3

Todos os direitos reservados pela:
EDITORA BERTRAND BRASIL LTDA.
Rua Argentina, 171 – 3º andar – São Cristóvão
20921-380 – Rio de Janeiro – RJ
Tel.: (21) 2585-2000

Não é permitida a reprodução total ou parcial desta obra, por quaisquer meios, sem a prévia autorização por escrito da editora.

Atendimento e venda direta ao leitor:
sac@record.com.br

Dedicado a:

Nitinha — *Osi Ìyálórìṣà do Ile Ìyá Naso*, Casa Branca do Engenho Velho
Maria Stella — *Ìyálórìṣà do Ile Àṣẹ Òpó Àfọ̀njá* de São Gonçalo do Retiro
Antonieta Alves — *Ìyálórìsà do Ile de Òṣalúfọ́n* de Sete Riachos
Deuzuita e Creuza — *Ìyá Agbá do Ìyá Omi Àṣẹ Ìyámase* do Alto do Gantois
Regina Sowser (de *Bangboṣé*) — *Ìyálórìsà do Ile Àṣẹ* de Santa Cruz da Serra

e

a todos os *Bàbá* e *Ìyá* que tão generosa e gentilmente toleraram nossas intermináveis perguntas e questionamentos...

e

In memoriam de:

Pierre Fatumbi Verger, *Ojé Rindé*, feiticeiro, babalaô, escritor... do Alto do Corrupio.
Humberto Gonçalves Alves de Jesus, *Ọdẹ Lejì* — Odessi de Amaralina, pai-de-santo, feiticeiro e o mais querido "arruaceiro" entre Salvador e Rio de Janeiro...
Ivo Bertasins, *Ìyá Tundé*, babalorixá e amigo que tanto se dedicou
ao culto dos orixás

"*Àṣẹ̀ṣẹ̀ mo juba
Ọdẹ Arolé lo bí wá*"

(Origem das origens, lhe apresento meu humilde respeito. Oxossi nos trouxe ao mundo.)

Sumário

~~~~

1. Dedicatórias ⟨ 5
2. Rápido Esclarecimento sobre o Idioma Iorubá ⟨ 9
3. Introdução ⟨ 11
4. Os Terreiros ⟨ 15
5. Fitoterapia: Estratégia e Resistência Cultural ⟨ 19
6. A Classificação Jêje-Nagô dos Vegetais ⟨ 23
7. Àgbo — A Mais Importante Mistura de Vegetais ⟨ 29
8. *Sasányìn* — Culto e Cânticos Sagrados ⟨ 33
9. Monografias dos Vegetais com Denominações Jêje-Nagôs ⟨ 49
10. Monografias dos Vegetais sem Denominações Jêje-Nagôs ⟨ 337
11. Índice de Vegetais com Denominações Jêje-Nagôs ⟨ 435
12. Índice de Nomes Populares ⟨ 473
13. Índice de Nomes Científicos ⟨ 489
14. Glossário ⟨ 503
15. Bibliografia ⟨ 509

Rápido Esclarecimento sobre o Idioma Iorubá

~~~~~

O iorubá é um idioma que já era falado na Nigéria e em algumas regiões próximas ao Golfo do Benin quando os colonizadores ingleses e franceses aportaram no continente africano. É uma língua tonal que leva em consideração não somente o som, mas também o tom de cada palavra. Foi escrita pela primeira vez, no século XIX, por missionários, pois até então os habitantes daquela região não possuíam uma língua escrita. Seu vocabulário é constituído de 25 letras, a seguir:

a, b, d, e, ẹ, f, g, gb, h, i, j, k, l, m, n, o, ọ, p, r, s, ṣ, t, u, w, y.

Os sons são pronunciados:
a   = *a*
b, d, f, l, m, n, s, t = pronunciadas como em português
e   = *ê*, como em medo
ẹ   = *e*, como em teto
g   = tem sempre um som gutural (*ga*), nunca é pronunciado como em gesso e giz
gb = pronunciado *g* e *b* simultaneamente
h   = aspirado
i   = *i*
j   = *dj*
k   = substitui a letra *c* antes de *a/o/u*, e substitui o *qu* antes de *e/i*
o   = *ô*, como em poça
ọ   = *o*, como em cobra
p   = pronunciado como *kp* em início de palavras
r   = tem a pronúncia de *r* entre vogais
ṣ   = *ch*, como em chapéu
u   = *u*
w = *u*
y   = *i*

Introdução

~~~~~~

Fruto de longos anos de observações e pesquisas, este trabalho contou com a ajuda de diversos informantes e pesquisadores, sem os quais esta obra ficaria incompleta, e que, como os autores, são cônscios da importância dos vegetais como fonte provedora de vida em nosso planeta. Deixamos aqui o nosso apreço a todos e, em especial, à dra. Elsie Franklin Guimarães, Botânica e Pesquisadora em Ciências Exatas e da Natureza e aos demais botânicos do Jardim Botânico do Rio de Janeiro, que tão carinhosamente contribuíram na classificação de espécimes vegetais.

Seguindo critérios metodológicos, este trabalho teve como base uma vasta pesquisa de campo iniciada nos anos 70, bem como bibliográfica ligada às áreas de botânica, etnobotânica e antropologia. Em botânica, merecem destaque os trabalhos de Kissmann, Lorenzi, Pott e Pott, Longhi e Ficalho. Na área antropológica, as obras de Barros, Cabrera e Verger foram de grande importância no estudo dos vegetais e sua classificação dentro do sistema religioso afro-brasileiro.

Nos dias atuais em que a maioria dos países pratica o chamado "capitalismo selvagem", induzindo o homem à destruição de grandes áreas de florestas e à depredação da natureza, as religiões afro-brasileiras despontam como cultos de grande importância ecológica. Em sua essência está embutida a preservação do meio ambiente, pois o homem negro sempre acreditou que destruir florestas equivale a destruir os deuses que nelas habitam. Esta inserção do mundo vegetal nos cultos afros tem sido tema de várias obras; todavia, a nossa proposta é levar, tanto ao leitor leigo quanto ao acadêmico, um trabalho que venha preencher o vazio que existe com relação ao conhecimento das plantas litúrgico-medicinais e sua utilização nos candomblés brasileiros, principalmente aqueles denominados jêje-nagô.

Em todas as culturas, antigas ou modernas, o vegetal é, inquestionavelmente, de suma importância na manutenção da vida humana. Sem dúvida, o homem, desde tempos primitivos, sempre dependeu da natureza para sobreviver, e utilizava, principalmente, a flora como parte de sua alimentação, para combater doenças, ou em seus rituais para prover o bem-estar social.

Dentro da cosmovisão dos grupos de origem jêje-nagô o conhecimento dos vegetais é fator preponderante nas relações destes com o mundo que os cerca. É através desse relacionamento que o homem chega a uma forma de conhecer, organizar, classificar e experimentar, integrando o mundo natural ao social dentro de uma lógica particular.

Para os grupos étnicos, oriundos do sudeste africano, que vivenciavam na origem uma convivência harmônica com a natureza, os vegetais influíram em todos os níveis existenciais. Das florestas, tiravam não só a subsistência, mas também o suporte espiritual através de sua divinização. Essa relação homem/vegetal foi sedimentada através do conhecimento empírico secular, onde o homem, plenamente familiarizado com a flora, nela buscava soluções para os mais diversos problemas surgidos no âmbito de suas comunidades.

O advento da escravatura e a transmigração de etnias africanas, imposta pelos colonizadores do Novo Mundo, vieram imputar um corte anacrônico no *modus vivendi* dos grupos jêjes (ewe) e nagôs (iorubá), objeto de nossa pesquisa. Lançando-os "a um confronto com a flora aqui existente, havia necessidade de encontrar elementos vegetais que, de alguma forma, reproduzissem as espécies da floresta original" (Barros 1993:33).

Com um clima tropical semelhante ao do continente de origem, os jêje-nagôs encontraram no nordeste brasileiro, mais especificamente no Estado da Bahia, vastas extensões de florestas nativas, o que lhes facilitou uma boa adaptação ao meio, em virtude da afinidade que possuíam com a natureza.

Embora desde o século XVI os portugueses, com fins comerciais, tenham introduzido na África algumas plantas nativas das Américas, que contribuíram também na alimentação daqueles povos, a grande maioria das espécies vegetais que os jêje-nagôs aqui encontraram era desconhecida. Esse novo cenário era o desafio para a sobrevivência do grupo e a manutenção da identidade étnica. Barros (1993:33) enfatiza que: "A procura e identificação de espécies vegetais objetivaram a manutenção de aspecto primordial de sua cosmovisão e, portanto, da sobrevivência de uma identidade enquanto negro e africano". Desse modo, uma grande variedade de vegetais nativos brasileiros foi incorporada em substituição aos africanos. Para outras espécies não havia similares, o que tornou necessária a criação de mecanismos de intercâmbio entre os dois continentes. Vários espécimes foram transportados pelos navios negreiros que traziam cargas clandestinas, muitas de interesse dos portugueses que introduziram no Brasil espécies nativas africanas ou originárias da Ásia, há muito aclimatadas na África. Dentre estas destacam-se como asiáticas a jaqueira (*Artocarpus integrifolia* L.), a mangueira (*Mangifera indica* L.) e o tamarineiro (*Tamarindus indica* L.), e nativas na África algumas variedades de inhame (*Dioscorea sp.*), o quiabo (*Hibiscus esculentus* L.), a melancia (*Citrillus vulgaris* Schrad.), a mamona (*Ricinus communis* L.), o dendezeiro (*Elaeis guineensis* L.), a pimenta-da-costa (*Xylopia aethiopica* A. Rich.) e o obi (*Cola acuminata* Schott. & Endl.). Cruz (1982:472), referindo-se ao obi, também conhecido como noz-de-cola, diz que: "Entre os habitantes de certas regiões da África esses cocos se usam como moeda corrente, são trocados por pós de ouro, representam a melhor garantia de um juramento feito ou de um compromisso assumido, e são considerados presentes importantes que honram e dignificam quem os recebe. É um poderoso alimento de poupança, que durante longo tempo substituiu a alimentação comum. Os africanos com apenas alguns gramas de nozes-de-cola reduzidas a pó empreendem longas e penosas viagens e fazem trabalhos pesados sem se cansarem nem sentir fome." Também Ficalho (1947:102) cita "... que, sob a sua influência, se pode resistir durante um período considerável ao cansaço e à privação de alimento." Conhecedores das propriedades deste vegetal, alguns escravocratas tiveram interesse na sua importação, fato que facilitou o cultivo no Brasil não só desta, mas de diversas outras espécies. A introdução de algumas plantas no Novo Mundo, bem como as nativas, tinha para o colonizador um sentido econômico, pois barateava o custo com a manutenção dos escravos e os mantinham alimentados para enfrentar os árduos trabalhos braçais que lhes eram impostos. Porém, para os jêje-nagôs, alguns vegetais não eram somente usados em dietas alimentares, mas, de um modo mais amplo, proporcionavam, "através de sua utilização nos ritos de iniciação, por exemplo, a construção de sua identidade e a manutenção de uma cosmovisão, que os diferenciavam do grupo dominante, o que, a longo prazo, deu ensejo à constituição de comunidades próprias" (Barros 1993:39).

Utilizadas em rituais, espécies como órógbó (*Garcinia kola* Heckel), àrìdan (*Tetrapleura tetraptera* Taub.), akoko (*Newboldia laevis* Seem.), obi (*Cola acuminata* Schott & Endl.) e pimenta-da-costa (*Aframomum melegueta* [Roscoe] K. Schum) aqui chegavam também, trazidas pelos próprios escravos ou por jêje-nagôs libertos que se dedicaram a esse tipo de intercâmbio comercial entre os dois continentes.

O mesmo interesse que os portugueses tiveram em trazer plantas da África para o Brasil também os levou simultaneamente ao movimento inverso, pois naquele continente foram introduzidos vegetais nativos na América, tais como o fumo (*Nicotiana tabacum* L.), a batata (*Ipomoea batatas* L.), o milho (*Zea mays* L.), a cana-de-açúcar (*Saccharum officinarum* L.), a goiaba (*Psidium guajava* L.), o urucum (*Bixa orellana* L.) e diversas outras espécies. Contribuíram, ainda, nessas exportações, os negros libertos que, na segunda metade do século XIX, retornaram à terra de origem, para onde levaram, entre outras, a erva-guiné (*Petiveria alliaceae* L.), muito utilizada pelos escravos como abortiva ou "remédio para amansar senhor", hoje disseminada por diversas regiões tropicais.

Simultaneamente ao intercâmbio processado entre os dois continentes, estabeleceu-se o uso de vegetais comuns às Américas e à África; como exemplo, temos ainda a erva-tostão (*Boerhavia hirsuta* Wild.), o capim-de-burro (*Cynodon dactylon*) (L. Pers.), e diversos outros climatizados nos dois continentes.

O intercâmbio ocorrido entre os iorubás na Nigéria e os jêje-nagôs da Bahia também se estendeu a outras regiões para onde contingentes de escravos destas etnias foram levados e fixaram seu sistema religioso, como foi o caso de Cuba, que hoje conta com um grande número de vegetais utilizados simultaneamente em liturgias, tanto na África, quanto no Brasil.

A participação dos negros no processo histórico brasileiro foi de extrema relevância. Além do já conhecido, tiveram a dupla tarefa de transplantar um sistema de classificação de vegetais africanos e de assimilar a flora nacional dentro de uma visão empírica secular, que ampliou ainda mais seus conhecimentos do mundo natural, contribuindo, também, no uso fitoterápico das espécies na medicina popular brasileira.

Os Terreiros

~~~~~~

A Bahia foi o estado brasileiro que, provavelmente, teve maior afluência dos grupos étnicos jêje-nagôs. Vários autores que se dedicaram aos estudos da escravidão neste Estado detectaram quatro ciclos de entradas de negros — os da Guiné (séc. XVI), os de Angola (séc. XVII), os da Costa da Mina e Golfo do Benin (séc. XVIII e início do XIX), e o período de tráfico clandestino (1816 a 1850). "Os chamados Jêje e Nagô teriam vindo (...) no período compreendido entre 1770 e 1850..." (Barros 1993:12). Os jêjes eram povos oriundos da região do antigo Daomé, atual Golfo do Benin. Os Nagôs eram constituídos por diversos grupos étnicos — Ẹgba, Egbado, Ijeṣa, Sábẹ, Ijẹbu, Ọ̀yọ́ e, principalmente, os Ketu — originários das regiões onde atualmente estão situados a Nigéria e, também, o Golfo do Benin. "Da mesma forma que a palavra *Yorubá* na Nigéria, ou a palavra *Lucumí* em Cuba, o termo *Nagô* no Brasil acabou por ser aplicado coletivamente a todos esses grupos vinculados por uma língua comum — com variantes dialetais" (Santos 1975:29).

No século XIX, em decorrência das guerras entre grupos africanos, o reino de Ketu, situado no Benin e, posteriormente, o de Ọ̀yọ́, na atual Nigéria, foram dizimados. Capturados como escravos, grande contingente de negros jêje-nagôs foi trazido para a Bahia, já numa época em que o tráfico era ilegal. "Assim, o século XIX viu transportar, implantar e reformular no Brasil os elementos de um complexo cultural africano que se expressa atualmente através de associações bem organizadas, *egbẹ́*, onde se mantêm e se renovam a adoração das entidades sobrenaturais, os *òrìṣà*, e a dos ancestrais ilustres, os *égun*" (Santos 1975:32).

Ao final deste último ciclo, o *Ile Iyá Nàsó*, considerado a primeira casa de candomblé "da nação Ketu", já se encontrava instalado definitivamente na avenida Vasco da Gama, no bairro do Engenho Velho de Brotas. Originariamente ele foi fundado junto à igreja da Barroquinha, na região urbana de Salvador, com o nome de *"Iyá Omi Àṣẹ Airá Intile"*. Algumas pessoas afirmam que esta tradicional casa existe há mais de 200 anos, porém seu assentamento definitivo na Vasco da Gama ocorreu, segundo alguns estudiosos, por volta de 1830. Suas fundadoras, supostamente, teriam sido três africanas portadoras de cargos de sacerdotisas no culto dos orixás, conhecidas pelos nomes Ìyá Nàsó, Ìyá Detá e Ìya Àkàlà. Há quem conteste esta tese, afirmado que "Ìyá Nàsó Oyó Àkàlà Màgbó Olódumare" (Mãe Nassô de Oyó, venerável pássaro Akalá de Olodumare) era um título portado por apenas uma mulher. Todavia, o complexo religioso jêje-nagô no Brasil, tratando-se de uma junção de cultos praticados por grupos distintos na África, implica a idéia de união de elementos de várias etnias, o que deixa claro que Ìya Nàsó liderou um grupo na fundação deste primeiro "terreiro".

Desta casa originaram-se outras duas de igual tradição, o *Ìyá Omi Àṣẹ Ìyámase*, no Alto do Gantois, cuja fundadora foi Maria Júlia da Conceição Nazaré e o *Ile Àṣẹ Òpó Àfònjá*, no bairro de São Gonçalo do Retiro, fundado por Eugênia Ana dos Santos, *Obá Bíyí*. Barros (1993:14) diz "que estas dispersões ocorreram ao tempo de sucessões na direção da Casa, no início deste século: a primeira, com o falecimento de Mãe Marcelina: duas de suas filhas de santo disputavam o cargo de *Ìyálórìṣà*, tendo ficado com o título Maria Júlia de Figueiredo. A vencida, Maria Júlia da Conceição, afastou-se e arrendou um terreno no Rio Vermelho... A segunda dispersão ocorreu na época do falecimento de Mãe Ursulina, quando Aninha (Eugênia Anna dos Santos) afastou-se juntamente com Tio Joaquim e outros e fundou o (...) Àṣẹ Òpó Àfònjá, em 1910, em São Gonçalo do Retiro". Os membros destas comunidades costumam dizer que a Casa Branca é a cabeça e que o *Òpó Àfònjá* e o Gantois são os braços da religião jêje-nagô no Brasil.

Nesta época, também, outras comunidades religiosas de origem africana e até ameríndias estavam em processo de expansão no Estado da Bahia. Várias casas de "nações" jêje, angola, congo, caboclo e até muçurumim (hoje extinta) ficaram famosas no cenário baiano. Todavia, essas religiões eram vistas pelos leigos como "coisas demoníacas", o que as tornou alvo de perseguição por parte da sociedade "branca" que, através da força policial, perseguia vários grupos religiosos negros, apreendendo objetos sagrados e fechando vários terreiros. Os centros urbanos tornaram-se lugares não indicados às práticas religiosas afro-brasileiras, o que motivou a transferência das "casas-de-santo" para lugares mais distantes. "A repressão policial, sem dúvida, fez com que as Casas de Candomblé fossem empurradas para locais afastados ou periféricos, nos quais o tocar dos atabaques e o ruído dos cânticos e das práticas religiosas não ofendessem e nem incomodassem os sensíveis ouvidos e olhos da elite social baiana da época" (Barros & Teixeira 1994:105). Esse afastamento do meio urbano, bem como os sincretismos feitos com os santos católicos, aliados à forte estrutura social dos jêje-nagôs, contribuíram para a perpetuação e a expansão de seus cultos na Bahia e em outros Estados, para onde se deslocaram grupos de ex-escravos, no decorrer da segunda metade do século XIX.

No Rio de Janeiro, um grande contingente de negros baianos instalou-se nas imediações da praça Onze, local onde ocorriam as grandes manifestações carnavalescas com desfile de Grandes Sociedades, Ranchos e Blocos, e em bairros próximos da área portuária em busca de trabalho. Nestes logradouros, onde existiam grandes aglomerações de casarões antigos que abrigavam uma população de baixa renda, foram instalados blocos "afro" — afoxé — e os primeiros terreiros de candomblé, que posteriormente sofreram o processo de deslocamento, como ocorreu em Salvador. A Central do Brasil tornou-se o ponto de encontro de baianos e pessoas ligadas ao candomblé e aos afoxés.

Segundo Rocha (1994:33), "em 1886, Mãe Aninha, de Xangô, veio ao Rio com Bamboxê e Obá Saniá, com os quais fundou uma casa no bairro da Saúde. Retorna à Bahia, onde funda, em 1910, a Roça do Retiro. Em 1925, volta à cidade, onde, no Santo Cristo, inicia sua primeira filha de santo do Rio, Conceição de Omolu. Com seu falecimento em 1938, sua sucessora, Agripina de Souza — de Xangô — transfere o axé para Coelho da Rocha". Outras casas-de-santo foram abertas. Vários terreiros ficaram famosos, como o de João Alabá, na rua Barão de São Félix, Cipriano Abedé, na rua do Propósito, Benzinho de Bangboşé, na Marquês de Sapucaí, e o de "Tia Ciata, cujo prestígio facilitava a concessão de permissão policial para a realização de cerimônias religiosas (...) No entanto, o relacionamento que ela mantinha com as importantes figuras políticas da antiga capital do Brasil não impediu o deslocamento de seu grupo e de outros Candomblés (...) para locais então periféricos, como Madureira, Coelho da Rocha e outras localidades da Baixada Fluminense" (Barros & Teixeira 1994:105).

Nos dias atuais, no centro e nos bairros da zona norte ou zona sul do Rio de Janeiro, não existe praticamente mais nenhum terreiro, salvo, provavelmente, algum de pouca expressão localizado em área de favela; todavia, "as grandes casas" são encontradas, principalmente, em bairros mais distantes do centro ou em regiões da Baixada Fluminense e Zona Oeste, onde o desenvolvimento urbano é processado de modo mais lento.

Se por um lado o deslocamento dos terreiros, do centro urbano para a periferia das cidades, trouxe problemas ao "povo-de-santo", pois, de certo modo, não só dificultou a aquisição de bens necessários e a locomoção dos adeptos aos terreiros, como também provocou um isolamento dos grupos que passaram a se reunir com menor freqüência ou apenas em dias de festas, por outro lado, os reaproximou mais efetivamente da natureza tão essencial aos rituais. Os terreiros, antes localizados em casas de vilas ou mesmo em ruas, passaram a dispor de um "espaço-mato" mais evidente, onde são encontradas as árvores consideradas sagradas, e tornou possível achar nas florestas maior variedade de espécies vegetais, de grande importância no culto aos orixás.

Fitoterapia: Estratégia e Resistência Cultural

Historicamente, são feitas menções na literatura acadêmica e ficcional a especialistas de origem africana dedicados à recuperação e manutenção da saúde. Silva (1981:57), referindo-se ao Rio de Janeiro do século XIX, menciona que "em cada bairro da cidade existe um cirurgião africano, cujo consultório, bem conhecido, é instalado simplesmente à entrada de uma venda. Generoso consolador da humanidade negra, dá suas consultas de graça, mas como os remédios recomendados contêm sempre algum preparado complicado, fornece os medicamentos e cobra por eles".

Nossa pesquisa sobre o uso litúrgico e terapêutico dos vegetais em casas de candomblé de origem jêje-nagô apontou para a importância fundamental das plantas enquanto elementos imprescindíveis às práticas religiosas afro-brasileiras, ao mesmo tempo que evidenciou-se uma medicina alternativa destinada a promover o bem-estar físico e social dos participantes dos terreiros.

Tal importância dos vegetais no culto dos orixás, voduns e inquices implica em cuidados especiais. As "folhas" ou "ervas", como são chamadas as plantas utilizadas no candomblé, devem ser coletadas através de um ritual complexo, sem o que perdem sua razão de ser, seu *àṣẹ* (poder). Não devem ser cultivadas, mas sim encontradas dispersas na natureza — aqui entendendo-se natureza como "espaço-mato" localizado nos terreiros ou em outras áreas não cultivadas. Essa valorização das espécies vegetais foi percebida por todos os estudiosos das religiões negras, que são unânimes em afirmar a importância e o "segredo" das ervas no âmbito desses diferentes contextos. Vários autores fazem menção ao destaque do babalossaim, sacerdote do culto de Ossaim, na hierarquia dos terreiros, bem como advertiam — nas décadas de 40 e 50 — que estes sacerdotes estavam se extinguindo, devido tanto às dificuldades do processo iniciático quanto aos apelos e restrições do meio urbano.

O conhecimento e utilização das espécies vegetais, atribuições específicas dos *bàbálosányìn* ou *olosányìn*, foram sendo paulatinamente apropriados pelos chefes de terreiros, devido à inserção desse tipo de sacerdote nos quadros hierárquicos das casas-de-santo. Ficando este especialista sob a autoridade de "mães" e "pais-de-santo", foi o seu saber captado e, conseqüentemente, promovido um gradual afastamento. "O processo de transmissão do saber sofreu o impacto das mudanças nas relações de poder no interior das comunidades; no entanto, não diminuiu a importância do conhecimento e do emprego dos vegetais. As categorias básicas para as utilizações diversificadas foram mantidas, principalmente, através da denominação das espécies e dos textos falados e cantados em *yorubá*, nos quais a palavra funciona como detonadora do àṣẹ̀ latente das espécies e propicia a colocação dos vegetais dentro de uma perspectiva classificatória própria e coerente com um sistema de classificação abrangente, peculiar a este complexo cultural" (Barros 1993:124).

Outro motivo do quase desaparecimento dessa figura (hoje sabe-se que existem apenas três ou quatro entre Salvador e Rio de Janeiro) deveu-se ao apelo da sociedade abrangente que ampliava seu raio de ação através da venda de serviços em maior escala. O comércio de ervas a diversos terreiros e às camadas menos favorecidas da população, que recorrem às feiras e mercados dentro de uma perspectiva de medicina caseira ou popular, proporcionava-lhes inserção no mercado de trabalho urbano. Além desses aspectos, a desvinculação das casas-de-santo dava-lhes uma "liberdade", longe do jugo da hierarquia imposta pelos terreiros.

A transmissão de conhecimento sobre as plantas é passada de geração a geração, seguindo o mesmo princípio utilizado nos terreiros, o da oralidade. De pai para filho, de tio para sobrinho, sempre tentando salvaguardar e valorizar uma "liberdade". Um informante afirmou: "não pertenço nem quero pertencer a casa-de-santo, é uma escravidão...", porém, conhece as espécies vegetais pela denominação em iorubá e receita fórmulas mágico-terapêuticas tal como seu avô, iniciado em um dos terreiros de candomblé mais tradicionais de Salvador. Seu relacionamento com a clientela de pais e mães-de-santo é dos melhores e dos mais respeitosos, mantendo a postura de seu pai que, também, não foi filiado a nenhuma comunidade religiosa.

Portanto, se as condições atuais tornam os erveiros e mateiros impermeáveis aos apelos de uma vinculação a uma determinada comunidade religiosa, ficando de alguma forma inseridos no modelo econômico vigente, isso, no entanto, não significa que tenham desaparecido as categorias imanentes a uma visão de mundo peculiar. Pelo contrário, a transformação da figura do *bàbálosányìn* permite, também, a reprodução, manutenção e reinterpretação de um saber antes circunscrito ao espaço dos terreiros. Embora tenha ocorrido uma redefinição de papéis, esta não alterou significativamente o quadro das representações dos grupos de candomblé nem a relevância da relação homem/vegetal.

A articulação terreiro/mercado é responsável pela penetração de conhecimento outrora marcadamente negro e religioso no painel das práticas medicinais populares mais amplas. Esse saber, aliado a outras medicinas alternativas, pode ser percebido como uma forma de luta frente à hegemonia de uma medicina elitizada e oficial.

Em resumo, pode-se considerar que essa fitoterapia, ainda parte integrante da vida cotidiana dos terreiros, foi um dos aspectos relevantes da resistência cultural do negro no período escravocrata (ervas que produziam envenenamentos, abortos, feitiços...) e é hoje uma estratégia de parcela significativa da população que se reconhece, direta ou indiretamente, portadora de um legado cultural negro-brasileiro.

A Classificação Jêje-Nagô dos Vegetais

Do mesmo modo como no oráculo de Ifá, os signos geomânticos (*Odù*) são organizados dentro de um sistema classificatório; no culto a Ossaim, os vegetais, também, estão inseridos nesse sistema.

A relação folha/orixá se evidencia com a existência de quatro compartimentos estruturados a partir de uma concepção de categorias lógicas e ordenadas segundo a visão de mundo dos jêje-nagôs. Sendo os orixás representações vivas das forças que regem a natureza, as folhas a eles atribuídas, no contexto litúrgico, associam-se, conseqüentemente, a esses elementos. Barros (1993:60), estudando essas classificações, verificou que: "Os vegetais estão dispostos em quatro compartimentos-base diretamente relacionados aos quatro elementos; as *ewé aféẹ́fẹ́* — folhas de ar (vento); as *ewé inọ́n* — folhas de fogo; as *ewé omi* — folhas de água; e as *ewé ilẹ̀* ou *ewé igbó* — folhas da terra ou da floresta." Nestes quatro compartimentos-base, concentra-se o panteão jêje-nagô. Sendo assim, cada orixá possui uma característica própria que é transmitida ao filho-de-santo, o que possibilita identificar, através do arquétipo humano, os pais míticos, pois cada "... indivíduo será 'descendente' de um òrìṣà que considerará seu 'pai' — Baba mi — ou sua 'mãe' — Ìyá mi —, de cuja matéria simbólica — água, terra, árvore, fogo etc. — ele será um pedaço" (Santos 1976:103).

Genericamente, vamos encontrar Exu e Xangô participando do compartimento Fogo; Ogum, Oxossi, Ossaim e Obaluaiê ligados ao elemento Terra; Iemanjá, Oxum, Obá, Nanã e Yewá associadas às águas, e Oxalá e Oiá ao Ar. Todavia, ao particularizarmos, veremos que alguns orixás, como Logun Edé e Oxumaré, considerados "meta-meta" (com dupla sexualidade), estarão vinculados a mais de um desses compartimentos.

Exu está ligado com predominância ao elemento Fogo, porém, como "cada *òrìṣà* possui seu *Èṣù*, com o qual ele constitui uma unidade" (Santos 1976:131), este compartilhará do mesmo elemento ao qual o orixá está associado. Assim, os

Exus das Iabás estarão ligados, também, ao elemento Água, os de Ogum ou Oxossi, ao compartimento Terra, e assim ocorrendo com os demais Exus.

Ogum atua predominantemente no compartimento Terra. Todavia, na qualidade *Warín*, encontramos um Ogum que habita nas águas, pois segundo os mitos ele vive no rio com Oxum; conseqüentemente, estará, também, ligado ao compartimento Água. Já Ogum Àgbẹ̀dẹ̀ ọ̀run, "o ferreiro do céu", se liga, também, ao elemento Ar, juntamente com Oxalá.

Oxossi é ligado à Terra; mas, nas suas variáveis, encontramos *Inlé*, modalidade desse orixá que, como Logum Edé, está associado tanto ao compartimento Água quanto ao Terra; entretanto, para a maioria das outras "qualidades" de Oxossi predomina o elemento Terra.

Obaluaiê, sendo um orixá da terra (*Oba* = rei, *Ayié* = terra), mas que se relaciona com a febre e o sol do meio-dia, está ligado, igualmente, aos compartimentos Terra e Fogo. Em algumas ocasiões ele recebe o título de "*Bàbá Igbona* = pai da quentura" (Santos 1976:98), título que é dado, também, a uma "qualidade" de Xangô Airá, considerado dono do fogo e cultuado numa fogueira.

Ossaim, por ser patrono dos vegetais, automaticamente, está ligado a todos os elementos da natureza; todavia, seu compartimento principal é o Terra, representado pelas florestas onde nascem todos os vegetais.

Oxumaré é representado pelo arco-íris que se projeta das águas em direção ao céu. Liga-se, simultaneamente, aos compartimentos Água e Ar. Por ser irmão de Obaluaiê, algumas vezes se relaciona, também, com o elemento Terra.

Nanã, a iabá que é representada pela chuva fertilizando a terra (lama), tem como compartimento-base a Água, mas, também, a Terra.

Oiá, em um de seus diversos aspectos, é cultuada no rio Niger, na África, o que realça suas características de "deusa da fertilidade" ligada ao compartimento Água, bem como é responsável pelos coriscos, tempestades e ventanias, fato que a associa tanto ao elemento Ar quanto ao Fogo. Sob a denominação de "*Oya Igbàlè, òrìṣà* patrono dos mortos e dos ancestrais" (Santos 1976:58), participa, também, do compartimento Terra.

Xangô está associado, predominantemente, ao compartimento Fogo, enquanto que Iroko, entidade fitomórfica cultuada em uma árvore, embora possua muita afinidade com o primeiro, está ligado ao elemento Terra.

Oxum, Iemanjá e Obá são iabás ligadas, especificamente, ao elemento Água; porém, alguns de seus aspectos poderão ligá-las aos demais compartimentos-base.

Oxalá está ligado, com predominância, ao compartimento Ar. Todavia, Santos (1976:59) diz que "Òsàlá está associado à água e ao ar, Odùduwà está associado à água e à terra". Assim como Ododuá, Orixá Okó também é um *òrìṣà-fun-*

fun (original) e, segundo os mitos, é considerado o patrono da agricultura, possuindo estreita ligação com a Terra.

Nesta visão de mundo jêje-nagô, direito/masculino/positivo são opostos a esquerdo/feminino/negativo, ou seja, o masculino é positivo e se posiciona do lado direito, enquanto o feminino é negativo e pertence ao lado esquerdo. Neste contexto os compartimentos que contêm as *ewé inón* (folhas do Fogo) e *ewé afééfé* (folhas do Ar) estão associados ao masculino, elementos fecundantes, enquanto que as *ewé omi* (folhas da Água) e as *ewé ilè* (folhas da Terra) se ligam ao feminino, elementos fecundáveis.

Ao determinar que as folhas são separadas por pares opostos: *gún* (de excitação) x *èrò* (de calma), *ewé apa òtún* (folhas da direita) x *ewé apa òsí* (folhas da esquerda), os jêje-nagôs tomam como modelo um sistema de classificação baseado em oposições binárias. Todavia, essa não é uma condição *sine qua non* quando analisamos mais detalhadamente a utilização dos vegetais, pois percebemos que algumas folhas positivas se relacionam com o lado esquerdo ou feminino e vice-versa, daí encontrarmos folhas femininas usadas com fins positivos, e folhas masculinas consideradas negativas. Verger (1995:25) cita, por exemplo, "que entre as folhas há quatro conhecidas como (...) as quatro folhas masculinas (por seu trabalho maléfico)...; e quatro outras tidas como antídotos..." Entre estas últimas ele inclui o *òdúndún* (*Kalanchoe crenata*), que é uma folha feminina, porém positiva, o que nos faz crer que as diversas condições binárias não interagem de modo rígido entre si, pois, como vimos, uma folha masculina pode estar situada junto aos elementos da esquerda por ser considerada negativa.

ELEMENTOS DA DIREITA	ELEMENTOS DA ESQUERDA
Ewé apa òtún (folhas da direita)	*Ewé apa òsí* (folhas da esquerda)
Masculino	Feminino
Positivo	Negativo

No sistema de classificação dos vegetais, a condição para que uma folha seja masculina ou feminina é o seu formato, pois, na concepção jêje-nagô, a forma fálica (alongada) caracteriza o elemento masculino, em contrapartida, a forma uterina (arredondada) determina o elemento feminino. Essa convenção é adotada, tanto com relação às folhas, quanto aos jogos divinatórios que tiveram origem a partir do oráculo de Ifá, onde, dos dezesseis cauris usados, oito são de forma alongada e considerados masculinos, e os femininos são os oito restantes que possuem forma arredondada. "Por conseguinte, Macho/Fêmea formam um par de oposição básico no que se refere às espécies vegetais, e está diretamente relacionado ao *òrìṣà*" (Barros 1993:63). As folhas consideradas masculinas estão associadas aos *oborós* (orixás masculinos), bem como as femininas pertencem às *iabás* (orixás femininos); todavia, eventualmente encontraremos algumas folhas femininas associadas aos *oborós* e algumas masculinas atribuídas às *iabás*, o que parece refletir uma bipolaridade característica de alguns orixás.

De grande importância, também, na classificação dos vegetais são as condições *gún* (de excitação) x *èrò* (de calma), pois são aspectos das folhas, que dão equilíbrio às misturas vegetais, quando bem dosadas de acordo com a situação de cada indivíduo. Os vegetais considerados *gún* estão ligados aos compartimentos Fogo ou Terra, enquanto que os considerados *èrò* relacionam-se com os da Água ou Ar.

Quando utilizados nos rituais de iniciação ou nos trabalhos litúrgicos, os vegetais classificados como *èrò* têm a função de abrandar o transe, apaziguar o orixá ou acalmar o iniciado; contrariamente, os considerados *gún* servem para facilitar a possessão e excitar o orixá.

Na composição das misturas vegetais utilizadas como banhos purificatórios, são analisadas as condições do usuário, pois, segundo um informante, "se o banho é para uma pessoa que anda muito parada, usa-se maior número de folhas quentes, mas se for para alguém que anda muito agitado, é usada maior quantidade de folhas frias". Este também enumerou a quantidade de espécies vegetais utilizadas nestes banhos, relacionadas a cada orixá: "Para Exu utilizam-se sempre 7 folhas; Ogum, 3, 7 ou 16; Oxossi, 4, 8 ou 16; Obaluaiê, 7, 11 ou 16; Oxumaré, 7, 14 ou 16; Nanã, 8, 14 ou 16; Oxum, 5, 8 ou 16; Iemanjá, 8, 9 ou 16; Oiá, 5, 9 ou 16; Xangô, 6 ou 12, e Oxalá, 8, 10 ou 16".

Os números, também, são parte integrante do sistema de classificação dos vegetais e se relacionam com cada orixá como elemento de identificação. Através da numerologia, o jêje-nagô, por meio dos jogos divinatórios, determina o orixá e que tipo de ritual ou oferenda deve ser feito. Os números estão implícitos no conceito de equilíbrio, e este na paridade dos elementos.

Dentro de sua complexidade, o sistema de classificação dos vegetais é coerente com a visão de ordenação do mundo; desse modo, os vegetais vão além de suas utilidades práticas, pois "estão diretamente relacionados a uma cosmovisão específica e são constituintes de um modelo que ordena e classifica o universo, definindo a posição do indivíduo na ordem cosmológica" (Barros 1993:93).

"ÒGBÈRI NKO MO MÀRÌWÒ"

(O não-iniciado não pode conhecer o mistério do Màrìwò)

Àgbo — A Mais Importante Mistura de Vegetais

Se a tese de que "todo rito corresponde a um mito" é questionável, os rituais de iniciação, nas religiões jêje-nagôs, mostram que, neles, os mitos são correspondentes. Atuando como matéria básica, os vegetais permitem a dramatização dos mitos, isto é, os rituais, "já que eles são os mediadores entre a essência (elementos naturais), o modelo (òrìṣà) e o indivíduo que está se construindo socialmente" (Barros 1993:81), o que nos permite dizer que os vegetais, enquanto matéria básica na reconstrução da nova identidade, terão a função específica de estabelecer a ligação entre o iniciado e seu orixá.

O àgbo, definido por Barros (1993:87) como "água dos òrìṣà" é a mais importante das misturas vegetais do culto aos orixás. É utilizada desde a iniciação do Ìyàwó até a última das obrigações, além de servir de elemento de ligação entre o òrun e o àiyé (o mundo dos orixás e o mundo dos homens); em termos práticos, proporciona o fortalecimento físico e espiritual do iniciado durante os períodos de reclusão. Segundo alguns estudos, este composto previne doenças, uma vez que possui grande potencial curativo e preservador da saúde. Na sua preparação, além das "ervas básicas", outros elementos tais como obi, orobô, mel, azeites, pós, favas diversas e até mesmo um pouco do sangue e partes dos animais sacrificados entrarão como complemento. Na sua composição, as espécies vegetais são separadas de modo semelhante ao da divisão dos cauris no jogo de búzios. Para melhor entender "... temos que nos reportar ao aspecto da numerologia, ou seja, a quantidade de oito "folhas" fixas (ewé orò) e oito variáveis (ewé òrìṣà), que são utilizadas de acordo com o santo que está sendo "feito", totalizando dezesseis" (Barros 1993:81).

Pesquisando diversos terreiros, detectamos que alguns "zeladores-de-santo" não seguem um sistema de classificação para os vegetais que utilizam em seus rituais. As folhas são combinadas aleatoriamente ou não, de acordo com o que está disponível. Tal fato, normalmente, está ligado a uma perda de transmissão da cultura ou mesmo à omissão de antigos "pais ou mães-de-santo, que não gostavam de passar seus conhecimentos aos novos iniciados". O estudo da classificação dos vegetais nestas casas tornou-se impraticável, uma vez que não se utilizam de um sistema lógico que forneça parâmetros para pesquisas, o que fez com que não levássemos em consideração tais terreiros.

Entre os candomblés pesquisados, os que melhor preservaram as raízes jêje-nagôs, comparamos quatro de grande representatividade que usam sistematicamente as folhas fixas dentro de um sistema de equilíbrio.

O primeiro grupo de oito, as *ewé orò*, são folhas consideradas fixas no *àgbo*, sendo que, de um terreiro para outro, os vegetais que integram este grupo, podem sofrer substituições. Percebemos que alguns vegetais são mais ou menos constantes, enquanto que outros estão associados aos orixás patronos da nação, da casa ou, até mesmo, do *àṣẹ* herdado.

Casa "A" (de Oxum)	Casa "B" (de Oxalá)	Casa "C" (de Iemanjá)	Casa "D" (de Omolu)
Pèrègún	*Pèrègún*	*Pèrègún*	*Pèrègún*
Toto	*Akòko*	*Toto*	*Toto*
Rínrín	*Rínrín*	*Tẹ̀tẹ̀*	*Rínrín*
Ewé òwú	*Ewé òwú*	*Ewé òwú*	*Ewé òwú*
Tẹ̀tẹ̀règún	*Tẹ̀tẹ̀règún*	*Tẹ̀tẹ̀règún*	*Tẹ̀tẹ̀règún*
Awùrépépé	*Awùrépépé*	*Awùrépépé*	*Awùrépépé*
Ewé ọgbọ́	*Ewé ọgbò*	*Ewé ọgbò*	*Ewé ọgbò*
Gbọ̀rọ̀ Ayaba	*Oṣibata*	*Ewé kúkúndùnkú*	*Gbọ̀rọ̀ Ayaba*

(Quadro l)

Tomando para análise o exemplo da primeira casa, neste grupo percebemos que as duas primeiros folhas são: o *pèrègún* (*Dracaena fragrans*), folha masculina ligada ao elemento terra, considerada *gùn* (excitante), cujo nome nagô significa "chama o transe" (Barros 1993:109), atribuída a Ogum, orixá que, segundo os mitos, detém o título de *aṣíwájú* (aquele que vai na frente, o que abre os caminhos para os demais orixás); e *toto* (*Alpinia zerumbet*), planta associada a Oxossi, Rei da Nação de Ketu e, também, a Iemanjá — *Ìyá Orí*, a dona de todas as cabeças — sendo o significado do seu nome nagô "folha completa" (Barros 1993:109). É, também, uma folha masculina associada ao elemento terra, porém *ẹrọ̀*, de calma. A associação dessas duas "ervas" forma uma primeira combinação entre os pares opostos, *gún* x *ẹrọ̀*.

As duas folhas seguintes são femininas: *rínrín* (*Peperomia pellucida*), que, segundo um informante, "é folha indispensável no àgbo", é uma folha "fria", èrọ̀ (de calma) ligada a Oxalá e a Oxum, ambos orixás relacionados à procriação e a fertilidade; e *Ewé òwú* (*Gossypium barbadense*), também é atribuída a Oxalá; esta folha, porém, é uma folha "quente" (*gún*) citada nos mitos que retratam a fecundação. Aqui, também, duas folhas femininas se combinam como pares opostos *gún* x *ẹrọ̀*.

Um novo par é formado pelas folhas *tẹ̀tẹ̀rẹ̀gún* e *awùrépépé*. A primeira, considerada *gún*, é masculina, e seu nome significa "tété que produz transe" (Barros 1993:110), e como o próprio nome diz, tem a função de facilitar o transe para o iniciado. A segunda é uma folha *èrò* e feminina, que age como catalisadora das propriedades das outras plantas. Aqui vemos uma dupla combinação de pares opostos *gún/ẹrọ̀*; e masculino/feminino.

As duas últimas folhas deste grupo são *ewé ọgbọ́* e *gbọ̀rọ̀ ayaba*. *Ewé ọgbọ́* é uma folha masculina, classificada como *gún*, enquanto que *gbọ̀rọ̀ ayaba* é feminina considerada *èrọ̀*; ambas são plantas que possuem a função, também, de facilitar o transe mediúnico.

Neste primeiro grupo de oito folhas, quatro são masculinas e quatro femininas, bem como quatro são *gún* e quatro são *èrọ̀*, denotando, portanto, o equilíbrio que está implícito na cosmovisão e classificação dos vegetais pelos grupos étnicos de origem jêje-nagô.

Pèrègún	Toto	Rínrín	Ewé òwú	Tẹ̀tẹ̀rẹ̀gún	Awùrépépé	Ewé ọgbọ́	Gbọ̀rọ̀ Ayaba
gún	èrọ̀	èrọ̀	gún	gún	èrọ̀	gún	èrọ̀
Masc.	Masc.	Fem.	Fem.	Masc.	Fem.	Masc.	Fem.

Essas folhas fixas também são consideradas "da casa", pois seu emprego, inicialmente, ocorre por ocasião da implantação do *àṣẹ*, ou seja, quando se abre uma casa de candomblé. São escolhidas conforme a representação mítica de cada uma e sua relação com os orixás protetores do terreiro, de modo que no futuro não ocorram substituições. Existe, ainda, a preocupação em evitar-se as consideradas como interdito para alguns orixás, tais como folhas de Oxum que não servem para Obá, ou de Xangô, que não podem ser utilizadas para Obaluaiê, e vice-versa. O segundo grupo de oito *ewé òrìsà* é composto por vegetais atribuídos ao orixá do iniciando, e outras que se fazem necessárias nos rituais conforme o tipo de obrigação que será processada. Essas folhas são móveis e substituíveis conforme cada caso.

Das dezesseis "ervas" reunidas, oito são classificadas como masculinas e oito femininas, bem como serão, em quantidades iguais, *gún* e *ẹrọ̀*, não implicando essa combinação em grupos separados, mas na sua totalidade, fato que é observado no ato da coleta antes da preparação do *àgbo*.

Por último, ao total de dezesseis *ewé* será acrescentada a de fundamento iniciático. Ela está ligada a Ossaim e a Exu Òdàrà, que, como Ogum, também detém o título de *aṣíwájú* (aquele que vai na frente, o que abre os caminhos...), sendo, também, o "que provê bem-estar, ou satisfação" (Santos 1976:185). Para compreendermos melhor a função desta "folha" devemos nos reportar às singularidades existentes entre Exu e Ossaim, aos quais ela é atribuída. Barros (1993:82, 83,85) afirma que os "símbolos máximos de imparidade são os òrìṣà Èṣù e Òsányìn (...). Assim como Èṣù, Òsányìn não é macho, nem fêmea, e muito menos andrógino (...). Eles não têm uma sexualidade, eles são a sexualidade. (...) A ambigüidade de Òsányìn o torna elemento de mediação, a nível da natureza, da mesma forma que Èṣù age no mundo da cultura." Segundo alguns sacerdotes, "esta folha, que é adicionada por último, torna-se a primeira nesta composição, e sem ela, este preparo não seria *àgbo* e sim um *omieró*".

Como já foi citado anteriormente, no *àgbo* não temos apenas "ervas", vários outros elementos entrarão na sua composição. São estes elementos que, de modo predominante, determinarão a que orixá a mistura é destinada, pois existem *èwò* — interditos — que, por serem considerados substâncias-símbolos dos orixás, não poderão ser incluídos na preparação destinada a estes. Um exemplo clássico é o *àgbo* de Oxalá: nele, as substâncias sal e azeite de dendê são excluidas, pois são consideradas interditos para este orixá e estão implícitas nos mitos da criação do mundo, o gênese nagô. O mesmo ocorre com o *àgbo* de Oxossi, que não leva mel, por ser um interdito deste orixá.

A importância do *àgbo* nas casas de candomblé não se restringe apenas à sua utilização nos ritos iniciáticos, ele é usado em todas as obrigações periódicas e estará associado a um complexo ritual de sacralização dos vegetais, no qual o seu poder latente será liberado através dos cânticos do Asà Òsányìn ou Sasányìn.

"EWÉ GBOGBO NÍ T'IṢÉGUN"

(Todas as folhas têm o poder de curar)

Sasányìn: Culto e Cânticos Sagrados

O movimento nas casas de candomblé, em época de obrigações, começa antes do sol nascer.

Quando esse movimento dá início ao dia litúrgico no *ẹgbẹ́*, o *olọ̀sányìn* da casa já cumpriu com suas obrigações de apanhar os vegetais que serão utilizados nos rituais.

Uma parte das ervas é colocada sob a esteira onde o iniciado dorme. Elas terão a finalidade de fortalecer o *ìyàwó* e seu orixá, facilitarão o transe e a ligação harmônica entre os dois. Um outro lote de folhas será pilada ou triturada e colocada em um porrão, espécie de pote grande de barro, juntamente com os demais ingredientes pertinentes ao orixá, e água pura de uma fonte ou poço. Após o *ọ̀bẹ̀-ifárí*, a esta mistura serão acrescentados os axés dos animais sacrificados, compondo desse modo o *àgbo*, líquido que será utilizado em banhos e como bebida, em substituição à água, durante todo o período de iniciação.

Porém, todas as iniciações ou obrigações periódicas dos filhos-de-santo, em que ocorram sacrifícios de animais quadrúpedes, serão precedidas da sacralização dos vegetais exaltados através dos *korin ewé*, cânticos sagrados, em louvor a Ossaim, o dono das ervas, no ritual A*sà Òsányìn* ou *Sasányìn*, como é mais conhecido. Este ritual é praticado sempre no terceiro e no sétimo dias após a iniciação e precedido de oferendas que serão levadas pelo *ìyàwó* até a porta dos compartimentos onde são cultuados os orixás.

Esse ritual consiste em despertar o poder mágico das ervas, isto é, a força dos elementos da natureza, contida nas plantas, e para isso as *ewé* serão reverenciadas através de cânticos e fórmulas sagradas com a função de trazer à tona esses poderes latentes nos vegetais de Ossaim, sendo sempre precedidas de uma saudação — *Ewé ó* — e de um *oríki* (louvação), que costuma sofrer modificações de ordem dialetal de uma casa para outra.

Òsányìn Elẹsẹkan, Irúnmalẹ̀ Àgbénigi, Òsányìn Onísẹgùn Ewé ó Asà!

"Ossaim que possui uma perna só. O orixá que vive na árvore. Ossaim que cura com as folhas, faz o ritual!"

Barros (1993:84) transcreve de Simpsom um *oríki* de Ossaim, recolhido em Ibadan:

"Àgbénigi, òròmọdìẹ abìdi ṣónṣó
Eṣinṣin abẹdọ kínníkínní
Kòògo egbòrò irín
Aképè nìgbá ọ̀ràn kò sunwọ̀n
Tíotío tin, ó gbà aṣọ òkùnrùn ta gìègìẹ̀
Ẹlẹ́sẹ̀ kan jù ẹlẹ́sẹ̀ méjì lọ
Aro abi-okó lìẹ̀lìẹ
Ewé gbogbo kíki oògùn
Àgbénigi, èsìsì kosùn
Agogo nla ṣe erpe agbára
Ó gbà wọ́n là tán, wón dúpẹ́ tẹ́nitẹ́ni
Àrònì já si kòtò di oògùn máyà
Ẹlẹ́sẹ̀ kan ti ó lé ẹlẹ́sẹ̀ méji sáré."

"Aquele que vive na árvore e que tem um rabo pontudo como um pinto
Aquele que tem o fígado transparente como o da mosca
Aquele que é tão forte quanto uma barra de ferro
Aquele que é invocado quando as coisas não estão bem
O esbelto que, quando recebe a roupa da doença, se move como se fosse cair
O que tem uma só perna e é mais poderoso que os que têm duas
O fraco que possui um pênis fraco
Todas as folhas têm viscosidade que se tornam remédio
Àgbénigi, o deus que usa palha
O grande sino de ferro que soa poderosamente
A quem as pessoas agradecem sem reservas depois que ele humilha as doenças
Àrònì que pula no poço com amuletos no peito
O homem de uma perna que incita os de duas para correr."

Em seguida são entoados os cânticos — *korin ewé* — procurando relacioná-los às dezessete folhas utilizadas no *àgbo*:

OS KORÍN EWÉ

PÈRÈGÚN ÀLÀ WA TUNTUN
PÈRÈGÚN ÀLÀ WA TUNTUN
BÀBÁ J'ORÒ JU ÀLÀ O MẸRIN
PÈRÈGÚN ÀLÀ WA TUNTUN

Pèrègún puro e tenro
Pèrègún puro e tenro
Pai responda aos fundamentos do culto
Pèrègún puro e tenro

Barros & Teixeira (1988:17) citam ainda uma outra versão:

PÈRÈGÚN ALARÁ GIGÙN O
PÈRÈGÚN ALARÁ GIGÙN O
OBA O NI JẸ O RORO ỌKÀN
PÈRÈGÚN ALARÁ GIGÙN
PÈRÈGÚN GBA ÁGBÁRÁ TUNTUN

Pèrègún tem corpo excitado
Pèrègún tem corpo excitado
O rei não deixa ter problema de coração
Pèrègún tem corpo excitado
Pèrègún dá nova força

ÒDÚNDÚN BÀBÁ T'ẸRÒ 'LẸ
ÒDÚNDÚN BÀBÁ T'ẸRÒ 'LẸ
BÀBÁ T'ẸRỌ 'LẸ
MALẸ̀ T'ẸRỌ 'LẸ
ÒDÚNDÚN BÀBÁ T'ẸRÒ 'LẸ

Òdúndún, Pai, espalhe a calma sobre a terra
Òdúndún, Pai, espalhe a calma sobre a terra
Pai, espalhe a calma sobre a terra
Irúnmalẹ̀, espalhe a calma sobre a terra
Òdúndún, Pai, espalhe a calma sobre a terra

ou

ÒDÚNDÚN BABA T''ÈRÒ RẸ
ÒDÚNDÚN BABA T''ÈRÒ RẸ
BÀBÁ T'ẸRỌ 'LẸ
MỌNLÈ T''ÈRÒ RẸ
ÒDÚNDÚN BABA T''ÈRÒ RẸ

Òdúndún, Pai, espalhe sua calma
Òdúndún, Pai, espalhe sua calma
Grande espírito, espalhe sua calma
Òdúndún, Pai, espalhe sua calma

ẸFUN L'ẸBÁ LÉ K'OJÚMỌN Ó
ẸFUN L'ẸBÁ LÉ K'OJÚMỌN
KÚKUNDÙKUN
OLÓRÍ EWÉ
ẸFUN L'ẸBÁ LÉ K'OJÚMỌN

Quando o dia nasce
Quando o dia nasce
KÚKUNDÙKUN
é a mestra das folhas
quando o dia nasce

ẸTA OWÓ ẸTA ỌMỌ
ÁTÁARẸ̀ IKÚ GBOGBO GB'ÉRÙ RẸ O

Três é dinheiro, três é filho
Átáarẹ, leve todos os carregos de morte.[1]

ou

IFÁ OWO, IFÁ ỌMỌ
ÁTÁRÉ KUN GBOGBO BẸ LÚLẸ̀

Ifá de dinheiro, Ifá de filho
Átáarẹ cheia, explodiu, espalhou-se

BẸLẸBẸ NI T'ÓBẸ
BẸLẸBẸ NI T'ÓBẸ
K'A KÁ KAN OKUWO
BẸLẸBẸ
BẸLẸBẸ NI T'ÓBẸ

Suavidade possui a faca[2]
Suavidade possui a faca
Que nós, em todo lugar, alcancemos a felicidade
Suavemente
Suavidade possui a faca

ou

EWÉ PẸ́LẸ́BẸ́ NI T'ỌBẸ́ O
PẸ́LẸ́BẸ́ NI T'ỌBẸ́ O
ỌBẸ́ PẸ́LẸ́BẸ́
WA KA PẸ́LẸ́BẸ́
KAKA KU WA KU PẸ́LẸ́BẸ́
PẸ́LẸ́BẸ́ NI T'ỌBẸ́ O

Folha (a forma) achatada de faca
Achatada é (a forma) da faca
Faca achatada (afiada)
Permanecerá achatada (afiada)
Em vez de morrer, permanecerá afiada
Achatada é (a forma) da faca

IYÌ RINRIN ÀTÒRÌ Ó
IYÌ RINRIN ÀTÒRÌ
BA IYIN SE ÌMÓLÈ
BA IYIN SI MO BA'RI BA'RO
BÁÍSÀ BA BÀBÁ S'ỌRUN
ATÁ KÒ RO OJU ÀLÀ FORI KAN
IYÌ RINRIN ÀTÒRÌ
ÀLÀ FORI KAN
IYÌ RINRIN ÀTÒRÌ
BABA KO'YÉ TÚN

Valorizamos *rinrin* como um *àtòrì* (vara ritual de Oxalá)
Valorizamos *rinrin* como um *àtòrì*
Glorificamos o Grande Espírito
Que abençoa e protege a cabeça
Bàbá Òrìṣà, pai no espaço infinito
A pimenta não é mais forte que o Alá de Oxalá
Valorizamos *rinrin* como um *àtòrì*
O Alá que cobre nossa cabeça
Valorizamos *rinrin* como um *àtòrì*
Pai que faz o mundo continuamente

A WÙRÉPÉPÉ
PẸ̀LẸ́PẸ̀LẸ́ BEÓ

Awùrépépé
Sensatamente abençoe-nos

BA IYÌN SEMIN-SEMIN
OYIN L'OYIN L'OYIN
ÈNI ẸIYẸ YẸ́ LOKO
ÈNI ẸIYẸ YẸ́ T'AWO MI

Louvem *semin-semin*
Mel doce doce
Hoje o pássaro[3] honra *ìrokò*
Hoje o pássaro honra os meus fundamentos

EWÉ ỌABỌ́ SỌ K'O JẸ
EWÉ GBOGBO ÒRÌṢÀ
EWÉ ỌABỌ́ SỌ K'O JẸ BÀBÁ
EWÉ GBOGBO ÒRÌṢÀ

A folha do rei faz revelações
É folha de todos os orixás
A folha do rei faz revelações, Pai
É folha de todos os orixás

EWÉ OABỌ́ ÌROKÒ
EWÉ OABỌ́ SỌ BÈ JÉ
EWÉ OABỌ́ ÌROKÒ BÀBÁ
EWÉ OABỌ́ SỌ BÈ JÉ

A folha do rei *ìrokò*
responde às nossas súplicas
A folha do rei *ìrokò*, Pai,
responde às nossas súplicas

MA KURU MA KURU
T'IBI T'IRE
ÁWA NI IJÉ L'EWÁ
T'IBI T'IRE

Devagar, devagar
fácil ou arduamente
triunfaremos com beleza.
Devagar, devagar

TAWA NI ÌBÀ
A NI ÀGBAÓ
TAWA NI ÌBÀ
A NI ÀGBAÓ
TAWA NI ÌBÀ
A NI ÀGBAÓ ASÀ
TAWA NI ÌBÀ
A NI ÀGBAÓ OFUN

A nossa bênção
É àgbaó
A nossa bênção
É àgbaó
A nossa bênção
É àgbaó no ritual
A nossa bênção
É àgbaó branco

ÌPẸSÁN ẸLẸWA
ÈIYẸ́ T'ALO KÉ MỌ MAṢE SO ?

Ìpesán bonito
Que pássaro te impediu de ter frutos?

ÀWA KA ṢA K'O L'ẸṢIN
ÀWA KA ṢA K'O L'ẸṢIN
ÀFÒMỌ́N TI BE LE
ÀWA KA ṢA K'O L'ẸṢIN ẸGẸ́

Em todo lugar louvamos as folhas que nos dá cavalos[4]
Em todo lugar louvamos as folhas que nos dá cavalos
Àfòmọ́n, desse modo, nos dá bens
Em todo lugar louvamos as folhas que nos dão cavalos

ÀWA KA ṢA K'O L'AṢỌ
ÀWA KA ṢA K'O L'AṢỌ
AGUTAN TI BI KAN
ÀWA KA ṢA K'O L'AṢỌ ẸGẸ́

Em todo lugar louvamos as folhas que nos dão roupas
Em todo lugar louvamos as folhas que nos dão roupas
O carneiro gera filhos[5]
Em todo lugar louvamos as folhas que nos dão roupas

ÀWA KA ṢA K'O L'ỌMỌ
ÀWA KA ṢA K'O L'ỌMỌ
ÀFÒMỌ́N TI BI KAN
ÀWA KA ṢA K'O L'ỌMỌ ẸGẸ̀

Em todo lugar louvamos as folhas que nos dão filhos
Em todo lugar louvamos as folhas que nos dão filhos
Àfòmọ́n nos permitiu ter filhos
Em todo lugar louvamos as folhas que nos dão filhos

ÀWA N'IMỌ́LÈ ṢE 'NI W'AWO
ÀWA N'IMỌ́LÈ ṢE RE'LÉ
AWÉRÉ IMỌ́LÈ ÌROKÒ

ATA N'IMỌ̀LÈ ṢE RE'LÉ
ÓJUÓRÓ N'IMỌ̀LÈ ṢE L'OMI
ÒṢÍBÀTÁ N'IMỌ̀LÈ ṢE L'ODÒ
ÀWA N'IMỌ̀LÈ ṢE 'NI W'A

Nós temos conhecimento para iniciar uma pessoa
Nós temos conhecimento para mostrar o caminho de casa
Festejamos o poder de *ìrokò*
Ata mostra o caminho de casa
Ójuóró mostra o caminho da água
Òṣíbàtá mostra o caminho do rio
Nós temos conhecimento para iniciar uma pessoa

KÍNI L'O FỌ̀NṢE
MÀRÌWÒ

O que estão fazendo?
É *Màrìwò*

ÒJÒ UN A GBURURU
ÒJÒ UN A GBURURU
ÒJÒ UN A INỌ́N

A chuva cai dispersivamente
A chuva cai dispersivamente
A chuva cai sobre (a folha de) fogo

ỌMỌDE KÉKÉRÉ EYIN
ÀWA IYIN ṢE DI KO LÀ
ÀWA IYIN ṢE DI KO LÀ
T'ÀWA FUN ALÀṢẸ O
ÀWA IYIN ṢE DI KO LÀ

Filhos pequenos vocês
Estão fazendo magia grande
Estão fazendo magia grande
Com força poderosa
Estão fazendo magia grande

ỌMỌDE KÉKÉRÉ EYIN
ÀWA IYIN ṢE DI KÓKÓ
ÀWA IYIN ṢE DI KÓKÓ
T'ÀWA FUN ALÀṢẸ O
ÀWA IYIN ṢE DI KÓKÓ

Filhos pequenos vocês
Estão fazendo magia primordial
Estão fazendo magia primordial
Com força poderosa
Estão fazendo magia primordial

ỌMỌDE KÉKÉRÉ EYIN
ÀWA IYIN ṢE DI L'OSUN
ÀWA IYIN ṢE DI L'OSUN
T'ÀWA FUN ALÀṢẸ O
ÀWA IYIN ṢE DI L'OSUN

Filhos pequenos vocês
Estão fazendo magia do *osun*
Estão fazendo magia do *osun*
Com força poderosa
Estão fazendo magia do *osun*

MO JẸ EWÉ ÈPÈ MO SỌNRA Ó
MO JẸ EWÉ ÈPÈ MO SỌNRA
ÈPÈ LÒ BE WA
ÈPÈ LÒ YÀ MI
MO JẸ EWÉ ÈPÈ MO SỌNRA

Eu como a folha da maldição (*èpè*)
Eu engordo
Eu como a folha da maldição (*èpè*)
Eu engordo
A maldição passa por nós
A maldição me evita
Eu como a folha da maldição

MO JẸ EWÉ ÈPÈ MO SỌNRA Ó
MO JẸ EWÉ ÈPÈ MO SỌNRA
ÈPÈ LÒ YÀ MI
ÈPÈ LÒ YÀ YIN
MO JẸ EWÉ ÈPÈ MO SỌNRA

Eu como a folha da maldição (*èpè*)
Eu engordo
Eu como a folha da maldição (*èpè*)
Eu engordo
A maldição me evita
A maldição evita a todos nós
Eu como a folha da maldição

ATA KÒ RO JU EWÉ O
A LẸLẸ KÒ RO JU A ÍGBÓ-OÒGÚN

Pimenta não é mais do que folha
Vento não é mais que floresta de remédios

OWÉRENJÈJÉ OWÉRENJÈJÉ
EWÈ PÁKÚN ỌBARÌṢÀ
ÌBÀ NI BÀBÁ
ÌBÀ NÍ YÈYÉ
ÌBÀ 'BA MI Ṣ'ỌMỌ
Ṣ'ỌMỌ MÀ 'RÒ
A FI IPA NLA D'ÀṢẸ
K'ORÒ KO BA
ÒGÚN AKÓRO ỌBA ALÁYÉ
ỌDẸ ÀRÓLÉ ỌBA ALÁYÉ
ÒṢUN ÈWÙJÍ ÌYÁ ALÁYÉ
YEMỌJA ÀÒYÓ ÌYÁ ALÁYÉ
ỌBA ALADO ỌBA ALÁYÉ
BÀBÁ ÀJÀLÉ ỌBA ALÁYÉ
ÒRÌṢÀ GBOGBO ỌBA ALÁYÉ

Owérenjèjé owérenjèjé
Folha poderosa do orixá
A bênção é do pai

A bênção é da mãe
A bênção, pai que acolhe o filho
Que os filhos façam devidamente o ritual
Aquele que usa grande força para ordenar
Que o ritual não falhe
Saudamos Ogum, rei do mundo
Saudamos Oxossi, rei do mundo
Saudamos Oxum, a mãe do mundo
Saudamos Iemanjá, a mãe do mundo
Saudamos Xangô, rei do mundo
Saudamos Oxalá, rei do mundo
Saudamos todos os orixás, reis do mundo

EWÉ OFẸ́RẸ̀
ỌFẸ'RE JÉJẸ Ó

Folha de *Ofẹ́rẹ̀*
Promete que teremos sorte.

Ẹ̀ BÁ 'LÉ Ẹ B'ỌNÀ
KA FI DE
TÍ ỌWỌ̀ KÓLỌKÓLỌ

Em casa ou nos caminhos
Tenhamos a bênção que pedimos
De mãos balançando.

ỌFẸ'RE FẸ́ Ó
BÁ TÍ SỌ ỌFẸ'RE
BÁ TÍ SỌ ỌFẸ'RE
IYIN BO ATI KỌ
BÁ TÍ SỌ ỌFẸ'RE

Grande força, sorte nos deseja
Alcançaremos coisas boas
Alcançaremos coisas boas
Saudamos com oferendas
Alcançaremos coisas boas

TẸ̀TẸ̀RẸ̀GÚN ÒJÒ DO MI PA
TẸ̀TẸ̀RẸ̀GÚN ÒJÒ WO BÍ WÁ

Tẹ̀tẹ̀rẹ̀gún é como a chuva que mata
Tẹ̀tẹ̀rẹ̀gún é como a chuva que dá vida[6]

BIRIBIRI BÍ TI MÀRÌWÒ
JÉ ÒSÁNYÌN WÁLÈ MÀRÌWÒ
BIRIBIRI BÍ TI MÀRÌWÒ
BÁ WA T'Ọ́RỌ̀ WA ṢE MÀRÌWÒ

Na escuridão, màrìwò traz luz
Màrìwò deixe ỌSÁNYÌN ir para casa
Na escuridão, màrìwò traz luz
Màrìwò ajude-nos com nossos projetos.

Nas iniciações, o ritual de Ossaim é precedido de oferendas de comidas específicas dos orixás, que são entregues nas portas dos compartimentos sagrados, pelo próprio iaô, oportunidade em que é invocado Exu Òdàrà, para que, como responsável pelos "carregos", proporcione tranqüilidade e alegria tanto nos rituais secretos quanto nos festejos franqueados ao público.

ỌRÙN A F'ÉṢÙ ÒDÀRÀ
KỌ́ BA L'AYỌ
ỌRÙN A F'ÉṢÙ
AṢE LÈ BE KỌ́ BA L'Ọ

O que entregamos a Exu Odara
que ele leve com alegria
O que entregamos a Exu,
Força poderosa, suplicamos que ele leve.

E, finalizando esta parte do ritual, o babalorixá ou a ialorixá abençoa todos os presentes com um cântico de exaltação aos orixás fundadores do culto no Brasil.

AṢÉ K'ỌBA
BELEBE NI MO ṢE YO AIYÉ A
AṢÉ K'ỌBA

BELEBE NI MO ṢE YO AIYÉ A
BA IYIN ṢE
BA IYIN ṢE K'ÒTUN
BA IYIN ṢE
BA IYIN ṢE K'ÒTUN

ONIKA NI MO JẸ
BELEBE NI MO ṢE YO AIYÉ A
ONIKA NI MO JE
BELEBE NI MO ṢE YO AIYÉ A
AIRÁ OTUN
BELEBE ỌRUN KAN
AIRÁ OTUN
BELEBE ỌRUN KAN

A força poderosa do Rei
Suavemente trará satisfação à Terra
A força poderosa do Rei
Suavemente trará satisfação à Terra
Glorificamos o Pai
Glorificamos o Pai da direita

Hoje (o Rei) vai me responder
Suavemente trará satisfação à Terra
Hoje (o Rei) vai me responder
Suavemente trará satisfação à Terra
Airá (o Rei guardião) da direita[7]
Suavemente alcançou o céu
Airá (o Rei guardião) da direita
Suavemente alcançou o céu

ỌMỌ'RA IYIN O'LỌ
ỌMỌ'RA IYIN O'LỌ

Abençoando todos os filhos
Abençoando todos os filhos

ASÁ.

O culto a Ossaim, com seu peculiar sistema de classificação de vegetais, seus mitos, ritos e cânticos sagrados, foi provavelmente, dentro do contexto jêje-nagô, uma das formas mais expressivas de resistência cultural. A utilização dos vegetais nos "terreiros", nos dias atuais, é o resultado de um longo processo de reinterpretação e reintegração por estes grupos étnicos que foram obrigados a transgredir as suas categorias básicas para reformular o mundo vegetal dentro de uma importância que é inerente ao seu contexto cultural.

NOTAS:

1. Fórmula mágica para esconjurar a morte.
2. Alusão feita às folhas, que, como o fio da faca, corta os infortúnios de nossas vidas.
3. O pássaro em pauta é *eyé*, o companheiro inseparável de Ossaim.
4. Para os antigos africanos, possuir cavalos era sinônimo de riqueza.
5. Alusão ao fato de a ovelha ter sua roupa natural — a lã.
6. *Tẹ̀tẹ̀rẹ̀gún*, na liturgia dos vegetais, é a folha da vida e da morte.
7. Orixá considerado o dono do axé nos candomblés jêje-nagôs no Brasil.

Monografias dos Vegetais com Denominações Jêje-Nagôs

ABÀFẸ̀

Nomes populares: Pata-de-vaca, unha-de-boi, unha-de-vaca, pata-de-boi, unha-de-anta, bauínia, bauínia-de-flor-branca, bauínia-de-flor-rosa, insulina vegetal

Nome científico: 1) *Bauhinia forficata* Link., Leguminosae
2) *Bauhinia candicans* Benth.
3) *Bauhinia purpurea* L.

Orixás: Obaluaiê e Oiá

Elementos: Terra/feminino

De origem discutível, pois alguns autores afirmam serem nativas da Ásia e da África tropical; todavia, uma grande maioria cita as bauínias como plantas originárias da América do Sul. As três espécies citadas ocorrem regularmente em todo o território nacional.

Embora não seja uma planta muito freqüente na liturgia dos vegetais, a pata-de-vaca é usada no *àgbo* e banhos para os filhos de Obaluaiê (branca) e de Oiá (púrpura), em algumas casas-de-santo.

A *Bauhinia purpurea*, que possui flores rosa-escuras ou púrpura, segundo alguns usuários, não são indicadas para combater a glicosúria; todavia, tem aplicação litúrgica.

Como fitofármaco, tanto a *B. forficata* (flores brancas e pétalas finas) quanto a *B. candicans* (flores brancas e pétalas largas) são amplamente conhecidas não só nos terreiros, como também pela população em geral, pois as duas são morfologicamente muito semelhantes, sendo usadas para combater o diabetes. Em outras indicações, sempre sob a forma de chá, por infusão ou decocção, as folhas destas leguminosas são utilizadas internamente contra afecções renais, incontinência urinária e poliúria, e, externamente, no combate à elefantíase.

ÀBÁMỌDÁ

Nomes populares: Folha-da-fortuna, fortuna, folha-grossa, milagre-de-são-joaquim

Nome científico: Bryophyllum pinnatum (Lam.) Oken., Crassulaceae

Sinonímia: 1) Bryophyllum calcinum Salisb.
2) Kalanchoe pinnata Pers.

Orixás: Ifá, Oxalá e Xangô

Elementos: Água/feminino

Nativa das regiões tropicais asiáticas, foi introduzida há muito na América tropical, ocorrendo em todo o território nacional.

Em Ilê-Ifé, terra de Ifá, em território iorubá no sudeste africano, nas cerimônias para Obatalá e Yemowo, após os sacrifícios, as imagens desses orixás são lavadas com uma mistura de folhas, sendo uma delas o *àbámọdá* (Verger 1981:255), que também é conhecida pelos nomes iorubás *ẹrú ọ̀dúndún, kantí-kantí* e *kóropọ̀n* (Verger 1995:641).

Ábámọdá, segundo Dalziel (1948:28), em dialeto iorubá significa "o que você deseja, você faz"; todavia, quando chamada de *ẹrú ọ̀dúndún* (escravo de *ọ̀dúndún*), é considerada como folha subordinada e afim, que pode eventualmente substituir o *ọ̀dúndún* (Kalanchoe crenata (Andr.) Haw), segundo a cosmovisão jêje-nagô.

No Brasil, "alguns zeladores-de-santo consideram que a folha-da-fortuna pertence a Xangô"; todavia, uma grande maioria faz uso deste vegetal para diversos outros orixás, confirmando, desse modo, a tradição africana de que ela pertença aos orixás-*funfun* (originais), pois, quando um vegetal é usado para vários orixás é porque, com raras exceções, normalmente ele está ligado a Ifá ou Oxalá.

Uma característica dessa planta, é o surgimento de muitos brotos nas bordas das folhas, fato associado à prosperidade; por isso sua utilização é freqüente nos rituais de iniciação, *àgbo*, banhos purificatórios, sacralização dos objetos rituais dos orixás, "lavagem dos búzios e das vistas e para assentar Exu de mercado".

No campo medicinal, a folha-da-fortuna funciona como refrigerante, diurética e sedativa. Combate encefalias, nevralgias, dores de dente, coqueluche e afecções das vias respiratórias. É, ainda, utilizada externamente contra doenças de pele, feridas, furúnculos, úlceras e dermatoses em geral.

ÀBÀRÁ ÒKÉ

Nomes populares: Baunilha-de-nicurí, baunilha-da-bahia, baunilha-de-fava-grande, baunilha-silvestre

Nome científico: Vanilla palmarum Lindl., Orchidaceae

Orixá: Ossaim

Elementos: Terra/masculino

Planta epífita da família das orquídeas, originária da Ásia, encontra-se aclimatada no Brasil. Vegeta em abundância nas regiões norte e nordeste, principalmente em áreas próximas ao vale do São Francisco.

Esta orquidácea é utilizada nos rituais de iniciação, banhos purificatórios e na sacralização dos objetos rituais do orixá.

Suas sementes são aromáticas e usadas medicinalmente nos casos de abalo do sistema nervoso, histerismo, hipocondria, melancolia, convulsão, coqueluche e tosses rebeldes. A planta toda é considerada afrodisíaca.

ÁBẸ̀BẸ̀ KÒ

Nomes populares: Tira-teima, árvore-da-felicidade-macho, arália-cortina

Nome científico: *Polyscias guilfoylei* Bailey., Araliaceae

Sinonímia: 1) *Nothopanax guilfoylei* Merr.
2) *Aralia guilfoylei* Bull.

Orixá: Ossaim

Elementos: Terra/feminino

Planta originária da Ásia e cultivada em diversos países como ornamental. No Brasil, ocorre em todos os Estados.

Esta planta é conhecida nas casas jêje-nagôs, também pelos nomes *ábẹ̀bẹ̀ kosí* ou *akosí*. É utilizada, com freqüência, nos candomblés de Angola ou jêje, em banhos e sacudimentos; porém, nas casas de alaketu ou ketu, é usada na ornamentação de barracões. Existem variedades com as folhas ovaladas todas verdes, ovaladas com bordas brancas, e arredondadas com bordas brancas, esta última sendo a mais utilizada na liturgia. Seus nomes nagôs — *ábẹ̀bẹ̀ kó* (= não é *ábẹ̀bẹ̀*) e *ábẹ̀bẹ̀ kosí* (= falso *ábẹ̀bẹ̀*) são alusões feitas ao formato de suas folhas, que lembram o *ábẹ̀bẹ̀ oṣun* (*Hydrocotyle bonariensis* Lam.), reconhecida como o *ábẹ̀bẹ̀* verdadeiro de Oxum.

Popularmente, esta planta é utilizada na ornamentação de casas e jardins, não tendo utilidade medicinal.

ÁBẸ̀BẸ̀ ỌṢÚN

Nomes populares: Erva-capitão, acariçoba, pára-sol, capitão, lodagem

Nome científico: Hydrocotyle bonariensis Lam., Umbeliferae

Sinonímia: 1) Hydrocotyle umbellata L. var. bonariensis (Lam.) Spreng
2) Hydrocotyle multiflora Ruiz & Pav.

Orixá: Oxum

Elementos: Água/feminino

Planta nativa nas Américas que ocorre, também, na África do Sul, medrando na beira dos rios, lagos e lugares úmidos.

Esta planta tem "folhas que lembram o formato do leque que Oxum"; é usada como paramento nas festas, daí a origem de seu nome nagô, *ábẹ̀bẹ̀* = leque, *ọṣún* = orixá Oxum. Utilizada nos terreiros jêje-nagôs, em rituais de iniciação, *àgbo* e "banhos de prosperidade". É conhecida, também, pelo nome nagô *akárò*, cujo nome significa "dá poder aos cantos", ou popularmente como folha-de-dez-réis.

O decocto das raízes da erva-capitão combate as afecções do baço, fígado, intestino, diarréias, hidropisias, reumatismos e sífilis, bem como a planta toda, em uso externo, serve para eliminar sardas e outras manchas da pele. As folhas tomadas com leite funcionam como calmante e tônico cerebral.

ABẸRẸ

Nomes populares: Picão, picão-preto, pico-pico, fura-capa, piolho-de-padre, cuambu

Nome científico: Bidens pilosa L., Compositae

Orixás: Exu e Oxum

Elementos: Terra/masculino

Planta muito popular no território nacional, tem sua origem na América tropical e encontra-se presente na Europa e na África.

As folhas são atribuídas, também, a Oxum, com larga utilização em "feitiços". Para esta finalidade são torradas em panelas de ferro, associadas a outros elementos, para a obtenção de atin (pó), seguindo o modelo mítico em que este orixá é considerado "a mãe dos feitiços". *In natura* suas folhas também são usadas em "assentamentos e trabalhos com Exu".

Utilizado no culto de Ifá pelos babalaôs, o picão tem os nomes iorubá de *ẹlẹ́ṣin másọ, akẹ́ṣin másọ, ọyà, malánganran, abẹ́rẹ́ olóko, agamáyàn, agaran mòyàn, àgbẹ̀de dudu oko, ajísọmọbíàlá,* sendo empregada tanto em trabalho benéfico — "Proteção contra a ganância", quanto para malefício — "Trabalho para fazer alguém ter pesadelo" (Verger 1995:638,495,415).

O picão é uma planta largamente utilizada, sob a forma de chá, na medicina popular, no combate à hepatite; todavia, seu uso se estende aos casos de febre, males do fígado, rins e bexiga, beneficiando a função hepática e normalizando a diurese.

ÁBITÓLÁ

Nomes populares: Cambará, camará, camará-de-chumbo, camará-de-espinho

Nome científico: Lantana camara L., Verbenaceae

Sinonímia: 1) Lantana undulata Schr.
2) Eupatorium hecatanthus Baker.

Orixás: Exu e Xangô

Elementos: Fogo/feminino

Nativa na América tropical, encontra-se disseminada pelos continentes, principalmente o africano e o australiano.

Por ser considerada uma "folha quente" e ligada ao elemento fogo, em banhos é associada às "folhas frias para que haja equilíbrio".

Os africanos atribuem-lhe os nomes iorubás èwòn àdèle, èwòn agogo e ègúnwín (Verger 1995:688), e utilizam-na em "receita para tratar hemorróidas internas" e "receita para tratar dor no pescoço" (Verger 1995;195, 225).

A população serrana do Estado do Rio de Janeiro costuma utilizar o chá das folhas do cambará como sucedâneo do café, e lhe atribuem um ótimo sabor.

Por suas propriedades balsâmicas, suas folhas em infusão têm vasto emprego no combate às doenças das vias respiratórias, bronquites, tosses, rouquidões e resfriados.

ÀFÒMỌ́N

Nome popular: Erva-de-passarinho

Nomes científicos: 1) *Phthirusa abdita* S. Moore., *Loranthaceae*
2) *Phthirusa teobromae Baill.*
3) *Psittacanthus calyculatus (DC) G. Don.*
4) *Phoradendron crassifolium Pohl. et. Sichl.*
(= *Viscum crassifolium Pohl.*)
5) *Sthuthantus marginatus Blume.*
(= *Sthuthantus flexicaulis Mart., S. Brasiliensis Lam., Lotranthus marginatus Lam., Loranthus Brasilienses Lank., Phthirusa pyrifolia Eichl.*)

Orixás: Obaluaiê, Oxumaré e Nanã

Elementos: Ar/masculino

As diversas espécies existentes, em sua grande maioria, são nativas da América tropical e encontradas no Brasil. Estas plantas vegetam sobre árvores, propagando-se através dos pássaros que comem seus frutos, daí o nome comum de erva-de-passarinho. Embora consideradas parasitas, são, na verdade, hemiparasitas, pois fazem fotossíntese. Sua propagação independe de solo, por isso medram nas mais diversas regiões do país.

Àfòmọ́n é o nome genérico dado pelos nagôs a diversas plantas que utilizam outros vegetais, principalmente árvores, como substrato. Normalmente pertencem à família das lorantáceas, embora algumas polipodiáceas ou convolvuláceas estejam, também, incluídas nessa categoria. São atribuídas aos orixás Obaluaiê, Nanã e Oxumaré, e empregadas nos rituais de iniciação e banhos purificatórios dos adeptos.

As várias espécies de erva-de-passarinho são utilizadas como remédio, em forma de chá, no combate a gripe, resfriado, pneumonia e bronquite. Todavia, embora suas sementes sejam comidas pelos pássaros, para as pessoas são consideradas muito adstringentes e, de algumas espécies, tidas como venenosas.

ÀFỌ́N

Nome popular:	Espelina-falsa
Nome científico:	Clitoria guianensis Benth., Leguminosae
Sinonímia:	1) Crotolaria guyanensis Aubl.
	2) Crotolaria longifolia Lam.
	3) Neurocarpum angustifolium Kunth.
	4) Neurocarpum logifolium Mart.
Orixás:	Obaluaiê e Nanã
Elementos:	Terra/masculino

Planta com ocorrência das Guianas ao Estado de São Paulo, encontrada nos Estados de Minas Gerais e Mato Grosso.

Suas folhas são utilizadas na iniciação dos filhos de Obaluaiê e Nanã, servindo, também, para Oxumaré em banhos purificatórios.

Usa-se a infusão da raiz e o pó feito das sementes desta planta na fitoterapia, como diurética, purgativa, e para combater a cistite e uretrite.

ÀGBÁ

Nome popular: Romanzeiro

Nome científico: Punica granatum L., Punicaceae

Orixás: Xangô e Ogum

Elementos: Fogo/masculino

Arbusto nativo na Europa, Ásia e África, encontra-se aclimatado no Brasil, medrando preferencialmente em terras úmidas nos Estados do Sudeste e do Sul.

Provavelmente, por ser a romã um fruto que possui a forma de um ṣère (chocalho), ela tenha sido atribuída a Xangô, e suas folhas utilizadas em banhos purificatórios para os filhos deste orixá.

Em Cuba, a romã, chamada popularmente de granada, tem os nomes lucumi de *oroco, mayakú* e *yayekú-kansoré*. Suas folhas são dedicadas a Oiá e Xangô, e os frutos são oferecidos a este último orixá. Acreditam, ainda, que um ramo usado em casa tem o poder de afastar os Eguns, impedindo que estes perturbem o repouso das pessoas (Cabrera 1992:432).

Na medicina popular, o chá da casca da romã, em gargarejo, combate as inflamações da garganta. O xarope feito do suco do fruto é indicado contra amigdalites, afecções das vias urinárias, gastrites, cólicas intestinais e hemorróidas.

ÀGBÀDÓ

Nome popular: Milho

Nome científico: *Zea mays* L., Gramineae

Orixás: Ogum, Oxossi, Xangô, Iemanjá e Oxalá

Elementos: Terra/masculino

O milho é uma planta originária da América, que já era cultivada pelos nativos antes mesmo da descoberta do continente americano. É encontrado na Europa, Ásia e África, onde é utilizado para fins alimentares.

Suas sementes são de uso básico nas casas de candomblé, seja na culinária dos orixás, seja na alimentação cotidiana da comunidade.

O milho branco — *àgbàdó funfun* — é empregado no preparo de acaçá (manjar envolvido em folha de bananeira) e ebô (milho cozido) para Oxalá, Iemanjá e outros orixás. Com a mesma massa usada para o acaçá, prepara-se o dengüé (mingau, refeição matinal do *iyàwó*).

O milho vermelho — *àgbàdó pupa* — serve para fazer o acaçá vermelho (para Exu e Ogum), o axoxó (milho cozido) para Oxossi, Logum Edé e Ogum, e entra na composição do aluá, bebida fermentada de origem africana, servida em dias de festas nas casas-de-santo.

O milho verde em espiga é próprio de Oxossi, sendo também oferecido a Xangô Airá, no ritual da fogueira no dia 28 de junho, véspera do dia de são Pedro, santo católico com o qual este orixá é sincretizado. Serve, também, para fazer uns bolinhos semelhantes ao acarajé, que são apreciados por Yewá.

Segundo uma lenda africana, Xangô foi o primeiro orixá a moer o milho para servir de alimento, pois em uma de suas andanças teria encontrado alguns estrangeiros e com eles aprendido essa prática, que, posteriormente, ensinou aos seus súditos (Tapá) no território Bariba.

A planta toda é atribuída a Oxossi, e as folhas são usadas em defumação de terreiros e para "lavar os assentamentos de Exu" para atrair prosperidade e fartura.

Na África, o milho é conhecido pelos nomes iorubás *ìgbàdo, ọkà, yangan, erinigbado, erinkà, eginrin àgbado, ẹlépèè, ìjẹ̀ẹ́rẹ́* (Verger 1995:737).

O "cabelo de milho" contido nas espigas, em chá ou decocto, é usado na medicina doméstica para combater problemas renais, e a farinha é indicada no caso de esgotamento físico.

ÀGBAÓ

Nomes populares: Imbaúba, árvore-da-preguiça, umbaúba, umbaíba, embaúba, baúna

Nome científico: Cecropia palmata Willd., Moraceae

Sinonímia: 1) Cecropia peltata Vell.
2) Cecropia hololeuca Miq.

Orixás: Ossaim e Xangô

Elementos: Terra/feminino

Encontrada da América Central ao Brasil, a imbaúba é comum na mata atlântica, onde ocorrem várias espécies muito semelhantes.

Mateiros e erveiros, quando vão à mata coletar ervas, costumam colocar sob a imbaúba oferendas de vinho moscatel, aguardente, fumo de rolo picado, mel e moedas com a finalidade de agradar a Ossaim, para que este permita que os vegetais que procuram sejam encontrados, caso contrário, "passarão várias vezes pela planta procurada e não a verão".

As folhas da imbaúba são utilizadas em rituais e banhos de purificação para os filhos de Xangô. Nas casas-de-santo, é comum encontrar-se sobre as folhas de *àgbaó*, oferendas de frutos dedicados a Ossaim.

Os santeiros cubanos atribuem a imbaúba, que eles chamam de *igi ogugú e láro* (Cabreira 1992:554), a Obatalá.

Na medicina popular, os frutos, que são comestíveis, utilizam-se contra asma e bronquite. O chá das folhas combate a pressão alta, sendo indicado, ainda, no tratamento de doenças respiratórias, pulmonares, cardíacas, renais e diabetes.

AGBÉYE

Nome popular: Melão-de-água

Nome científico: Citrullus citrull (L.) Karst., Cucurbitaceae

Orixás: Iemanjá e Oxum

Elementos: Água/feminino

Nas festas das Iabás, dia 8 de dezembro, este é um dos frutos oferecidos às "grandes mães" ou *Ìyá Agbá*, com a finalidade de atrair fartura e promover a fertilidade. Provavelmente, trata-se de um ritual remanescente dos antigos cultos agrários na África.

Em Cuba, é conhecido também pelos nomes nagôs de *agüe tutu, itakún e oggure,* sendo atribuído a Iemanjá, oferecido inteiro ou fatiado em sete pedaços (Cabrera 1992:488).

Na medicina popular é recomendado para mulheres com dificuldade de engravidar.

ÀGBÓLÀ

Nomes populares: Mata-pasto, fedegoso, fedegoso-branco, mata-pasto-liso

Nome científico: Senna obtusifolia (L.) Irwin & Barneby., Fabaceae (Leguminosae)

Sinonímia: Cassia obtusifolia L.

Orixás: Oiá e Egungun

Elementos: Fogo/feminino

Infestantes em áreas de lavoura, o mata-pasto tem sua origem, provavelmente, no continente americano, estando disperso nas regiões tropicais e subtropicais.

As folhas do àgbólà são utilizadas pelos adeptos dos candomblés jêje-nagôs, nos rituais de iniciação, banhos purificatórios e sacudimentos. No culto egungun, na Bahia, esta planta goza de grande prestígio, sendo considerada indispensável nos rituais dos ancestrais.

Na Nigéria e regiões vizinhas, este vegetal é utilizado na liturgia dos orixás, e conhecido pelos nomes iorubás akọ réré, ọ̀pá ikú e àṣìmáwù (Verger 1995:718).

ÀGBQN

Nomes populares: Coqueiro, coqueiro-da-bahia, coco, coco-da-bahia

Nome científico: Cocos nucifera L., Palmae

Orixás: Oxalá, Iemanjá e Oxossi

Elementos: Ar/masculino

Embora sem comprovação, o coqueiro pode ser procedente do arquipélago malásio, na Ásia; todavia, ocorre espontaneamente nas áreas litorâneas da América tropical.

A palmeira pertence a Oxalá, porém seus frutos são utilizados para Iemanjá e Oxossi. "Para alguns tipos Iemanjá", prepara-se uma comida chamada ègbo-iyá, que consiste em milho branco cozido e refogado no azeite-de-dendê, cebola ralada e camarão seco, adicionando-se, posteriormente, o coco ralado. Para Oxossi, serve-se o axoxó, de milho vermelho cozido, e o feijão-fradinho torrado, enfeitados com pedaços de coco.

Em Cuba, as cascas do coco são utilizadas para fazer previsões oraculares do mesmo modo como são usados no Brasil os búzios, o obi, o orobô e a cebola.

Conhecido, igualmente, pelos iorubás, o coco é utilizado também na composição de "receita para tratar hemorróidas externas" e "trabalhos para escapar de processos na justiça" (Verger 1995:159,341).

O leite extraído do fruto é largamente utilizado em iguarias da culinária nordestina.

A água contida no interior do coco é empregada, na medicina popular, para combater problemas intestinais, náuseas, vômitos da gravidez e, principalmente, os casos de desidratação.

ÀGOGÓ

Nomes populares: Estramônio, figueira-do-inferno, trombeteira, erva-do-diabo, pomo-espinhoso

Nome científico: *Datura stramonium* L, Solanaceae

Sinonímia:
1) *Datura pseudostramonium* Sieb.
2) *Datura tatula* L.
3) *Stramonium spinosum* Lam.
4) *Stramonium vulgarium* Gaertn.

Orixá: Exu

Elementos: Fogo/feminino

Conhecida praticamente em todas as regiões tropicais do mundo, o estramônio tem sua origem na Ásia, provavelmente no Himalaia.

Tema de um livro de Carlos Castañeda intitulado *A erva do diabo*, esta planta tem despertado o interesse de vários estudiosos das áreas de antropologia e etnobotânica, principalmente no que diz respeito à sua utilidade e função alucinógena em rituais indígenas. "Propriedades alucinogênicas da planta são conhecidas desde a antiguidade, sendo que em Delfos, na antiga Grécia, os sacerdotes usavam a planta para provocar delírios quando consultavam oráculos" (Kissmann 1995:472-III).

Nos cultos afro-brasileiros, o estramônio é utilizado, principalmente, "em trabalhos feitos com Exu".

Seu nome nagô deriva do fato de suas flores possuírem o formato semelhante ao da sineta (agogô) utilizada nos rituais como instrumento de percussão para chamar o orixá.

Planta considerada maléfica pelos cubanos, que a atribuem também a Exu e utilizam-na para envenenar ou provocar cegueira nas pessoas, sendo conhecida pelo nome lucumi de *ewé ofó* e *ewé echénla* (Cabrera 1992:416).

As flores brancas dessa solanácea, no formato de trombeta, são semelhantes às da *Datura suaveolens*; porém, bem mais alvas e menores. Toda a planta possui um princípio tóxico; embora seja usada na medicina popular, nos casos de asma, é narcótica e pode levar à morte.

AJÀGBAÓ

Nome popular: Tamarineiro

Nome científico: Tamarindus indica L., Leguminosae-Caesalpinioideae

Orixás: Oxalá e Xangô

Elementos: Ar/masculino

Planta de origem africana, encontrada subespontânea em áreas tropicais e subtropicais, adaptando-se com facilidade em diversos tipos de solos.

Árvore de grande porte, o tamarineiro, no Brasil, é tido como sagrado e atribuído a Oxalá, daí algumas vezes ser chamado também de *igi iwin*. Segundo Santos, "os espíritos que residem em algumas árvores consideradas sagradas são chamados de Ìwín... Todas as sacerdotisas de Òrìṣàlá, por exemplo, trazem o nome de Iwin (*Iwin-tọ́lá, Iwin-múìwá, Iwin-ṣọlá, Iwin dùnsí* etc.)" (1976:76,35). Alguns sacerdotes também associam o tamarineiro a Xangô, utilizando suas folhas em banhos purificatórios e em sacudimentos.

Cabrera (1992:547), na ilha de Cuba, cita o *tamarindus indica* como uma provável árvore de Oxalá (Dueño: Obatalá [?]) atribuindo-lhe o nome lucumi *iggi iyágbon*.

Os iorubás, no continente africano, dão a esta árvore o nome de *àjàgbọn* (Verger 1995:727)

Suas folhas maceradas são utilizadas pela população do interior na higiene bucal cotidiana em substituição ao creme dental. Sob a forma de chá, em bochecho, é eficaz contra dores de dentes. A polpa do fruto, utilizada como refresco, é digestiva e laxante. Como "simpatia", utilizam-se folhas de tamarineiro colocadas sob o travesseiro para proporcionar sono tranqüilo às pessoas agitadas e que sofrem de insônia.

AJÓBI, AJÓBI OILÉ e AJÓBI PUPÁ

Nomes populares: Aroeira-comum, aroeira-vermelha, pimenteira-do-peru

Nome científico: Schinus therebenthifolius Radd., Anacardiaceae

Sinonímia: Schinus aroeira Vell.

Orixás: Ossaim, Ogum e Exu

Elementos: Terra/masculino

Árvore provavelmente nativa do Peru, encontrada nas Américas. No Brasil medra principalmente nas regiões nordeste, sudeste e sul.

Nos candomblés jêje-nagôs, as folhas da aroeira-comum são empregadas nos sacrifícios de animais quadrúpedes. Acredita-se que, pela manhã, ela seja atribuída a Ogum, à tarde pertença a Exu e sirva, ainda, para enfeitar e vestir Ossaim. Seus galhos são utilizados em ebós e sacudimentos.

Como anti-reumático, a aroeira é freqüentemente utilizada na medicina popular. A resina é usada para combater orquites crônicas e bronquites. O cozimento da casca é indicado contra feridas, tumores, inflamações em geral, corrimentos e diarréias.

ÀJÓBI FUNFUN e ÀJÓBI JINJIN

Nomes populares: Aroeira-branca, aroeirinha, aroeira-de-mangue, aroeira-de-fruto-branco

Nome científico: Lithraea molleoides (Vell.) Engler., Anacardiaceae

Sinonímia:
1) Lithraea aroeirinha March.
2) Schinus molleoides Vell.
3) Schinus leucocarpus Mart.

Orixás: Xangô e Oiá

Elementos: Fogo/masculino

Árvore brasileira, que ocorre principalmente nos Estados do Nordeste ao Sul.

A aroeira-branca é conhecida também nas casas jêje-nagôs pelo nome de "*àjóbi jinjin*"; é usada, principalmente, em sacudimentos. Sendo "considerada uma folha quente, é utilizada em banhos de descarrego, porém não deve ser posta na cabeça". Em algumas casas esta planta é considerada "negativa", e por isso o seu emprego é evitado. Cruz (1982:71) cita que: "Desde longa data há uma crença arraigada, entre o nosso povo, de que a aroeira-branca desprende eflúvios ou emanação perigosa, que atacam quem dela se aproxima ou se abriga à sua sombra. Sabe-se que certas pessoas, em contato com essas emanações tóxicas, sofreram perturbações na pele, como sejam: urticária e coceira, aparecendo também febre e perturbações da vista."

Como medicamento é excitante e diurética. O cozimento das cascas da árvore servem, ainda, para combater diarréias, disenterias e infecções das vias urinárias.

AKAN

Nomes populares: Cará-moela, cará-do-ar, cará-de-corda, cará-de-sapateiro

Nome científico: Dioscorea bulbifera L., Dioscoreaceae

Orixá: Oxalá

Elementos: Terra/feminino

Esse tipo de cará, de tamanho reduzido, é utilizado no preparo de um pó (*atín*) para boa sorte, segundo uma fórmula muito conhecida nas casas-de-santo. "Em uma vasilha de barro nova e seca, deposita-se um bife de carne de boi, pequeno e fino, deixa-se a carne criar larvas, colocando-se a vasilha sobre um telhado. Quando a carne estiver completamente seca, tritura-se até tomar a consistência de um pó. Rala-se um cará-moela e mistura-se à carne pulverizada, torra-se tudo, adiciona-se efum, peneira-se até que se obtenha um pó fino e usa-se em casa e no trabalho para obter prosperidade."

O cará-moela é usado em diversos pratos na culinária nacional, porém o mais conhecido é o arroz preparado com essa espécie, que faz parte da dieta da população do interior.

Na África, o cará-moela também é consumido e conhecido pelos nomes iorubás *emìnà, ewùrà ęsin,* e *dandan* (Verger 1995:663) em diversas regiões do Sudeste.

AKERI

Nomes populares: Murici, murici-do-campo, murici-pitanga, marajoara

Nome científico: Byrsonima crassifolia (L.)H.B.K., Malpighiaceae

Sinonímia:
1) Byrsonima lanceolata D.C.
2) Byrsonima ferruginea Benth.
3) Byrsonima cotinofolia H.B.K.

Orixá: Oxossi

Elementos: Terra/masculino

De origem brasileira, o murici é encontrado principalmente no Nordeste do país, onde é muito popular.

Os candomblés baianos e xangôs pernambucanos utilizam-se deste vegetal em rituais e banhos para os iniciados de Oxossi; porém, nos terreiros do Rio de Janeiro e São Paulo, ele é praticamente desconhecido, pois trata-se de planta tipicamente nordestina, não encontrada na região sudeste. Todavia, esta espécie é conhecida dos cubanos, que a atribuem a Oxum e utilizam-na em trabalhos de vingança. "Quemado, tapa la vista". "Pulverizado y con otros ingredientes se mezcla en el café o en cualquier otra bebida y se le da al hombre a quien se quiera, por venganza, privar prematuramente de su virilidad." (Cabrera 1992:514.)

Os nordestinos utilizam o fruto desta planta para preparar um refrigerante conhecido como refresco de murici, bebida muito difundida naquela região do país.

Como planta medicinal, o murici é tônico e adstringente, servindo para combater afecções respiratórias, bronquite, tuberculose e tosses.

AKÒKO

Nome popular: Acocô

Nome científico: Newbouldia laevis Seem., Bignoniaceae

Orixás: Ossaim e Ogum

Elementos: Terra/masculino

Planta originária da África, há algum tempo aclimatada no Brasil, principalmente na Bahia. No continente africano, ela é considerada árvore abundante, principalmente nas áreas de mercado onde são fincadas estacas de akòko e, quando os feirantes vão embora, os galhos enterrados brotam, dando origem a novas árvores; por isso, os iorubás lhe atribuem a fama de vegetal provedor de prosperidade.

Na cidade de Iré, local de culto a Ogum, na África, sob essa árvore são depositados os assentamentos desse orixá.

No Brasil, as folhas do *akòko* são utilizadas nos rituais de iniciação, no *àgbo* e em banhos para todos os iniciados, independentemente de qual seja o orixá. São empregadas para compor oferendas, e podem ainda, "em substituição ao são-gonçalinho, ser espalhadas no barracão nos dias de festas".

Respeitada como árvore sagrada, o *akòko* é utilizado tanto no culto aos orixás quanto nos terreiros *egúngún*, onde se cultuam os ancestrais ilustres, na Bahia.

AKONIJẸ, JOKOJẸ e JOKONIJẸ

Nomes populares: Jarrinha, cipó-mil-homens, caçau, angelicó, papo-de-peru

Nome científico: Aristolochia cymbifera Mart., Aristolochiaceae

Orixás: Ossaim e Oxum

Elementos: Terra/feminino

Originária da América do Sul, provavelmente do Brasil, Argentina, Uruguai e Paraguai, atualmente esta espécie é encontrada disseminada por diversas áreas tropicais e subtropicais do planeta.

Na liturgia dos orixás, essa trepadeira é importantíssima na feitura de santo, pois, é ela que, quando torrada e misturada com outros ingredientes, "abre a fala" (Santos 1976:47-48) do orixá, ou seja, permite ao orixá, quando incorporado, falar e emitir o seu ké (som característico de cada entidade). É uma folha do òro (ritual) de Ossaim, também atribuída a Oxum, conhecida nos candomblés brasileiros pelos nomes de *jokojé* e *jokonijé*.

O chá das raízes e do caule e a aplicação tópica do sumo das folhas são tidos como antídotos para diversos venenos de cobra, mas, quando empregados em doses elevadas, podem provocar náuseas e distúrbios de consciência. Para as mulheres grávidas é desaconselhável o seu uso, pois possui propriedades abortivas.

ALÉKÈSÌ

Nomes populares: São-gonçalinho, língua-de-teiú, chá-de-frade, vassatonga, língua-de-lagarto, erva-de-bugre, flauta-de-saíra, erva-de-lagarto, pau-de-lagarto, petumba

Nome científico: Casearia sylvestris Sw., Flacourtiaceae

Sinonímia:
1) Casearia punctata Spreng.
2) Casearia caudata Uitt.
3) Casearia ovoidea Sleum.
4) Casearia parviflora Willd.
5) Casearia samyda (Gaertn.) D.C.
6) Casearia subsessiliflora Lund.

Orixá: Oxossi

Elementos: Terra/masculino

Espécie disseminada pelas Américas, sendo encontrada do México até a Argentina. No Brasil, ocorre desde o Pará até o Paraná.

Nas festas de candomblé é comum ver o chão do barracão forrado com as folhas de são-gonçalinho. Esta prática deve-se à crença de que as folhas dessa planta têm o poder de repelir "coisas negativas", por isso seus galhos são colocados também sob a esteira onde dorme o Iaô, por ocasião de sua iniciação, para que este fique protegido das influências nefastas dos Exus e Eguns.

O são-gonçalinho é uma planta que goza de grande prestígio dentro dos terreiros Ketu, pois está ligado a Oxossi, orixá patrono da nação, daí esse vegetal estar sempre presente nos rituais de iniciação, banhos purificatórios, sacralização dos objetos dos orixás e sacudimentos, sendo também utilizado como "vestimenta para os orixás Oxossi e Ossaim".

Nos terreiros de umbanda, essa erva é dedicada a Ogum e considerada de grande poder mágico, não podendo ser queimada, pois atrai má sorte, daí não ser utilizada em defumações.

Acredita-se que as folhas de são-gonçalinho, sob a forma de chá, tenham propriedades calmantes e depurativas, e contenham princípios antiinflamatórios e analgésicos. Maceradas e usadas topicamente, ajudam nos casos de picadas de cobras e insetos.

ÀLÙBỌ̀SÀ

Nome popular: Cebola

Nome científico: Allium cepa L., Liliaceae

Orixás: Oxalá e Oxum

Elementos: Água/feminino

Originária da Índia e da antiga Pérsia, a cebola, por ser um produto de grande valor comercial, é hoje cultivada em quase todos os países do mundo.

Em determinadas obrigações, nos terreiros de candomblés, o bulbo da cebola substitui o obi e o orobô nos jogos divinatórios que precedem as oferendas. Quando partida ao meio, no sentido vertical, fornece respostas positivas e negativas; quando em quatro pedaços iguais eles são lançados sobre um prato branco, para se descobrir o desejo dos orixás. Sua leitura é feita a partir da posição em que caem. Quando a parte interna de cada pedaço está voltada para cima, ele é interpretado como "aberto" e a externa como "fechado". O jogo é processado do seguinte modo:

— 4 abertos = ALAFIÁ : Significa que tudo está ótimo, a jogada é positiva e favorável. Se for o caso de oferendas, estas foram bem aceitas pelo orixá.

— 3 abertos e 1 fechado = ÒTÚRA : Significa uma situação neutra ou duvidosa, deve-se jogar novamente para se obter a resposta bem definida; todavia, se os orixás indagados forem Iemanjá ou Ogum, esta jogada tem o mesmo significado de OJONILÉ.

2 abertos e 2 fechados = OJONILÉ : Significa a confirmação do que foi perguntado ou da jogada anterior.

1 aberto e 3 fechados = ODÍ: Significa uma situação desfavorável ou negativa. Se for o caso de oferendas, o orixá não está satisfeito.

4 fechados = OKANRAN : Esse signo representa Exu e mostra uma situação negativa e nefasta. Se for o caso de oferendas, as mesmas não foram aceitas pelo orixá.

Tanto no Brasil quanto na África, a cebola é um tempero básico no preparo das comidas de todos os orixás.

No continente africano ela é conhecida por diversos nomes, entre eles, *àlùbọ́-sà gàmbàrí, àlùbọ́sà kẹ́tá* e *ẹ̀lùbásà* (Verger 1995:630), sendo utilizada "... para tratar picada de cobra" e em "trabalho para agradecer ao ser supremo" (Verger 1995:245,309).

Como remédio, é um dos mais completos que a natureza já nos presenteou. Suas indicações terapêuticas são variadas, pois funciona como depurativo, emoliente, diurético, laxante, antibiótico, antitérmico, antitussígeno, anti-hemorrágico, anti-reumático, calmante, alcalinizante, mineralizante, antiálgico, anticoagulante, aperiente e vermífugo. Destaca-se, ainda, como um grande aliado no combate ao colesterol.

ÀLÙBỌ̀SÀ ELÉWÉ

Nome popular: Cebolinha-branca

Nome científico: Allium aescalonicum L, Liliaceae

Orixá: Oxum

Elementos: Água/masculino

No Brasil, a cebolinha-branca é utilizada como tempero para realçar o sabor dos alimentos na cozinha popular. Na cozinha litúrgica das casas de candomblé, ela constitui um dos elementos mais utilizados no preparo de oferendas, substituindo a cebola comum.

Na África, essa planta, que é conhecida também por *àlùbọ̀sà onísụ* (Verger 1995:630), é utilizada juntamente com outros ingredientes na composição de fórmulas excitantes para os iniciados, quando o Orixá está muito calmo, em diversos trabalhos praticados pelos sacerdotes de Ifá ou como medicamento na cura de várias doenças.

Com a cebolinha-branca, prepara-se um xarope melado expectorante que combate gripes, resfriados e catarros persistentes.

ÀLÚKERÉSÉ

Nomes populares: Dama-da-noite, campainha, corriola-da-noite, boa-noite, abre-noite-fecha-dia

Nome científico: Ipomoea alba L., Convolvulaceae

Sinonímia:
1) Convolvulus aculeatus L.
2) Convolvulus aculeatus var. bona-nox L.
3) Ipomoea bona-nox L.
4) Calonyction bona-nox (L.) Boj.
5) Calonyction aculeatum Choisy

Orixá: Oxalá

Elementos: Ar/feminino

Planta originária da América tropical, dispersa por todos os continentes, sendo uma espécie freqüente e bastante disseminada no território brasileiro. Kissmann (1992:522-II) relata a existência das variedades *gigantea*, *muricata* e *vulgaris* no Nordeste brasileiro, e Pott & Pott (1994:98) mencionam que o cálice (flores brancas) é utilizado como comestível em sopas e que as sementes eram usadas pelos escravos como sucedâneo do café.

Nos cultos de origem jejê-nagô, as folhas da dama-da-noite são utilizadas na iniciação dos filhos de Oxalá e em "banhos de prosperidade", pois acredita-se que, sendo um vegetal de fácil expansão e que produz farta ramificação, por analogia, no plano litúrgico, está associado a fartura.

Sob as denominações iorubás de àlùkérése, àlùkérése pupa, afàkájù, òdódó oko e òdódó odò, Verger (1995:684) dá a classificação científica de *Ipomoea involucrata* P. Beauv., a qual não conseguimos determinar se é sinonímia da *I. alba* ou se se trata de outra espécie.

Como fitofármaco, o banho feito com os ramos desta convolvulácea é tido como um tratamento eficaz nos casos de reumatismo, servindo ainda para "amolecer inflamações cutâneas".

ÀLÙMỌ́N ou ÉWÚRÓ

Nomes populares: Boldo-paulista, alumã, boldo-japonês, boldo-brasileiro

Nome científico: Vernonia condensata Baker., Compositae

Sinonímia: Vernonia amygdalina Delile

Orixá: Ogum

Elementos: Terra/masculino

Planta encontrada no Brasil, em estado espontâneo nas regiões nordeste e sudeste.

Este vegetal é também conhecido nos candomblés jêje-nagôs pelo nome de *éwóró*, e utilizado nos rituais de iniciação, *àgbo*, banhos de purificação e sacudimentos.

Verger (1995:734) atribui ao *àlùmọ́n* os nomes iorubás *Ewúro jíje*, *ewúro gidi*, *ewúro oko*, *ewúro*, *pákò* e *orín*.

No campo fitoterápico, um cálice do sumo das folhas do boldo-paulista, embora amargo, é comprovadamente um excelente remédio para combater enjôos provocados pela má digestão ou problemas hepáticos.

ÀLÙPÀYÍDÀ

Nomes populares: *Língua-de-galinha, guaxima, língua-de-tucano, guanxuma fina e malva-língua-de-tucano*

Nome científico: *Sida linifolia Cav., Malvaceae*

Sinonímia:
1) *Sida angustissima Juss. Ex Cav.*
2) *Sida campi Vell.*
3) *Sida longifolia Brandeg.*
4) *Sida linearifolia Schum. & Thonn.*

Orixás: *Oxumaré e Nanã*

Elementos: *Terra/masculino*

Planta anual que floresce nos meses de setembro a abril, e reproduz-se, apenas, por sementes. Nativa da América do Sul, é encontrada em todas as regiões do país.

Na liturgia dos orixás, as folhas da língua-de-galinha são utilizadas nos rituais de iniciação dos filhos de Oxumaré, em banhos purificatórios ou em sacudimentos.

Na África, este vegetal tem os nomes iorubás *ọbọníbi, ìsọ́, ọbọ́lẹ̀* e *ọbọ́lókólépọ̀n*, sendo utilizado em "receita para tratar criança que come terra", "receita para ser utilizada durante a gestação" e "trabalho para vencer os inimigos" (Verger 1995:720,235,275,353).

ÀMÙ

Nomes populares: Sete-sangrias, erva-de-sangue, balsamona, baba-de-burro, escorrega, sete-chagas

Nome científico: Cuphea balsamona Ch. & Sch., Lythraceae

Sinonímia: 1) Cuphea aperta Koelm.
2) Cuphea divaricata Pohl.

Orixá: Obaluaiê

Elementos: Terra/feminino

Distribuída por quase todas as regiões do território nacional, ocorre em terrenos e áreas urbanas.

A sete-sangrias, nos cultos jêje-nagôs, é utilizada em banhos purificatórios para os iniciados de Obaluaiê, também servindo para os filhos de Nanã e Oxumaré, quando estes são acometidos de afecções cutâneas, consideradas como marcas ou "chagas do orixá da varíola".

Como medicamento, utiliza-se esta erva para combater a arteriosclerose, hipertensão arterial, palpitações cardíacas, inflamações da mucosa intestinal, doenças venéreas e afecções da pele.

AMÚNIMÚYẸ̀

Nomes populares: Balainho-de-velho, perpétua, perpétua-roxa, perpétua-do-mato

Nome científico: Centratherum punctatum Cass. asteraceae (Compositae)

Sinonímia: 1) Centratherum intermedium Less.
2) Amphirephis intermedia Link

Orixá: Ossaim

Elementos: Terra/masculino

"Planta nativa na Costa Atlântica da América tropical. Presente na maior parte do território brasileiro, ocorrendo do Amapá ao Rio Grande do Sul, com maior expressão na região nordeste" (Kissmann 1992:207).

O balainho-de-velho é uma planta considerada misteriosa. Sua principal utilidade no culto de Ossaim "é tirar a consciência do filho-de-santo" quando em transe, independentemente do orixá que venha a incorporar; por isso, ela é utilizada nos rituais de iniciação e no *àgbo* do iaô.

Existe uma lenda, muito conhecida na África e nos terreiros de candomblés brasileiros, sobre Ossaim e Oxossi, alusiva a este vegetal, que é descrita por Verger (1981:113/114), onde Ossaim, utilizando-se do *amúnimúyẹ̀*, cujo nome significa "apossa-se de uma pessoa e de sua inteligência", provocou em Oxossi uma amnésia, para que este permanecesse em sua companhia.

ANDARÁ

Nomes populares: Visgueiro, faveiro

Nome científico: Parkia multijuga Benth., Leguminosae-Mimosoideae

Sinonímia: Dimorphandra megacarpa Rolfe.

Orixás: Ogum e Oxossi

Elementos: Terra/masculino

Árvore nativa da região amazônica, ocorre do Norte ao Sudeste em florestas e várzeas de solo argiloso.

Na liturgia jêje-nagô, a parte mais utilizada deste vegetal são as vagens. Colocadas sobre os objetos rituais, têm a finalidade de proteger os iniciados. Torradas e pulverizadas juntamente com outros vegetais, dá origem a um "atin" (pó) que, acredita-se, atrai prosperidade.

Na medicina popular, o cozimento concentrado das cascas do tronco do visgueiro acelera a cura e evita infecções quando aplicado sobre hemorragias provocadas por golpes.

ANTIJUÍ

Nomes populares: Trombeta-branca, cálice-de-vênus, trombetão-branco, trombeta-de-anjo, saia-branca, vestido-de-noiva, zabumba-branca, trombeta-cheirosa, babado, dama-da-noite

Nome científico: Brugmansia Suaveolens Bercht & Presl., Solanaceae

Sinonímia:
1) Datura suaveolens H.B. ex Willd.
2) Datura arborea sensu Sendth. In Mart.
3) Datura gardneri Hook.

Orixá: Oxalá

Elementos: Ar/masculino

Medrando do Norte ao Sul no território nacional, a trombeta-branca tem sua origem no México. Encontram-se variedades com flores brancas, amarelas ou róseas.

Nos cultos afro-brasileiros, as folhas dessa solanácea são utilizadas em sacudimentos de casas e em banhos de purificação, misturadas com outras ervas, para cortar as más influências que atuam sobre as pessoas. São, ainda, aplicadas em forma de decocto para lavagem de afecções vaginais.

Como medicamento, combatem asma e hemorróidas irritadas, doloridas e inflamadas, servindo ainda no tratamento do reumatismo.

APÁLÁ

Nome popular: Pepino

Nome científico: Cucumis sativus L, Cucurbitaceae

Orixá: Ossaim

Elementos: Água/masculino

O pepino juntamente com a couve, o repolho, a abóbora, a batata-doce, a cenoura e o chuchu formam os sete elementos que compõem o ebó conhecido pelo nome "tudo que a boca come", utilizado com a finalidade de "limpar" pessoas doentes que procuram tratamento nas casas de candomblé.

Embora sendo comumente utilizado em saladas, o pepino possui propriedades terapêuticas que o indicam nos casos de reumatismo, gota, erupção cutânea, cistite, enterocolite, amigdalite, laringite e cólicas em geral.

APÁÒKÁ

Nome popular: Jaqueira

Nome científico: Artocarpus integrifolia L. f., Moraceae

Orixás: Apáòká, Xangô e Exu

Elementos: Fogo/masculino

Árvore de origem indiana, encontra-se disseminada por diversas regiões tropicais e subtropicais do mundo, inclusive África e Brasil.

Apáòká (*Òpa* = cajado, cetro + *Oká* = serpente africana) é o nome de uma entidade fitomórfica considerada a mãe de Oxossi, cultuada numa jaqueira. Nas casas mais antigas dos candomblés de origem jêje-nagôs, esta árvore é ornada com grandes laços de tecido que a distinguem como sagrada. "Em suas raízes potes de barro contendo água também sinalizam o sagrado" (Barros 1995:84).

As folhas da jaqueira são utilizadas para assentar Exu e em banhos para os filhos de Xangô; porém, seu fruto não deve ser consumido por esses iniciados.

Na África, a jaqueira é conhecida também pelo nome iorubá *tapónurin* (Verger 1995:636).

Os caroços da jaca, assados ou cozidos, lembram a castanha portuguesa e são tidos como afrodisíacos. Na medicina popular, este vegetal é utilizado como estimulante, antidiarréico, antiasmático, antitussígeno e expectorante.

ÁPÈJÈ

Nomes populares: Dormideira, sensitiva, malícia-de-mulher, maria-fecha-porta, juquiri-rasteiro, dorme-dorme, não-me-toques, erva-viva, malícia

Nome científico: Mimosa pudica L., Fabaceae (Leguminosae)

Sinonímia: 1) Mimosa sensitiva L.
2) Mimosa dormens H.B.K.

Orixás: Exu e Oiá

Elementos: Fogo/ masculino

Tendo a sua origem na América tropical, hoje está disseminada pelos continentes, inclusive a África. No Brasil, ocorre em quase todo o território nacional, porém, com mais freqüência do Nordeste ao Sudeste.

Esta folha, associada ao *ámunimuyé* e outras, compõe uma mistura ritual que é utilizada com a finalidade de tirar a consciência mediúnica dos filhos-de-santo (Barros 1994:33/34), porém, em outras ocasiões é utilizada para assentar Exu e em trabalhos com este orixá.

Em Cuba, a dormideira é conhecida pelos nomes lucumis *eran kumi, eran loyó, omimi* e *yaránimó*, sendo atribuída a Yewá e utilizada para despertar a sensibilidade do iniciado, e em trabalhos amorosos (Cabrera 1992:543). Na África atribuem-lhe os nomes *patọnmọ́, pamámọ́ àlùrọ, paìdímọ́* (Verger 1995:697).

Na medicina popular, a sensitiva é utilizada em torma de chá contra os males do fígado, flatulência e dores de cabeça, e em cataplasma para debelar abscessos e combater escrofulose. As folhas possuem, ainda, propriedades purgativas, e em gargarejo alivia a dor de dente.

ÀPÈJEBÍ

Nomes populares: Rabujo, paracari, meladinha-verdadeira

Nome científico: Stemodia viscosa Roxb., Escrophulariaceae

Orixá: Obaluaiê

Elementos: Terra/masculino

Encontrado no Nordeste, o rabujo é um arbusto de folhas viscosas que medra em campos e cerrados.

Planta utilizada em banhos purificatórios e na sacralização dos objetos rituais do orixá.

Na medicina popular, esta planta é utilizada no combate à asma, tosse nervosa, e também como antiofídico, tanto externa como internamente.

ÀRÀBÀ

Nomes populares: Sumaúma-da-várzea, árvore-da-sede, paina-lisa, sumaúma-verdadeira, sumaúma

Nome científico: Ceiba pentandra (L.) Gaertn., Bombaceae

Sinonímia:
1) Bombax pentandrum L.
2) Bombax orientale Spreng.
3) Eriophorus javanica Rumph.

Orixá: Ogum

Elementos: Terra/masculino

Planta de origem brasileira, que ocorre em florestas úmidas, inundadas ou pantanosas da região amazônica. Encontrada, também, no continente africano.

O Àràbà é uma árvore de grande porte, utilizada no culto a Ogum. É sob esta árvore que o assentamento desse orixá costuma ser feito na Nigéria e no Daomé (Santos 1976:92), onde lhe são atribuídos, também, os nomes ègungun ògún, ogbùngbùn e owú ẹ́ẹ́gun (Verger 1995:645) pelos iorubás, que a consideram sagrada. Tal costume foi preservado nas "casas de nagô", na região norte do Brasil; todavia, nos candomblés do Nordeste (Bahia e Pernambuco), a sumaúma-da-várzea é pouco citada. As folhas desta árvore entram na iniciação, no àgbó e banhos purificatórios dos filhos de Ogum.

À sumaúma-da-várzea são atribuídas propriedades terapêuticas úteis nos casos de diarréias, disenterias, e facilita a diurese.

ÀRÌDAN

Nome popular: Aridan

Nome científico: Tetrepleura tetraptera (Schum & Thour.)
Taub., Leguminosae-Mimosoideae

Orixá: Ossaim

Elementos: Terra/masculino

Esta árvore de origem africana é cultivada no Brasil, provavelmente trazida por escravos para utilização litúrgica.

Os frutos do aridan são favas utilizadas nas casas de candomblé, no àgbo do iniciado, em assentamentos de Exu, Ogum, Omolu, Oxum e Xangô Baru, e na preparação de pó usado para combater feitiços. Certamente, o fato de colocar-se as favas de aridan dentro dos assentamentos dos orixás denota uma preocupação em manter-se resguardado contra qualquer tipo de magia nefasta que tenha por objetivo prejudicar a casa e as pessoas que zelam por tais objetos. Com essa mesma finalidade é comum encontrar-se favas penduradas atrás de portas, que, segundo alguns, emitem uma luz "quando alguém manda algum feitiço".

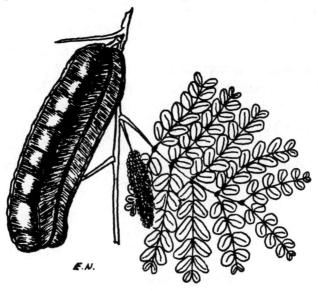

Segundo Verger, este vegetal de mesmo nome na África tem um vasto emprego nos rituais dos iorubás, pois é utilizado, tanto em trabalhos benéficos, para combate às bruxarias praticadas pelas feiticeiras africanas (*Ìyàmí*) e para livrar as pessoas que estejam sob o efeito da magia malévola dessas entidades, quanto de forma maléfica em "trabalho para enlouquecer alguém", ou mesmo em "trabalho para tornar-se ìyàmi" (1995:415,305).

ÀRÚNSÁNSÁN

Nomes populares: Erva-de-são-joão, mentrasto, catinga-de-bode, picão-roxo, macela-de-são-joão

Nome científico: Ageratum conyzoides L, Compositae

Sinonímia:
1) Ageratum maritimum H.B.K.
2) Ageratum mexicanum Sims.
3) Ageratum obtusifolium Lam.
4) Cacalia mentrasto Vell.

Orixás: Xangô e Orumilá

Elementos: Fogo/feminino

Planta nativa da América tropical, disseminada pelas diversas regiões tropicais e subtropicais do planeta.

Nos candomblés brasileiros esta planta é conhecida também pelo nome nagô *isúmi uré*. É utilizada em banhos de purificação e sacudimentos para combater feitiços, pois é considerada uma das melhores "folhas de defesa" nos terreiros jêje-nagôs.

Na África, essa erva é citada como *àrún sánsán, imí eṣú* e *akọ yúnyun*. (Verger 1995:629), sendo usada em uma "receita para tratar criança que come terra" e como "proteção para evitar agressão de alguém" (Verger 1995:235,435), pois tem a finalidade de combater feitiços enviados pelas *Ìyámi* (feiticeiras).

Como fitofármaco, emprega-se o chá das folhas contra cólicas intestinais provocadas por aerofagias, diarréias, reumatismo, artrose e como antidepressivo. É tônico, excitante, antiinflamatório, analgésico e cicatrizante. Utilizado em banhos, combate a fraqueza do organismo.

ÀRÙSỌ

Nomes populares: Alfazema-do-brasil, rosmarinho

Nome científico: Hyptis carpinifolia Benth., Lamiaceae

Orixá: Oxum

Elementos: Terra/masculino

Vegetal nativo no Brasil, considerado sucedâneo da *Lavandula vera*, que, por sua fragrância adocicada e suave, a torna preferida dos orixás femininos, especialmente "da dona dos perfumes, Oxum". É comum encontrar essências à base de lavanda nas oferendas feitas no mar e em rios ou nas festas públicas dos terreiros, quando as pessoas jogam "água de cheiro" sobre as Iabás.

Com as folhas maceradas do *hyptis*, preparam-se banhos que são muito apreciados na umbanda e considerados como "de atração" e despertando os amantes indiferentes. No candomblé, porém, estes banhos são desaconselhados, pois podem "atrair quem não se deseja". Enquanto defumador, suas folhas misturadas ao alecrim, benjoim, mirra e incenso servem para atrair boa sorte.

Na fitoterapia, a alfazema-do-brasil, sob a forma de banho, é considerada antifebrífugo, especialmente para crianças.

ÀSARÁGOGO

Nomes populares: Vassourinha-de-relógio, vassourinha, zanzo, relógio, mata-pasto, guanxuma, guanxuma-preta e malva-preta

Nome científico: Sida rhombifolia L., Malvaceae

Sinonímia:
1) Sida alba Cav., non L.
2) Sida retusa L.

Orixá: Oxum

Elementos: Água/feminino

Planta encontrada como invasora de pastos e jardins, que tem origem no continente americano. Ocorre em todas as regiões do Brasil, e com menor intensidade no sul dos Estados Unidos.

A vassourinha-de-relógio é uma planta muito utilizada em sacudimentos com a finalidade de descarregar pessoas e casas. Na iniciação, é utilizada na sacralização dos objetos rituais dos orixás.

Na África, entre os iorubás, é conhecida pelos nomes *ifin* e *ewé ifin* (Verger 1995:720), sendo usada com fins litúrgicos e medicinais.

ÀṢÍKÙTÁ e EFIN

Nomes populares: Malva-branca, guanxuma, malva-veludo, guaxima, malva

Nome científico: Sida cordifolia L, Malvaceae

Orixá: Oxalá

Elementos: Ar/feminino

Encontrada em áreas tropicais de vários continentes, esta planta é nativa das Américas e ocorre do sul dos Estados Unidos até a Argentina. No Brasil é encontrada em grandes concentrações nos Estados do Norte, Nordeste e Sudeste.

Conhecida também nos candomblés brasileiros pelos nomes de *efín*, esta planta entra na composição do *àgbo* e em banhos purificatórios nas casas-de-santo, sendo utilizada por todos, principalmente aqueles ligados a Oxalá, Iemanjá, Oxum e Oxossi; todavia, nos batuques rio-grandenses, esta planta é utilizada em banhos e rituais para Xapanã.

Empregadas na liturgia pelos iorubás, é conhecida na Nigéria pelo nome *èkuru oko* (Verger 1995:720).

As folhas da malva-branca possuem propriedades emolientes e, amassadas, são aplicadas sobre picadas de vespas. O decocto das raízes é usado, externamente, para combater a blenorragia.

ATA

	Nome popular:	Pimenta-malagueta
	Nome científico:	*Capsicum frutescens* L., Solanaceae
	Sinonímia:	*Capsicum brasilianum* Cluss.
	Orixá:	Exu
	Elementos:	Fogo/feminino

Florescendo em todo o Brasil, onde é consumida em abundância, principalmente nos Estados do Norte e Nordeste, a pimenta-malagueta tem sua origem na América do Sul; todavia, na atualidade, é cultivada no Japão, Índia e África.

Ata ou ataré, para os nagôs, são nomes genéricos de vários tipos de pimentas das famílias das solanáceas e das zingiberáceas, comumente utilizadas para "esquentar" o orixá ou para trabalhos de feitiçaria que causem brigas, confusões e "queimações", atribuídos a Exu. Na cozinha baiana, a pimenta-malagueta é consumida em larga escala, nos pratos típicos como acarajé, vatapá e moquecas, onde é tradicional o uso do termo "quente" para designar um alimento apimentado. Acreditamos que a sua característica *gún* (excitação), utilizada no sistema classificatório dos vegetais (Barros 1993:104), originou a designação "quente" do vocabulário popular baiano.

Na santeria cubana, a pimenta-malagueta é atribuída também a Ogum e Ossaim. Todavia, na África, os iorubás a utilizam para trabalhos de magia, e dão-lhe os nomes de *ata ọlọ́bẹ̀nkàn, ata eyẹ* e *ata sísebẹ̀* (Verger 1995:644).

Carminativa e excitante do aparelho digestivo, as folhas da pimenta-malagueta, possuem propriedades terapêuticas que combatem inflamações na garganta, angina, uretrite, blenorragia, congestão cerebral e meningites. São usadas, ainda, para "amadurecer furúnculos e evitar queda de cabelo". O consumo de seus frutos é contra-indicado nos casos de gastrite, úlceras e hemorróidas.

ATA DUDU

Nome popular: Pimenta-do-reino

Nome científico: *Piper nigrum* L., Piperaceae

Orixá: Exu

Elementos: Fogo/feminino

Conhecida há séculos, a pimenta-do-reino sempre teve destaque na economia das nações por ser condimento utilizado internacionalmente. Procedente da Índia e da Indochina, é cultivada no Brasil, sendo o comércio de seus frutos de data de época anterior ao descobrimento das Américas.

Como tempero é utilizada com freqüência no preparo de pratos populares, no cotidiano das casas de candomblés; porém, não só os frutos como também as folhas são usadas, principalmente pulverizadas em trabalhos ritualísticos ligados a Exu.

É contra-indicada nos casos de hemorróidas e problemas renais.

ATAARE

Nome popular: **Pimenta-da-costa**

Nome científico: **Aframomum melegueta (Roscoe) K. Schum., Zingiberaceae**

Orixá: **Ossaim**

Elementos: **Fogo/masculino**

Planta da família das anonáceas, originária do continente africano, cultivada no Nordeste brasileiro.

Embora atribuída a Exu, este tipo de pimenta tem várias utilidades nos rituais dos orixás, sendo utilizado no borí, nos assentamentos de alguns orixás, nos rituais de Ossaim e para fazer pós e ebós. É um vegetal ambíguo, pois presta-se também a trabalhos maléficos. Todavia, tem destaque no culto, uma vez que é prestigiado no ritual da sasanhe com um *korin ewé* próprio: *"ẸTA OWÓ ẸTA ỌMỌ ÁTÁARẸ̀ KÚ GBOGBO GB'ÉRÙ RẸ O"* — *"Três é dinheiro, três é filho — Átáarẹ̀ leve os carregos de morte."* É comumente mastigada pelos sacerdotes quando dirigem suas súplicas e desejos aos orixás, pois acreditam que tem o poder de purificar o hálito.

Na África é também conhecida entre os iorubás pelos nomes *òbùró, ata, ata ire, atayẹ́, atayẹ́ isa, atayẹ́ rere* e *ẹtalúyà* (Verger 1995:628).

ATOPÁ KUN

Nome popular: Arruda

Nome científico: Ruta graveolens L, Rutaceae

Orixá: Exu

Elementos: Fogo/feminino

Usada desde a antiguidade, a arruda tem sua origem no Mediterrâneo, mas está disseminada por vários continentes.

Popularmente, é utilizada para "cortar o mau-olhado" em rezas e benzeduras, como também é comum encontrar-se plantada em vasos, em portas de casas de comércio, com a finalidade de proteger o ambiente. Atrás da orelha se constitui em um amuleto para afastar o azar. Na umbanda e nos candomblés de Angola, é utilizada em banhos e sacudimentos para afastar a má sorte. Com os galhos secos, confeccionam-se figas que são usadas com a finalidade de proteger contra mau-olhado e feitiços. Todavia, nos terreiros jêje-nagôs da Bahia e do Rio de Janeiro, ela tem seu uso proibido, pois "é um ewó da nação" (interdito).

Embora considerada tóxica e abortiva, a arruda possui propriedades terapêuticas que combatem a clorose, paralisias, nevralgias, flatulências e incontinência urinária. Segundo Sangirardi Jr. (1981:61), "a arruda, com fama de anafrodisíaca, era cultivada principalmente nos claustros. Máxima latina, no entanto, diz que a arruda extingue o desejo sexual do homem, mas exacerba o da mulher..."

ÀTÒRÌNÀ

Nome popular:	Sabugueiro
Nome científico:	Sambucus nigra L., Caprifoliaceae
Sinonímia:	Sambucus australasica Fritsch.
Orixá:	Obaluaiê
Elementos:	Fogo/masculino

Planta que ocorre no Brasil, medrando, principalmente, nos Estados do Nordeste, Sudeste e Sul.

Suas folhas são empregadas nos rituais de iniciação, oferendas e banhos purificatórios dos filhos de Obaluaiê.

Na forma de chá, o sabugueiro é usado popularmente contra as afecções broncopulmonares. Excitante, sudorífico, febrífugo, combate resfriados, gripes, angina, hidropisia, inflamações da pele, furúnculos, queimaduras e erisipela.

AWỌ PUPÁ

Nomes populares: Cipó-chumbo, cipó-dourado, fios-de-ovos, aletria, espaguete, tinge-ovos, cuscuta

Nome científico: Cuscuta racemosa Mart., Convolvulaceae (Cuscutaceae)

Sinonímia: 1) Cuscuta citricola Schl.
2) Cuscuta Suaveolens Lechler.

Orixás: Ossaim, Obaluaiê e Ogum-já

Elementos: Terra/masculino

Originária do Chile, esta espécie é muito semelhante a outras que são nativas da Europa.

Como todas as ervas que utilizam como substrato outros vegetais, o cipó-chumbo pertence à categoria genérica *àfòmọ́n* (parasitas). É dedicado nos rituais afro-brasileiros a Obaluaiê, sendo usado no *àgbo* e nas práticas iniciatórias do orixá, servindo também por extensão para Nanã e Oxumaré, e atribuída ainda a Ossaim e Ogum-já.

Utilizado como fitofármaco, popularmente, o cipó-chumbo tem fama de combater afecções pulmonares, gripes e resfriados fortes. O decocto, em gargarejos, é eficiente nas anginas, faringites e amigdalites. Pulverizado, aplica-se em úlceras e feridas como cicatrizante.

AWÙRÉPÉPÉ

Nomes populares: Agrião-do-pará, jambu, treme-treme, agrião-do-brasil, pimenta-d'água, jambu-açu

Nome científico: Spilanthes acmella (L.) Murr. Asteraceae (Compositae)

Sinonímia:
1) *Spilanthes arrayana* Gardn.
2) *Spilanthes melampodioides* Gardn.
3) *Spilanthes pseudo-acmella* (L.) Murr.
4) *Acmella linnaei* Cass.
5) *Verbesina acmella* L.

Orixás: Oxalá e Oxum

Elementos: Água/feminino

O agrião-do-pará é uma planta nativa da América do Sul, que ocorre, praticamente, em todo o Brasil.

Dentre suas várias finalidades nos rituais jêje-nagôs, o *awùrépépé* é utilizado no *àgbo* e, juntamente, com o *akonijé* (*Aristolochia cymbifera*), entra na "mistura do segredo da fala dos orixás". Considerado *eró* (de calma), "é uma folha boa para banhos de prosperidades e para lavar os olhos e os búzios". Suas flores estão ligadas a Exu; todavia, é um vegetal de destaque na liturgia, sendo visto como extremamente benéfico e exaltado no *korin ewé* (cântico sagrado): *AWÙRÉPÉPÉ PẸ̀LẸ́PẸ̀LẸ́ BẸ́Ó* significando, *AWÙRÉPÉPÉ*, sensatamente, abençoe-nos.

Utilizada na cozinha popular do norte, esta planta entra no preparo do tucupi, iguaria da culinária paraense. Como medicamento natural, suas folhas são utilizadas para combater o escorbuto, a anemia e as dispepsias. O extrato das flores é aplicado sobre o dente cariado para eliminar a dor, e o xarope feito com as folhas é utilizado como expectorante infantil.

ÀYỌ̀

Nomes populares: Olho-de-gato, ariós, carniça, juquerionano, silva-da-praia

Nome científico: Caesalpinia bonduc (L.) Roxb., Leguminosae-Caesalpinioideae

Orixás: Orumilá e Exu

Elementos: Terra/masculino

Planta encontrada em estado espontâneo, tanto no continente africano quanto no Brasil, provavelmente, porém, nativa da África.

No terreiros brasileiros, apenas a semente é conhecida e utilizada juntamente com uma pequena pedra de rio (seixo), em jogos divinatórios, chamados de "amarração de ibo".

Usada ritualisticamente na África, Verger (1995:641) atribui-lhe, ainda, os nomes iorubás ṣáyó, ṣẹ́nwò e ṣẹ́yò ọlópọ́n.

BÀLÁ

Nome popular: Taioba

Nome científico: Arum esculentum Vent., Araceae

Orixás: Oxum e Nanã

Elementos: Água/feminino

Planta de origem asiática, muito comum em lugares úmidos ou proximidade de córregos onde se desenvolve com mais facilidade.

Utilizada na culinária litúrgica dos terreiros, com ela se prepara uma comida feita com azeite-de-dendê, camarão, cebola e sal, que é oferecida a Nanã, com o nome de *latipá*, e a Oxum sob a denominação de *efó*. Todavia, essa arácea é proibida aos filhos de *Oba*, pois é um dos seus interditos, provavelmente, em função dos mitos que falam da disputa de Oxum com este orixá pela preferência de Xangô.

Popularmente, a taioba é consumida cozida, do mesmo modo que a couve, pois, crua, provoca irritação na língua.

Na medicina popular, usa-se essa folha, externamente, na cura de feridas e úlceras.

BALABÁ

Nomes populares: Lírio-do-brejo, lágrima-de-vênus, borboleta, cardamomo-do-mato

Nome científico: Hedychium coronarium Koenig., Zingiberaceae

Sinonímia:
1) Hedychium flavum Roscoe
2) Hedychium flavescens Carly
3) Hedychium sulphureum Wall.

Orixás: Iemanjá e Ogum

Elementos: Água/masculino

Planta originária do Himalaia e de Madagascar, que está disseminada pelas diversas regiões dos continentes, medrando de preferência em locais úmidos.

Suas folhas são utilizadas nos rituais de iniciação e em banhos purificatórios para os filhos de Iemanjá e Ogum.

As flores do lírio-do-brejo são melíferas e fornecem essência perfumada. Os rizomas fornecem uma fécula comestível. Na medicina popular, as raízes, em decocção, são utilizadas como anti-reumáticas e purgativas.

BÁNJÓKÓ

Nome popular:	Bem-me-quer
Nome científico:	Wedelia paludosa D.C., Compositae (Asteraceae)
Sinonímia:	1) Acmella brasiliensis Spreng. 2) Wedelia brasiliensis Blake. 3) Wedelia penducolosa D.C.
Orixá:	Oxum
Elementos:	Água/feminino

Herbácea perene, encontrada em todo o território nacional, cultivada em jardins ou subespontânea em áreas urbanas.

Nos terreiros de origem jêje-nagô, as folhas são usadas nos rituais de iniciação, banhos purificatórios e na sacralização dos objetos rituais de diversos orixás, entre eles, Exu, Ogum, Oxossi, Ossaim, Oiá e Xangô.

Medicinalmente, não tem indicação; todavia, é utilizada com freqüência em ornamentação de jardins, devido à delicada beleza de suas pequenas flores amarelas.

BÀRÀ

Nome popular: Melancia

Nome científico: Citrullus lanatus (Thunb.) Mansf., Cucurbitaceae

Sinonímia: 1) Citrullus vulgaris Scharad.
2) Cucurbita citrullus L.

Orixá: Iemanjá

Elementos: Água/feminino

Planta originária da Índia, trazida da África para o Brasil no século XVI pelos escravos.

Nos candomblés de Angola, a melancia é utilizada em oferendas às Iabás, principalmente a Iemanjá, na "quitanda de iaô", para os êres e como complemento alimentar da comunidade.

No continente africano, a melancia é conhecida por diversos nomes, dos quais podemos citar: ègúsí, ègúnsí, egusi, ògìrì e ṣòfín, sendo utilizada para fins medicinais pelos babalaôs, em "receita para tratar febre intestinal" (casca das sementes) e o fruto em "receita para evitar aborto" (Verger 1995:649,183,283).

Fruta rica em fósforo, cálcio, ferro, calorias, proteínas, gorduras, carboidratos e vitaminas A, B1, B2, B5 e C, a melancia é indicada em dietas alimentares, tanto para obesidade quanto para deficiência orgânica.

BEJEREKUN

Nomes populares: Pindaíba, biriba, pimenta-de-macaco, pimenta-de-negro, pimenta-da-guiné

Nome científico: Xylopia aromatica (Lam.) Mart., Annonaceae

Orixá: Ossaim

Elementos: Terra/masculino

Planta nativa da América tropical, disseminada no Brasil em áreas de matas secas e cerrados com solos arenosos.

Bejerekun é o nome dado nas comunidades religiosas jêje-nagôs, aos frutos desta e de outras espécies similares de *annonaceas*. Seu uso é extensivo a diversos orixás, e entra na composição do *àgbo*, em alguns "assentamentos", para plantar o àṣẹ do terreiro, na iniciação dos filhos-de-santo e no preparo de atin (pó) com fins benéficos.

Verger (1995:736) cita-a com os nomes populares de pimenta-do-reino, malagueta-preta e pimenta-da-guiné, e atribui as denominações iorubás ẹ̀ẹ̀rù, ẹ̀ẹ̀runjẹ e ọlọ́rin à *Xylopia aethiopica* (Dunal) A. Rich., a qual não conseguimos determinar se se trata de sinonímia científica ou espécie diferente do mesmo gênero; todavia, é utilizada liturgicamente no sudeste africano, em receitas para combater diversos tipos de doenças.

O fruto aromático contém óleos essenciais e piperina. É utilizado como substituto da pimenta-do-reino, porém é mais suave e não provoca úlcera nem ardência nos casos de hemorróidas. É estimulante e combate gases intestinais. As folhas e as cascas, bem como os frutos, são considerados antiinflamatórios, e utilizados na forma de chá para combater dores diversas.

BÒTUJẸ̀ FUNFUN

Nomes populares: Pinhão-branco, pinhão, pinhão-de-purga, pinhão-de-barbados

Nome científico: Jatropha curcas L., Euphorbiaceae

Sinonímia: 1) Curcas indica A. Rich.
2) Curcas purgans Manhem

Orixás: Ogun, Oxossi e Oiá

Elementos: Fogo/feminino

Nativa da América tropical, o pinhão-branco é encontrado com mais freqüência nos Estados do Norte e Nordeste.

Conhecida, também, pelo nome nagô *olójobẹ̀*, essa planta tem as mesmas finalidades litúrgicas e terapêuticas do pinhão-roxo.

Provavelmente levado por escravos libertos do Brasil para a África, este vegetal é utilizado em rituais e conhecido naquele continente pelos nomes iorubás *olóbòntujẹ̀, Ìyálóde, làpálàpá lá, ewé ibò, lóbòtujẹ̀, bòtujẹ̀ ubo* (Verger 1995:685).

BÒTÚJẸ PUPA

Nomes populares: Pinhão-roxo, batata-de-teiú, jalapão

Nome científico: Jatropha gossypiifolia L., Euphorbiaceae

Orixás: Ogun, Oxossi e Oiá

Elementos: Fogo/feminino

Tendo sua origem na América tropical, este vegetal é encontrado em quase todos os Estados brasileiros.

Dedicado a Iansã — *Ìyá mesan ọ̀run* — a patrona dos Eguns, seus galhos são empregados em sacudimentos e banhos, também para pessoas de Ogum e Oxossi, nos terreiros jêje-nagôs.

Na casa-das-minas, no Maranhão, utiliza-se a folha do pinhão-roxo em banhos específicos, com finalidade de adquirir sorte e prosperidade.

Nos cultos umbandistas, no Rio de Janeiro, esta folha é usada em banhos de descarrego e pelas rezadeiras em suas benzeduras.

Na África, os iorubás empregam este vegetal com diversos fins litúrgicos, sendo conhecido naquela região pelos nomes *làpálàpá pupa, lóbòtújẹ, olóbóntújẹ, akọ làpá làpá* (Verger 1995:685).

O suco viscoso fornecido por seus galhos é usado na cura de feridas, pois sendo um excelente hemostático não-cáustico, é indolor e coagula o sangue, estancando as hemorragias externas.

BUJÈ

Nome popular: Jenipapeiro

Nome científico: Genipa americana L, Rubiaceae

Sinonímia:
1) Genipa americana Vell.
2) Genipa brasiliensis Mart.
3) Genipa caruto H.B.K.
4) Genipa rumilis Vell.
5) Gardenia genipa Sw.

Orixá: Obaluaiê

Elementos: Terra/masculino

Encontrado na América tropical, o jenipapeiro é nativo do Brasil e ocorre em áreas florestais próximas a várzeas e charcos em todo o território nacional.

No *òbe-ìfárí* (raspagem de cabeça por ocasião da iniciação) dos filhos de Obaluaiê, a folha do jenipapeiro é considerada indispensável, pois ela é uma das principais no *orò* — fundamentos — deste orixá, principalmente no *àgbo*.

O fruto verde, quando em contato com a pele, torna-a escura, fato que deu origem a uma história do *Odu Ojonilé*, signo do oráculo de Ifá, muito conhecida nos cultos jêje-nagôs no Brasil. Este mito relata sobre "um homem que estava prestes a ser visitado pela morte. Sentindo a aproximação dessa visita, ele foi consultar Ifá, onde foi aconselhado a fazer um ebó com peixe assado, preá e jenipapos verdes. O peixe assado e o preá ele tinha que levar como oferenda; porém, os jenipapos verdes ele deveria usar para passar em todo o corpo, o que lhe deu uma cor escura. Dias depois, a morte foi visitá-lo, mas, quando chegou em sua casa, não o reconheceu, pois tinha que levar um homem claro e não aquele mulato que a atendera. Desse modo a morte foi embora sem o homem que procurava e, durante muito tempo, ele viveu sem muitos infortúnios." Na prática, as folhas do jenipapeiro são utilizadas em rituais para "retirar a mão do pai ou mãe-de-santo falecidos".

Em Cuba, essa árvore é atribuída a Iemanjá.

O fruto do jenipapeiro possui propriedades digestivas, tônicas, diuréticas e afrodisíacas. A casca do tronco da árvore é empregada na cura de anemias e do ingurgitamento do fígado, baço e diversas outras moléstias. Seu licor é considerado excelente digestivo.

DÁGUNRÓ

Nomes populares: Carrapicho-rasteiro, espinho-de-carneiro, carrapicho-de-carneiro, chifre-de-veado, espinho-de-cigano, benzinho, maroto, cabeça-de-boi, retirante, federação

Nome científico: Acanthospermum hispidum D.C., Asteraceae (Compositae)

Orixás: Oxossi e Exu

Elementos: Terra/feminino

Tendo sua origem na América tropical, esta planta ocorre em diversos continentes do mundo, inclusive na África.

Na liturgia das folhas, "*Dágunró*", "para-guerra", é o nome dado a plantas espinhosas de três famílias diferentes: *dágunró gogoro*, "alta", para o ACANTHOSPERMUM HISPIDUM, Compositae (carrapicho rasteiro); *dágunró kékeré* "pequena", para a ALTERNANTHERA PUNGENS, Amaranthaceae (erva-de-pinto); e *dágunró nlá*, "grande", para a TRIBULUS TERRESTRIS, Zygophyllaceae, sendo a primeira utilizada em "trabalho para fazer Ogum atacar alguém" (Verger 1995:30,307).

Nos terreiros de candomblé jêje-nagôs, no Brasil, esta planta é utilizada na composição e sacralização dos objetos rituais do orixá e em trabalhos de Exu, chamados de "amarração". Como ocorre com diversas plantas utilizadas no culto de Ossaim, as folhas deste vegetal, quando apanhadas pela manhã, especialmente, antes do sol nascer, pertencem a Oxossi, e, se colhidas após o meio-dia ou sob o sol quente, são indicadas para Exu.

A medicina popular utiliza as raízes deste vegetal como um fitofármaco apropriado nos casos de tosse, bronquite, moléstias do fígado e diarréias.

DANDÁ

Nomes populares: Junquinho, tiririca, tiririca-amarela, tiririca-mansa, junça, três-quinas

Nome científico: Cyperus esculentus L., Cyperaceae

Sinonímia:
1) Cyperus aureus Ten.
2) Cyperus tuberosus Pursh.
3) Cyperus nervosus Bert.
4) Chlorocyperus aureus Pall.

Orixás: Exu, Ogum, Oxossi e Ossaim

Elementos: Água/masculino

Espécie pantropical, nativa na América do Norte, Europa e Ásia, encontrada hoje nos cinco continentes. Com inflorescência amarela, esta ciperácea é muito semelhante ao *Cyperus rotundus*, que possui sumidade florida avermelhada.

Dandá é o nome dado aos tubérculos dessa *cyperaceae*, que são utilizados com diversas finalidades, entre elas, defumação, pós e amuletos para boa sorte. Na Bahia, até hoje, alguns pais-de-santo confeccionam amuletos com pedaços de dandá, para "proteger pessoas contra bandidos e maus policiais". Pulverizada, é utilizada na sacralização de "assentamentos" de diversos orixás.

Verger (1995:289) informa sobre uma "receita para fazer com que o leite flua do seio" do Odu Ìká òṣé, utilizada na África, pelos babalaôs, em mulheres que estão com escassez de leite materno, e atribui a este vegetal os nomes iorubás òfio, ọmu e ìmumu (1995:659).

Kissmann (1992:120 Tomo I) cita que "A medicina popular aproveitou os tubérculos para diversos tipos de tratamento", sem, todavia, especificar, deixando apenas subentendido que a planta é medicinal.

DANKÓ

Nome popular: Bambu

Nome científico: Bambusa vulgaris Scharad., Gramineae

Orixás: Oxalá e Oiá

Elementos: Fogo/masculino

De origem asiática, a *Bambusa vulgaris* encontra-se disseminada, praticamente, por todos os continentes, inclusive a América do Sul. É encontrada, com freqüência, em todas as regiões do território nacional.

O bambu está intimamente ligado ao culto egungun, isto é, aos ancestrais ilustres da comunidade nagô, sendo considerado também uma planta própria de *Oya-Igbalé*, patrona dos Eguns e sua mãe mítica.

Junto a um bambuzal é praticado também o culto a Dankó Ezó, espécie de ancestral deificado, que tem ligações com Oxalá, cultuado com fogo e azeite-de-dendê. Esse culto está praticamente extinto no Brasil; é preservado, apenas, na tradicional Casa Branca, em Salvador (BA).

Em Cuba, essa planta é conhecida nas santerias pelos nomes lucumis de *pako, Iggisú e yenkeyé* (Cabrera 1992:366). Atribuída a Obaluaiê, acredita-se que este orixá encantou essa gramínea para que ela ficasse protegida de raios. É utilizada também para Nanã.

O broto do bambu é comestível e usado no dia-a-dia, tanto nos restaurantes mais sofisticados de comida chinesa, quanto pela população do interior, como complemento alimentar, não sendo consumido, entretanto, pelos adeptos dos candomblés jêje-nagôs, pois é considerado um interdito, embora seja utilizado medicinalmente.

No campo terapêutico, o bambu é utilizado contra febres, hemorragias, afecções nervosas, hemorróidas, diarréias, disenterias, como depurativo do sangue e na impotência sexual.

EFÍNFÍN

Nomes populares: Alfavaca, alfavaca-do-campo, remédio-de-vaqueiro, alfavaca-cheirosa

Nome científico: Ocimun gratissima L., Labiatae

Orixás: Xangô, Omolu e Exu

Elementos: Terra/masculino

Originária da Índia, a alfavaca encontra-se disseminada pelo território nacional, ocorrendo em estado espontâneo em diversas regiões. Possui aroma semelhante ao do *Ocimun basilicum*.

Planta atribuída ora a Xangô, ora a Omolu; todavia, algumas mães-de-santo consideram essa folha um interdito nas casas de origem jêje-nagô e, como tal, não a utilizam.

Pelos nomes *efínrín nlá, efínrín oṣó, efínrín ògàjà, amọ́wọ́kúrò ayé, wọ̀rọ̀-mọbà* e *efínfín nlá* (Verger 1995:701), esta planta é conhecida e utilizada pelos iorubás em "receita para tratar febre intestinal", "trabalho enterrado no chão para conseguir dinheiro" e "trabalho para acabar com o azar" (Verger 1995:183,361,365).

Na fitoterapia, a alfavaca é usada como diurético, anti-séptico, estomáquico e contra doenças das vias respiratórias, tosses, gripes e resfriados.

EFÍNRÍN

Nomes populares: Manjericão-de-folha-larga, manjericão-grande, manjericão-de-molho

Nome científico: Ocimun basilicum L., Labiatae

Orixás: Iemanjá e Oxum

Elementos: Água/feminino

Originária da Ásia e da África, esta espécie vegetal encontra-se disseminada na Europa e nas Américas. No Brasil, é planta muito popular, cultivada ou encontrada em condição espontânea em todo o país.

Suas folhas são usadas na Casa das Minas, culto jêje-mina no Maranhão, em uma mistura chamada de "banho de Natal", que combina diversas plantas aromáticas consideradas benéficas e atrativas de boa sorte (Pereira 1979:166).

Nas candomblés de origem jêje-nagô, o manjericão-de-folha-larga é, por alguns, associado a Iemanjá, por outros a Oxum, tendo até mesmo quem o atribua a Exu.

Os africanos dão a esta folha os nomes *efínrín ata, efínrín wéwé, efínrín àjà, efínrín marúgbọ́sányán* e *arùntantan* (Verger 1995:701), e a utilizam em fórmulas litúrgicas e medicinais contra a varíola, vertigens e doenças de crianças (Verger 1995:181, 197, 229).

Existem várias espécies de manjericão, todas mais ou menos com as mesmas propriedades, indicadas, principalmente, no combate a gases e cólicas intestinais, diarréias, afecções das vias urinárias e respiratórias, amigdalites, faringites, gengivites, estomatites e aftas; todavia, é comum o seu uso como tempero na culinária.

EFÍNRÍN PUPA

Nome popular: Manjericão-roxo

Nome científico: Ocimun basilicum purpureum Hort., Labiatae

Orixás: Oxalá (novo) e Airá

Elementos: Água/feminino

De origem asiática, o manjericão-roxo é uma espécie vegetal bem aclimatada nas Américas, sendo cultivada em diversas regiões brasileiras.

Nas casas de candomblé, utiliza-se este vegetal extensivamente, pois, por pertencer a Oxalá, presta-se para banhos de purificação dos filhos dos demais orixás.

O manjericão-roxo é usado na culinária doméstica do mesmo modo que o manjericão comum. Na medicina popular as duas espécies possuem as mesmas propriedades curativas.

EFÍNRÍN KÉKÉRÉ

Nomes populares: Manjericão-de-folha-miúda, manjericão, manjericão-comum

Nome científico: Ocimun minimum L, Labiatae

Orixás: Oxalá, Iemanjá e Oxum

Elementos: Água/feminino

De origem asiática, esta variedade de manjericão que possui folhas bem menores que os demais é muito popular no Brasil.

Nos cultos jêje-nagôs, suas folhas são usadas em banho para todos os orixás, nos rituais iniciáticos, *àgbo* e em banhos purificatórios. As folhas secas são empregadas em defumadores. Pulverizadas e misturadas a outras, são utilizadas como "proteção contra feitiços, inveja e mau-olhado". Na umbanda, o manjericão é utilizado em banhos "para lavar a cabeça e guias dos filhos-de-santo".

Toda a planta é aromática, tem as mesmas propriedades do manjericão-de-folha-larga e serve como tempero para carne, massas e peixes.

ẸGẸ

Nomes populares: *Mandioca, maniçoba, aipim, macaxeira*

Nome científico: *Manihot esculenta Crantz., Euphorbiaceae*

Sinonímia: *Manihot utilissima Pohl.*

Orixás: *Exu e Xangô*

Elementos: *Fogo/masculino*

Nativa da América do Sul, inclusive do Brasil, a mandioca encontra-se disseminada pelos diversos continentes, em virtude de seu seu valor comercial.

Da farinha extraída de suas raízes, nos terreiros nagôs prepara-se o *padé* (farofa) de Exu, que é indispensável em todas as oferendas a este orixá. O *ẹbá*, pirão de farinha de mandioca, serve para forrar a gamela onde é colocado o amalá oferecido a Xangô. Em ebós, utilizam-se bolas de farinha com água para Egum, ou, com um pequeno pedaço de carvão vegetal, para Exu. A raiz da mandioca que possui uma forma alongada está associada a Exu, que é uma entidade fálica.

Verger (1995:693) relaciona vários nomes iorubás para a mandioca, entre eles *ẹ̀gẹ́, gbàgùúdá, gbàjadà, pákí e lánàsé.*

A mandioca é amplamente empregada na culinária, seja em forma de farinha, que é a base de farofas e pirões, ou na forma de polvilhos, sendo muito popular o famoso bolo de carimã no Nordeste.

Na medicina popular, é comum a aplicação de cataplasma com farinha de mandioca para ajudar no processo de maturação de furúnculos. Em casos de engasgos produzidos por espinhas de peixe ou pequenos ossos, para facilitar o deslocamento costuma-se dar a farinha de mandioca.

ẸGÚSÍ

Nome popular: Melão

Nome científico: Cucumis melo L., Cucurbitaceae

Orixá: Oxum

Elementos: Água/feminino

Originário da Ásia e da África tropical, o melão, nas casas de candomblé, é dedicado a Oxum e participa das oferendas de frutas feitas para as Iabás nos dias de suas festas.

Em Cuba, é conhecido nas santerias pelos nomes lucumis *eggure* ou *léseitaku*, e também é oferecido a Oxum (Cabrera 1992:489).

Alimento rico em vitaminas A e C, sódio, potássio, cálcio, magnésio, ferro e hidrato de carbono, é popularmente utilizado em sobremesas, ao natural, na forma de doce ou de refresco. É empregado medicinalmente como coadjuvante no tratamento das doenças da bexiga em geral.

EJÁ ỌMỌDÉ

Nomes populares: Aguapé, dama-do-lago, orelha-de-veado, rainha-do-lago

Nome científico: Eichhornia crassipes (Mart.) Soms., Pontederiaceae

Sinonímia: 1) Pondeteria crassipes Mart.
2) Eichhornia speciosa Kunth.

Orixás: Nanã, Iemanjá e Oxum

Elementos: Água/feminino

Espécie nativa do Brasil, disseminada por vários continentes. Vegeta em lagos e remansos de rios.

Como a maioria das plantas aquáticas, o aguapé está relacionado com os orixás femininos. Em muitas casas de candomblé esse vegetal é utilizado no *àgbo*, na sacralização e nos osé (limpeza) dos objetos rituais dos orixás, e também em "banho de boa sorte" para os filhos de Nanã; porém, Barros (1993:98) atribui este vegetal a Iemanjá e Oxum, relacionando-o com o elemento água, nos candomblés jêje-nagôs do Rio de Janeiro e da Bahia.

Cabrera (1992:425) cita o aguapé como uma das principais folhas "... del omiero del asiento, y del omiero con que se lavan las piezas de Yemayá", na santeria cubana, onde é conhecida pelos nomes lucumis *ollúoro, taná fún fún* e *bodó*.

EJÌNRÌN

Nomes populares: Melão-de-são-caetano, erva-de-são-caetano, erva-de-lavadeira, fruto-de-cobra, erva-de-são-vicente, melãozinho

Nome científico: Momordica charantia L., Cucurbitaceae

Sinonímia:
1) Momordica muricata Willd.
2) Momordica elegans Salisb.
3) Momordica senegalensis Lam.
4) Cucumis africanus Luidl.
5) Melothria pendula Sieb.

Orixás: Obaluaiê e Nanã

Elementos: Terra/feminino

Originária da Ásia, a *momordica charantia* foi introduzida no Brasil por africanos, estando, hoje, disseminada por regiões tropicais e subtropicais dos diversos continentes.

Nos candomblés de Angola, utiliza-se esta trepadeira em banhos purificatórios, sacudimentos, e "antigamente" envolviam-se os punhos dos iniciados, por ocasião dos ritos ligados à morte. Todavia, nos de Ketu, este vegetal é considerado um interdito da nação, embora seja atribuído a Nanã.

Körbes (1995:142), citando as propriedades terapêuticas desta planta, diz: "É tomado o chá como preventivo da gripe, contra febres; as folhas, na leucorréia, cólicas dos vermes, nas menstruações; as sementes com vaselina dão um ungüento supurativo. O suco do fruto é purgativo e contra hemorróidas, o chá das folhas combate o diabetes." Os frutos são comestíveis; todavia, as sementes possuem princípios tóxicos e por isso não devem ser ingeridas, pois podem provocar vômitos com sangue.

ẸKẸLẸGBARA

*Nomes populares: Perpétua, suspiro-roxo, paratudo,
perpétua-brava*

*Nomes científicos: 1) Gomphrena globosa L., Amaranthaceae
2) Gomphrena celosioides Mart., Amarantaceae*

Orixá: Exu

Elementos: Fogo/masculino

Nativas da Índia, a *Gomphrena globosa*, e da América do Sul, a *Gomphrena celosioides*, elas ocorrem também em outros continentes, inclusive o africano.

A principal finalidade atribuída a estas plantas, nos cultos afro-brasileiros, é "em trabalhos e assentamentos de Exu".

Segundo Verger (1995:676), a espécie *Gomphrena celosioides* é conhecida pelo nome iorubá *amúewú wáyé*, sendo usada nos cultos pelos babalaôs africanos.

Com o nome popular de "San Diego", em Cuba, a espécie *Gomphrena globosa* também está associada a Exu (Cabrera 1992:542).

Körbes (1995:150) indica a perpétua (*G. celosioides*) "contra males respiratórios e febre; combate a tosse. É útil para os que sofrem de estados nervosos do coração".

ÈKELÈYÍ

Nomes populares: Maravilha, jalapa, bonina, batata-de-purga, batata-de-jalapa, pó-de-arroz

Nome científico: Mirabilis jalapa L., Nyctagninaceae

Sinonímia:
1) Mirabilis odorata L.
2) Admirabilis peruana Nieuwl.
3) Mirabilis dichotoma L.
4) Jalapa dichotoma (L.) Crantz.
5) Nyctago mirabilis D.C.

Orixás: Orumilá, Ewá e Oiá

Elementos: Ar/feminino

Originária do México, a maravilha ocorre, nos dias atuais, em diversas áreas de climas tropicais nos vários continentes. No Brasil, principalmente do Nordeste ao Sul, é encontrada espontaneamente ou cultivada em jardins como planta ornamental e medicinal.

Nos candomblés jêje-nagôs brasileiros, a maravilha é atribuída a Oiá, e, em Cuba, é considerada uma planta própria de Obatalá, Yewá e também Oiá (Cabrera 1992:486).

Esta planta, na África, é utilizada ritualisticamente como defesa contra feitiços e, segundo Verger (1995:697), conhecida pelos nomes iorubás *tannápoṣó, òdòdó ẹlẹ́dẹ̀, tannápakú, tannátanná, tannápowó* e *tanná pa oṣó*.

Popularmente, emprega-se o pó das sementes juntamente com o sumo de limão para combater as sardas. O sumo das flores debela as dores de ouvido provenientes de mudança de temperatura. As raízes conhecidas popularmente como batata-de-jalapa são recomendadas nos casos de cólicas abdominais, diarréias, disenterias, hidropisias, leucorréias e sífilis.

ẸKUN

Nome popular:	Sapê
Nome científico:	Anantherum bicorne Pol. et Beauv., Gramineae
Sinonímia:	1) Imperata exaltata L. 2) Anantherum caudatum Schult. 3) Imperata brasiliensis Trinus 4) Saccharum contractum H.B.K.
Orixás:	Exu, Ogum, Oxossi, Ossaim e Omolu
Elementos:	Terra/masculino

Planta nativa do Brasil, medrando principalmente no Nordeste e Sudeste do território nacional.

As palhas são utilizadas para cobrir as casas dos orixás ligados ao tempo (Exu, Ogum, Oxossi, Ossaim e Omolu). As raízes cozidas são usadas em "banhos de descarregos" do pescoço para baixo nos cultos umbandistas para afastar os "espíritos de mortos indesejados".

O sapê é usado como emoliente, diurético e contra hepatite, doenças do fígado, blenorragia, leucorréia, hidropisia e febre palustre.

ELÉGÉDÉ

Nomes populares: Abóbora, abóbora-d'água, abóbora-moranga, abóbora-de-pescoço, abóbora-jerimum, abóbora-cabocla, jerimum

Nome científico: Cucurbita maxima Duch., Cucurbitaceae

Variedades:
1) Cucurbita potiro Pers.
2) Cucurbita moschata (Duch. ex Lam.) Duch. ex Poir.
3) Cucurbita argyrosmperma Huber.
4) Cucurbita pepo L.

Orixá: Orumilá

Elementos: Terra/feminino

Originário da América tropical, este vegetal está disseminado por diversos continentes, inclusive o africano.

As diversas variedades de abóbora, nas casas de candomblé de origem jêje-nagô, é um fruto de uso proibido na alimentação regular de alguns filhos-de-santo, pois constitui-se um *èwò* para o orixá Oiá; todavia, é usado com freqüência em trabalhos diversos.

A variedade conhecida como abóbora-moranga é a mais utilizada como alimento consagrado nos diversos cultos afro-brasileiros. É oferecida ao Odu Obará, "para melhorar a situação financeira", pois, segundo um mito de Ifá, Obará, que era pobre, ficou rico graças às abóboras. Nas casas-de-Angola é colocada sob uma árvore como presente a Katendê ou Ossaim, ao se "pedir permissão para entrar na mata e coletar folhas". Nos candomblés de caboclos se constitui uma das principais oferendas dedicadas a esta divindade.

A abóbora-de-pescoço é usada em ebós, servindo, inclusive, para alguns feitiços e trabalhos com Exu.

Na África ainda são dados a estas cucurbitáceas outros nomes iorubás, tais como: *àpalá, tàkùn élégédé, èṣìn, ìtàkun élégédé, iṣẹ́rẹ́* e *ṣẹ́gbá* (Verger 1995:657).

A abóbora possui ação terapêutica sobre diversas doenças; dentre elas destacamos a erisipela, pneumonia, queimaduras, otites, colites, uretrites e vermes.

ÈMỌ́

Nomes populares: *Capim-carrapicho, capim-amoroso, timbete, espinho-de-roseta*

Nome científico: *Cenchrus echinatus L., Poaceae (Gramineae)*

Sinonímia: *1) Cenchrus brevisetus Fourn.*
2) Cenchrus pungens H.B.K.

Orixás: *Oxossi e Oxum*

Elementos: *Terra/masculino*

Originária da América Central, esta gramínea está disseminada por diversos continentes, entre eles o africano e o asiático.

São denominadas de carrapicho uma enorme variedade de plantas que possuem a característica de aderir à pele ou às vestimentas daqueles que delas se aproximam, e em sua maioria são dedicadas a Oxossi. É comum esta planta ser utilizada em trabalhos ou filtros amorosos chamados "de amarração", quando atribuída a Oxum.

Rodrigues (1989:62) informa que é "... medicinal, pois suas folhas são adstringentes e, em cozimento, são usadas no tratamento de secreção purulenta".

ẸPÀ

Nome popular: Amendoim

Nome científico: Arachis hypogaea L., Leguminosae-Papilionoideae

Orixás: Oxumaré e Oxum

Elementos: Água/masculino

Segundo alguns botânicos, o amendoim é nativo do Brasil, porém foi levado para a África, onde se constituiu como base alimentar.

Os grãos do amendoim são utilizados em oferendas a Oxumaré; pulverizados, para Oxum; entretanto, seu consumo é proibido (ẹ̀wọ̀) aos filhos de Oxalá.

Na santeria cubana esta leguminosa é propriedade de Obaluaiê, e os grãos, tostados com açúcar, são oferecidos também a Oxum; todavia, quando ocorre algum tipo de epidemia, seu consumo fica proibido aos filhos-de-santo (Cabrera 1992:484).

Na África o ẹ̀pà é conhecido, também, como òróré ẹ̀pàda e ẹ̀pà gidi (Verger 1995:635) e consumido em larga escala nos pratos da culinária africana. Seu uso estende-se aos rituais onde são utilizadas as sementes em "trabalho para conseguir proteção contra as Ìyàmi", e as folhas em "trabalho para atrair a simpatia das pessoas" (Verger 1995:297,379).

O amendoim é considerado afrodisíaco pela opinião pública, mas também estimulante e tônico de reconhecido poder reconstituinte.

ERÉ TUNTÚN

Nome popular: Levante-miúda

Nome científico: Mentha citrata L., Labiatae

Orixás: Oxum e Iemanjá

Elementos: Água/feminino

Planta aromática do gênero *mentha*, encontrada espontaneamente ou cultivada nos lugares úmidos em áreas tropicais.

De cheiro agradável, a levante miúda é usada nos rituais jêje-nagôs sempre em combinação com outras ervas, tanto em banhos purificatórios, quanto em "defumadores para atrair coisas boas". Por ser uma folha utilizada para diversos orixás, "muitos pais-de-santo acham que ela pertence a Oxalá"; todavia, é com mais freqüência atribuída a Oxum, o que a torna "uma planta de uso não aconselhado para as pessoas de Obá", pois, na África, estas Iabás são representadas por dois rios que, quando se encontram, as águas ficam tempestuosas, fenômeno ligado ao mito em que Oxum e Obá guerrearam pelo amor de Xangô. O *eré tuntún* é indicado, ainda, para compor o amassi empregado na preparação dos búzios usados para fazer previsões.

ERESÍ MOMIN PALA

Nomes populares: Jacinto-d'água, baronesa, dama-do-lago, murere, orelha-de-veado

Nome cinetífico: Eichhornia azurea (Sw.) Kunth., Pontederiaceae

Sinonímia:
1) Pontederia azurea Sw.
2) Pontederia aquatica Vell.

Orixá: Nanã

Elementos: Água/feminino

Do mesmo modo que a *Eichhornia crassipes*, o jacinto-d'água é originário da região amazônica e vive no mesmo habitat do aguapé, estando amplamente disseminado pelos diversos continentes.

Nos candomblés brasileiros, esse vegetal é atribuído a Nanã, sendo utilizado também para Oxumaré e Obaluaiê, em banhos purificatórios para os iniciados, na sacralização e nos *osé* (limpeza) dos objetos rituais desses orixás.

ERỌ IGBIN

Nome popular: Erva-de-bicho (BA, RJ)

Nome científico: Brillantaisia lamium (Ness) Benth., Acanthaceae

Orixá: Oxalá

Elementos: Água/masculino

Planta que medra, principalmente, em lugares úmidos, encontrada tanto na África, quanto no Brasil.

Folha considerada eró (de calma), muito apreciada pelo *igbin* (caracol) como alimento, daí seu nome significar "a calma ou o segredo do caracol". Sendo uma das ervas mais utilizadas no culto a Oxalá, é empregada nos rituais de iniciação, em banhos purificatórios e na sacralização dos objetos rituais de todos os orixás.

No continente africano, os iorubás a chamam de *ajíromi, ọ̀wọ̀* e *omi tútù*, e utilizam-na em "receita para tratar inchações" e "proteção contra ciclone" (Verger 1995:640,121,455).

ÈṢÁ PUPA

Nomes populares: Brio-de-estudante, mimo-de-vênus, graxa-de-estudante, hibisco-da-china

Nome científico: Hibiscus rosa-sinensis L., Malvaceae

Sinonímia: Hibiscus sinensis Hort.

Orixás: Ossaim, Ogum e Oxum

Elementos: Terra/feminino

Espécie originária da Ásia tropical, que engloba diversas variedades de hibisco; todavia, a aqui citada é a de flores vermelhas dobradas, muito utilizada em ornamentação.

Nas casas de candomblé esta planta é utilizada em banhos de purificação dos iniciados e em "descarregos". Suas flores são colocadas sobre os assentamentos de Oxum, por ocasião dos sacrifícios e oferendas.

Em Nova Délhi, na Índia, essa planta foi estudada como anticoncepcional masculino pela medicina local.

Popularmente, as flores, em infusão, são indicadas no combate à oftalmia.

ÈSÌSÌ

Nomes populares: Urtiga-de-folha-grande, cansanção

Nome científico: Laportea aestuans (L.) Chew., Urticaceae

Orixás: Exu e Ogum

Elementos: Fogo/feminino

Folha "quente", utilizada para preparar *atín* (pó) em trabalhos com Exu e, se "usada sobre os assentamentos de Ogum, excita este orixá quando o mesmo está muito calmo".

Entre os iorubás esta *urticaceae* é utilizada em diversos trabalhos litúrgicos com os nomes de *òfìà, òfùèfùè, ipè erin, èsìsì pupa, èfùyá* e *ipò* (Verger 1995:688).

De uso na fitoterapia, a infusão das flores desta urtiga, aplicada, externamente, em compressas, alivia as dores das queimaduras e contusões. Internamente, combate o catarro das vias respiratórias, menstruação irregular, hemorragia, leucorréia, escrofulose e hemoptises.

ÈṢÓ FẸLẸJẸ

Nomes populares: Trombeta-roxa, datura, manto-de-cristo, metel, trombeteira, trombeta-cheirosa, cartucho-roxo, zabumba-roxa, saia-roxa, nogueira-de-metel, anágua-de-viúva

Nome científico: *Datura metel* L., Solanaceae

Sinonímia:
1) *Datura fastuosa* L.
2) *Datura alba* Nees.
3) *Datura cornucopaea* Hort. Ex W.W.

Orixás: Ossaim, Oiá e Exu

Elementos: Ar/feminino

Arbusto com mais de um metro de altura, que produz flores no formato de trombeta com cálice tubuloso róseo. Originário da Ásia e África, é encontrado no Brasil, com mais freqüência nas regiões nordeste e sudeste.

Utilizada em banhos, sempre misturada com outras folhas, a trombeta-roxa é também usada em trabalhos com Exu. É vedada aos adeptos a aproximação desta planta, que muitas vezes modificam seu caminho quando encontram este arbusto; por isso, apenas os sacerdotes mais qualificados podem coletá-la. Sob a forma de decocto é utilizada pelas mulheres iniciadas em lavagens para combater afecções vaginais.

Conhecida pelos africanos iorubás como *apìkán* (Verger 1995:660), é utilizada em diversos trabalhos, a maioria com finalidades maléficas, tais como: "trabalho para enlouquecer alguém", "trabalho para envenenar alguém" e "trabalho para fazer alguém vomitar e ter diarréia" (Verger 1995:415, 421, 423).

Tratando-se de planta tóxica, seu uso medicinal é recomendado, de preferência externamente, em banho feito com o decocto das folhas, para combater o reumatismo. Detém princípios alucinógenos próprios das daturas; daí, alguns autores afirmarem que seu emprego necessita de cautela.

ẸTÁBA ou AṢÁ

Nomes populares: Tabaco, fumo

Nome científico: Nicotiana tabacum L., Solanaceae

Sinonímia: 1) Tabacum nicotianum Bercht. et Opiz.
2) Nicotiana macrophylla Spreng.

Orixá: Oxalá

Elementos: Ar/feminino

Planta nativa do Brasil, encontrada nas Américas do Sul e Central. Cultivada em Cuba e na Bahia com fins comerciais. Levada para a África na época das colônias, o fumo produzido de suas folhas era utilizado em escambos ou trocado por escravos.

Nos candomblés, a folha do fumo entra nos rituais de iniciação e no *àgbo* dos filhos-de-santo devotos de Oxoguian (tipo de Oxalá novo e guerreiro). O fumo-de-rolo é utilizado em diversas oferendas para Odu, Ossaim, Exu, caboclos, pretos-velhos e voduns. Os charutos são muito apreciados por Exus e caboclos. Os cigarros e cigarrilhas são oferecidos ao Exus e Pombas-giras nos centros de umbanda.

Na África, os iorubás conhecem este vegetal pelos nomes *tábà* ou *tábà èṣù* (Verger 1995:700).

Embora muito combatido nos dias atuais, segundo Cruz (1982:362), "o fumo é, inquestionavelmente, planta energética no tratamento de várias afecções, pelo que chegou a ter o nome de *erva santa*. Hoje é empregado com cautela, nos casos de tétanos, e como parasiticida; com ou sem razão, tem sido aconselhado para fumar-se em certos casos de afecções cardíacas; nas odontalgias é eficaz. Sua maior importância é pelo lado industrial, para fabricação de charutos, cigarros e rapé, e para mascar".

Na lavoura, o fumo de rolo em infusão é utilizado como defensivo natural no combate a algumas pragas.

ÉTIPỌNLÁ

Nomes populares: Erva-tostão, agarra-pinto, pega-pinto, tangaraca, amarra-pinto, bredo-de-porco

Nome científico: *Boerhaavia difussa* L., Nyctaginaceae

Sinonímia:
1) *Boerhaavia coccinea* Miller
2) *Boerhaavia caribea* Jacq.
3) *Boerhaavia paniculata* Rich.
4) *Boerhaavia hirsuta* Willd.
5) *Boerhaavia viscosa* Lag. & Rod.
6) *Boerhaavia decumbens* Vahl.

Orixás: Xangô e Oiá

Elementos: Fogo/masculino

Planta com distribuição pantropical, presente nas Américas Central e do Sul. No Brasil é encontrada em todo o território nacional, tendo sido observada grande ocorrência em áreas urbanas no litoral do Piauí, Bahia, Rio de Janeiro e Paraná. Encontra-se disseminada por outros continentes, inclusive o africano.

Nos candomblés da Bahia, Rio de Janeiro e São Paulo, e nos Xangôs de Pernambuco, este vegetal é utilizado e reverenciado nos rituais das folhas — "*IFÁ OWÓ IFÁ ỌMỌ EWÉ ÉTIPÓNLÁ 'BÀ IFÁ ORÒ*" — "Ifá é dinheiro, Ifá são filhos, a folha *étipónlá* é abençoada por Ifá" —, gozando de grande prestígio nos terreiros, como planta "contrafeitiços".

Pessoas ilustres no culto *egungun* usam este vegetal com freqüência, pois ele é "uma ótima defesa contra entidades maléficas". Todavia, quando utilizado em banhos, deve-se observar a quantidade, pois "em demasia, pode provocar coceira na pele". Ainda na qualidade de planta que protege é comum que, de suas raízes tostadas, se prepare um pó que é utilizado para resguardar os objetos usados pelo Iaô durante o período de iniciação.

Na medicina popular, o vinho preparado com as raízes da erva-tostão é diurético e regularizador das funções hepáticas, combatendo com eficácia as afecções renais.

ETÍTÁRÉ

Nomes populares: Maricotinha, alfavaca-de-cobra, omolu, jaborandi-de-três-folhas

Nome científico: Monnieria trifolia L., Rutaceae

Sinonímia:
1) Albletia trifoliata Pers.
2) Monnieria trifolia Aubl.

Orixá: Iemanjá

Elementos: Água/feminino

De origem brasileira, trata-se de planta que ocorre desde as Guianas até os Estados do Sudeste.

As folhas são empregadas nos rituais afro-brasileiros em banhos purificatórios para os adeptos de Iemanjá.

Como fitoterápico, aplica-se o suco ou decocto desta rutácea nos casos de inflamações oculares, dores de ouvidos, afecções da bexiga, uretra e rins. Seu infuso é usado, também, como antifebril, expectorante, diurético e antidiabético.

ẸWÀ

Nome popular: Feijão-fradinho

Nome científico: *Vigna ungiculata (L.) Walp. Fabaceae (Leguminosae)*

Sinonímia: *Vigna sinensis (L.) Savi ex Hassk. Ssp sinensis*

Orixá: Ossaim

Elementos: Terra/feminino

Originário da África, o feijão-fradinho foi introduzido no Brasil na época da colonização. Cultivada em grande escala no nordeste e possuindo grande valor comercial, esta leguminosa é largamente utilizada na cozinha nacional.

Na culinária litúrgica dos candomblés, o feijão-fradinho é usado em vários tipos de oferendas, dentre as quais destacamos:

Ekurú: Massa preparada com a polpa do feijão-fradinho, moída e misturada com cebola ralada, envolvida em folha de bananeira e cozida no vapor. Oferece-se a Oxalá.

Abará: Feito com a mesma massa do *ekurú* misturada a azeite-de-dendê, camarão seco, cebola ralada e sal, também acondicionado em folhas de bananeira e cozido no vapor. Esta iguaria é oferecida a Ogum, Obaluaiê, Oxum, Oiá e Nanã.

Acarajé: Prepara-se com a mesma massa do *ekurú*, temperada com sal e cebola ralada. Fritam-se as porções no azeite-de-dendê. Este prato é o predileto de Oiá, porém Xangô, Ogum, Oxum e Ibeije também apreciam esta iguaria. Para Xangô-Airá o acarajé é frito no azeite de oliva.

Omolocum: Deixa-se o feijão-fradinho cozinhar até ficar bem mole. Prepara-se um refogado com azeite-de-dendê, camarão seco triturado, cebola ralada e sal. Acrescenta-se o feijão cozido, mexendo bem até tomar uma consistência pastosa. Coloca-se em uma vasilha de louça e enfeita-se com ovos cozidos. É uma das comidas prediletas de Oxum.

O feijão-fradinho torrado é oferecido a Ogum, e no amalá de Xangô-Airá incluem-se grãos descascados deste feijão.

Como sucedâneo do feijão-fradinho, a massa básica do *abará* e do *acarajé* pode ser preparada também com a polpa do feijão-mulatinho (*Phaseolus vulgaris* Sch.), pois este é considerado como tendo o mesmo sabor e consistência.

Utilizado pelos iorubás como alimento e na liturgia dos orixás, na África, é conhecido pelos nomes *erèé ahun, ẹ̀wà, ẹwẹ, ẹ̀wà funfun, ẹ̀wà dudu* e *ẹ̀wà ẹrẹwẹ* (Verger 1995:735).

Do mesmo modo que vários outros tipos de feijão, este é empregado nos casos de anemias devido ao seu alto teor de ferro.

ẸWÀ DÚNDÚN

Nome popular: Feijão-preto

Nome científico: Phaseolus vulgaris L., Fabaceae

Orixás: Nanã, Obaluaiê e Ogum

Elementos: Terra/feminino

Conhecido em todos os continentes, o feijão é consumido em grande escala por ser um produto alimentício de alto valor nutritivo.

Nos candomblés brasileiros, o feijão-preto tanto entra na alimentação cotidiana da comunidade, como é utilizado em oferendas para os orixás. Cozido e refogado com cebola, sal e azeite-de-dendê, é uma das principais comidas oferecidas a Nanã, Obaluaiê e Ogum.

Nas santerias cubanas, o feijão-preto é conhecido pelos nomes lucumi *eré idúdu, erere ereché* e *aggándúdu*, sendo usado também em sortilégios amorosos (Cabrera 1992:427-428).

Rico em ferro, o feijão-preto é indicado para pessoas anêmicas. Combate o diabetes, ácido úrico, cálculos renais, reumatismo ciático, eczemas e manchas da pele.

ẸWÀ FUNFUN

Nome popular: Feijão branco

Nome científico: Lablabe vulgaris var. albiflorus, Leguminosae

Orixá: Ossaim

Elementos: Terra/feminino

O feijão branco é muito utilizado em ebós; porém, consumi-lo é uma proibição que vigora nas casas de candomblé de origem jêje-nagô no Brasil. Este interdito prende-se ao fato de "Oxum não gostar deste feijão, e, por esse motivo, não permitiu que seus filhos o utilizem como alimento". Pelo prestígio que este orixá possui e por ser considerada, em um mito muito difundido, como a que fez o primeiro ìyàwó (iniciado), tal prática foi estendida a todos os adeptos em respeito a esta mãe primordial. Uma lenda difundida nas casas-de-santo diz que "Xangô, na véspera de uma importante guerra, comeu este feijão. Tendo ficado indisposto, no dia seguinte saiu derrotado. Por esse motivo nunca mais utilizou este alimento, que se tornou um ẹwọ̀ (interdito) para ele. Por respeito a Xangô, todos aqueles que herdarem o seu axé também não o comem".

Em muitos candomblés o feijão branco é utilizado como oferenda aos Eguns, o que fortalece a idéia de alimento proibido aos iniciados para os orixás.

ẸWÁ IGBÓ

Nomes populares: Guando, andu, ervilha-de-angola, ervilha-do-congo, feijão-de-árvore

Nome científico: Cajanus indicus Spreng., Leguminosae-Papilionoidea

Sinonímia:
1) Cajanus flavus D.C.
2) Cajanus cajan (L.) Mill.

Orixá: Oxalá

Elementos: Ar/masculino

Provavelmente originário da Índia, o guando é cultivado em todo o Brasil e encontra-se disseminado em diversas regiões tropicais e subtropicais dos continentes.

Com as folhas desse vegetal, nos terreiros de candomblé, envolve-se o *igbin* (caracol) para ser oferecido a Oxalá, num ritual de pedido de misericórdia. São usadas ainda em banhos de purificação, com a finalidade de equilibrar a vida material e espiritual dos adeptos.

Entre os babalaôs africanos é conhecido pelo nome iorubá *òtili* (Verger 1995:641).

O chá das folhas do guando é indicado no combate às afecções urinárias, intoxicações crônicas, faringites, estomatites, gengivites e dores de dente. As flores são usadas, também sob a forma de chá, contra afecções hepáticas e das vias respiratórias.

EWÉ AJÉ

Nomes populares: Folha-da-riqueza, corrente, periquito, carrapichinho, apaga-fogo, manjerico

Nome científico: Alternanthera tenella Colla., Amaranthaceae

Sinonímia:
1) Bucholzia polygonoides var. diffusa Mart.
2) Telanthera polygonoides var. diffusa Moq.
3) Telanthera polygonoides var. brachiata Moq.
4) Alternanthera ficoidea var. diffusa Kuntze
5) Alternanthera ficoidea brachiata (Moq.) Uline & Bray

Orixás: Iemanjá e Ajé Saluga

Elementos: Água/masculino

Planta nativa das Américas, que ocorre em todo o território brasileiro, tanto no campo quanto em beira de calçadas nas áreas urbanas.

Classificada como um vegetal *gun* (de excitação) e considerada "folha muito positiva" nos terreiros de candomblé, é utilizada para todos os orixás sem exceção, não devendo faltar no *àgbo*, nos banhos purificatórios e na sacralização dos objetos rituais dos orixás, pois acredita-se que esta erva tem o poder de "atrair coisas boas e positivas". É empregada, ainda, na preparação de um pó (*atín*) que tem por finalidade atrair riqueza e prosperidade.

Não devemos confundir *ewé ajé* (ajé), a folha do feitiço, com *ewé ajé* ou *ajejé* (ajê ou ajejê), a folha do orixá da riqueza *Ajé Saluga*, pois, embora os nomes nagôs sejam muito parecidos, suas funções são antagônicas.

"Na farmacopéia popular as folhas são usadas como diuréticos." (Kissman 1992-II:27)

EWÉ AJẸ́

Nomes populares: Folha-da-feiticeira, botão-de-ouro, corredeira, barbatana

Nome científico: Synedrella nodiflora (L.) Gaertn., Asteraceae (Compositae)

Orixás: Oxum e Exu

Elementos: Terra/feminino

Planta nativa da América tropical, disseminada por diversas regiões, inclusive na costa oeste da África.

Nos candomblés brasileiros é considerada negativa por diversos pais-de-santo, sendo utilizada, principalmente, em trabalhos maléficos, e conhecida, também, como "a folha do feitiço".

Na África, é empregada em trabalhos pelos sacerdotes de Ifá, sendo conhecida pelos nomes iorubás *apá ìwọ̀fà, àlùgànbí, apàwọ̀fà, arasan, ògbùgbó e ìbà ìgbò* (Verger 1995:726).

EWÉ ALAṢẸ

Nomes populares: Quaresminha-rasteira, quaresmeira-rasteira

Nome científico: Schizocentron elegans Meissn., Melastomaceae

Sinonímia: 1) *Heeria elegans* Schlecht.
2) *Heeria procubens* Naudin.
3) *Heterocentron elegans* O. Kuntze.

Orixá: Ossaim

Elementos: Terra/feminino

Planta de origem mexicana, ornamental, rasteira, com folhas miúdas e flores muito parecidas com as da quaresmeira, utilizada em forração de jardins.

Conhecida nos candomblés brasileiros como "folha-de-amizade", esta planta, juntamente com outros objetos, tem por finalidade "juntar" ou "amarrar" amantes separados.

Na África é utilizada de modo benéfico em "trabalho para obter favores de Oxum" e "trabalho para conseguir roupas e bens", sendo conhecida pelos nomes *ajagunráṣè, awẹde, apọ́ ibà, ibéderẹ́* e *alaṣẹ*, classificada como *Diossotis rotundifolia* (Sm.) Triana, Melastomaceae (Verger 1995:315,329,666).

EWÉ BÀBÁ e EWÚRO BÀBÁ

Nomes populares: Boldo, falso-boldo, boldo-do-reino, boldo-nacional, boldo-de-jardim, alumã, malva-amarga, malva-santa, folha-de-oxalá e tapete-de-oxalá

Nome científico: Coleus barbatus Benth., Labiatae

Orixá: Oxalá

Elementos: Ar/feminino

Tendo sua origem atribuída por alguns à região mediterrânea, o boldo é planta bem adaptada em clima tropical e vegeta praticamente em todo o território nacional, mesmo em regiões mais frias, embora não suporte geadas.

Seu nome popular, *tapete-de-oxalá*, advém do fato desta planta ter suas folhas aveludadas com tonalidade esbranquiçada. É possível que esta característica tenha contribuído para a generalização de seu uso, nos diversos cultos de origem afro-brasileira, em banhos de purificação e, especialmente, nos candomblés de origem jêje-nagô, no *àgbo* dos iniciados.

O boldo é planta popular no território nacional, sendo usado o sumo das folhas ou o chá como medicamento contra os males do fígado, rins e estômago.

EWÉ BÍYẸMÍ

Nomes populares: Quebra-pedra, erva-de-santa-luzia, leite-de-nossa-senhora, leiteirinho

Nome científico: Chamaesyce prostata (Ait.) Small, Euphorbiaceae

Sinonímia:
1) Euphorbia prostata Ait.
2) Euphorbia chamaesyce L. sensu Smith & Downs

Orixá: Obaluaiê

Elementos: Terra/feminino

Nativa do continente americano, ocorre em diversas regiões do Brasil e em algumas áreas da Europa.

Planta utilizada nos candomblés e na umbanda em banhos purificatórios.
Sob a sinonímia de *Euphorbia prostata*, esta planta é citada por Verger (1995:672) pelos nomes iorubás *ewé bíyẹmí, ìbíyẹmí, ajídirù, igàndo*.

Popularmente, é utilizada como medicinal para combater cálculos renais.

EWÉ BOJUTÒNA

Nomes populares: Quebra-pedra, erva-andorinha, erva-pombinha, fura-parede, arranca-pedra

Nomes científicos: 1) *Phyllanthus niruri* L., Euphorbiaceae
(= *P. Urinaria* Wall., non L.)
2) *Phyllanthus tenelus* Roxb
(= *P. Corcovadensis* Muell. Arg.)
3) *Phyllanthus amarus* Schum. & Thonn
(= *P. Niruri* Fawc. & Rendle)

Orixás: Ossaim e Oxumaré

Elementos: Terra/masculino

Espécie nativa das Américas, disseminada pela Europa e África. Ocorre em todo o território nacional, com predominância de subespécies e formas em determinadas regiões.

Nos candomblés jêje-nagôs, as folhas das diversas espécies de quebra-pedra são usadas nos rituais de iniciação, *àgbo* e banhos purificatórios para os filhos de Ossaim, Oxumaré, Nanã e Obaluaiê; todavia, nos cultos umbandistas, ela é empregada em "banhos de descarregos".

Em uso terapêutico, o quebra-pedra funciona como vasodilatador e combate à hepatite B. "Extratos aquosos de folhas e raízes têm mostrado efeito hipoglicemiante, diurético, ajudando na eliminação do ácido úrico. Atribui-se aos extratos a propriedade de contribuir para a eliminação de cálculos renais (daí o nome quebra-pedra) e ajudar nas afecções do fígado que causam icterícia"(Kissmann 1992:659-II).

EWÉ BONOKÓ

Nomes populares: Língua-de-galinha, laranjinha-branca, capixaba

Nome científico: Sebastiania brasiliensis Muel. Arg., Euphorbiaceae

Sinonímia:
1) *Gymnanthes brasiliensis* Muel. Arg.
2) *Stillingia brasiliensis* Baill.

Orixás: Oxumaré e Ogum

Elementos: Terra/masculino

Planta arbórea, de origem brasileira, encontrada do Nordeste ao Sudeste.

Suas folhas são fundamentais nos rituais de iniciação dos filhos de Oxumaré. Empregada também pelos "*olowo*", para lavar os búzios utilizados nos jogos divinatórios, sendo considerada portadora de "grande energia", própria para sacralização dos cauris.

EWÉ BOYÍ

Nomes populares: Bétis-cheiroso, pimenta-de-macaco

Nomes científicos: 1) *Piper amalago* L., Piperaceae
2) *Piper amalago* L. Var. *Medium* (Jacq.) Yuncker
3) *Piper angustifolium* R. et P.
4) *Piper cabralanum* D.C.
5) *Piper eucalyptifolium* Rudz.
6) *Piper regnellii* Kunth.
7) *Piper tectoniifolium* Kunth.
8) *Piper tuberculatum* Jacq.

Orixás: Oxalá, Xangô, Iemanjá e Oxum

Elementos: Diversos

Popularmente, bétis-cheiroso é um nome comum a várias espécies de piperáceas nativas do Brasil, que medram nas matas úmidas e sombreadas, e possuem folhas aromáticas.

Nos candomblés, diz-se que "existem sete espécies de bétis", algumas com folhas de formato cordiforme, outras lanceoladas ou ovaladas. Todavia, nem todas são atribuídas aos mesmos orixás ou estão ligadas aos mesmos elementos naturais; porém, todas são utilizadas em banhos de iniciação ou de purificação. São elas:

1) *Piper amalago* L., ou *Piper amalago* L., var. *medium* (Jacq.) Yuncker — Atribuída a Iemanjá e Oxum. São folhas femininas ligadas ao elemento Água.
2) *Piper angustifolium* R. et P. — Folha ligada a Iemanjá e a Oxum. São femininas e relacionam-se com o elemento Água. "Folha e flores digestivas, balsâmicas, adstringentes e laxantes; folha para hemorragia (...), feridas, úlceras, corrimento vaginal" (Pott & Pott 1994:237).
3) *Piper cabralanum* D. C. — Também atribuída a Iemanjá e Oxum. Folhas femininas associadas ao elemento Água.

4) *Piper eucalyptifolium* Rudz. — Como o próprio nome sugere, possui o formato das folhas do eucalipto. Associada a Oxalá, é uma folha masculina ligada ao elemento Ar. Na fitoterapia é empregada como calmante, sedativa, diurética e febrífuga. Combate cólicas, dispepsias flatulentas e dores nos membros.

5) *Piper regnellii* Kunt. — Folhas de Iemanjá e Oxum. São femininas e ligadas ao elemento Água. Conhecida popularmente como pariparoba, esta piperácea é utilizada na flora medicinal, na produção do "extrato de piper 124", eficaz nos casos de hemorróidas inflamadas. Sob a forma de chá é indicada no combate das afecções urinárias e renais.

6) *Piper tectoniifolium* Kunth. — Muito parecida com o *Piper cabralanum*, também pertence a Iemanjá e a Oxum. Possui forma feminina e está ligada ao elemento Água.

7) *Piper tuberculatum* Jacq. — Esta é uma folha masculina ligada a Oxalá e a Xangô. Pertence ao elemento Terra. Também conhecida popularmente como pimenta-de-macaco, esta planta é utilizada na medicina popular como sedativa, sendo aplicada sobre regiões doloridas nos casos de reumatismo.

EWÉ BOYÍ FUNFUN

Nome popular: Bétis-branco

Nome científico: Piper rivinoides Kunth., Piperaceae

Orixás: Oxalá e Iemanjá

Elementos: Água/feminino

Planta nativa brasileira que medra em matas úmidas e sombreadas de clima tropical, mais freqüente nas regiões nordeste e sudeste do país.

Utilizada nos rituais de iniciação e banhos de purificação para todos, "pois, sendo de Oxalá, seu uso é permitido a qualquer filho-de-santo".

Medicinalmente, como ocorre com outras plantas do gênero *piper*, possui propriedades diuréticas e cicatrizantes.

EWÉ DAN

Nome popular: Jibóia

Nome científico: Scindapsus aureus Engler., Araceae

Sinonímia: Pothos aureus Lind. ex Andre

Orixá: Oxumaré

Elementos: Ar/feminino

Originária das ilhas Salomão, na Oceania, esta trepadeira é cultivada em diversos países da Europa e das Américas.

Planta popular, a jibóia é utilizada nos candomblés brasileiros, tanto para ornamentação das casas de santo, quanto nos rituais de iniciação dos filhos de Oxumaré, orixá representado pelo arco-íris e pela *dan*, a serpente africana.

Nos rituais umbandistas, esta folha é dedicada aos caboclos e, nos candomblés de Angola, é comum encontrar-se em meio à vegetação grandes folhas de jibóia associadas às representações de Angorô, compostas de uma bacia de ágate contendo água e uma cobra esculpida em ferro em seu interior.

EWÉ DIDÙN

Nomes populares: Aloisia, erva-de-jurema, sândalo, limonete, pluma-de-névoa

Nome científico: Tetradenia riparia (Hochst.) Codd., Labiatae (Lamiaceae)

Sinonímia:
1) Iboza riparia N.E.Brawn
2) Moschosma riparium Hochst.

Orixás: Oxum e Iemanjá

Elementos: Água/feminino

Arbusto nativo da África do Sul que alcança até dois metros de altura. Suas folhas produzem uma essência oleosa e aromática na superfície que lembra o odor de cânfora.

Nos cultos afro-brasileiros esta planta é utilizada normalmente "em banhos para melhorar a sorte e defumadores". Em infusão, no álcool, as folhas e flores da aloisia produzem uma "essência que, passada no corpo, atrai boa sorte".

EWÉ DÍGÍ

Nome popular: Erva-prata

Nome científico: Solanum argenteum Dun. & Poir., Solanaceae

Orixás: Oxalá, Oiá e Iemanjá

Elementos: Ar/masculino

Árvore mediana, suas folhas, na face inferior, têm tonalidade branco-prateada e sedosa, daí o nome erva-prata.

Nas casas de candomblé, as folhas da erva-prata são utilizadas no *agbò*, em banhos purificatórios e em sacudimentos. Colocada nos barracões, tem a finalidade de "afastar as influências maléficas dos eguns".

Uma história contada pelo "povo-de-santo" relata que "quando os eguns atacavam o palácio de Xangô, Oiá agitava os galhos dessa planta, e fazia refletir em suas folhas várias imagens desse orixá. Os eguns, vendo tantos orixás iguais, fugiam apavorados, pensando que estavam sendo atacados por um batalhão, sem perceberem que eram apenas projeções de uma imagem sobre a superfície espelhada da erva-prata. Desse modo, Oiá afastava os eguns do reino de Obá Kosso."

EWÉ ÈGÙNMỌ̀

Nomes populares: Erva-moura, maria-preta, pimenta-de-galinha, erva-mocó, caraxixu

Nome científico: Solanum americanum Mill., Solanaceae

Sinonímia: 1) Solanum caribaeum Dun.
2) Solanum nodiflorum Jacq.

Orixá: Obaluaiê

Elementos: Terra/masculino

Planta de origem européia, disseminada por diversos continentes. Aclimatada no Brasil, ocorre em estado espontâneo em quase todo o território nacional.

Nos candomblés brasileiros, a erva-moura é utilizada em banhos de proteção para os filhos de Obaluaiê, e em sacudimentos. Em Cuba, é conhecida pelos nomes lucumis *atoré* e *efodá*, e atribuída a Ogum e Iemanjá (Cabrera 1992:562). Os iorubás, no continente africano, dão-lhe os nomes *ègùnmọ̀*, *ègùnmọ̀ agunmọ gàrà* e *òdú*, e utilizam-na em "trabalho para estabelecer um mercado público" (Verger 1995:721,327).

Considerada emoliente, calmante e narcótica, as folhas são usadas para lavar chagas e erupções cutâneas. Em forma de chá acalma os nervos, combate o terror noturno, reumatismo, afecções urinárias e a caspa do couro cabeludo.

EWÉ ÈPÈ

Nomes populares: Urtiga-vermelha, urtiga-da-bahia, cansanção, urtiga-queimadeira, urtiga-de-fogo, urtiga-do-reino, urtiguilha

Nome científico: Urtica urens Vell., Urticaceae

Orixá: Exu

Elementos: Fogo/masculino

Planta de folhas urticantes, nativa brasileira, que medra no solo, em paredes e até em troncos de árvores.

Atribuída a Exu, é usada na sacralização dos objetos rituais do orixá. Entra na composição de "trabalhos de Exu e pó de queimação com a finalidade de produzir confusão entre as pessoas".

Na fitoterapia a urtiga-vermelha é usada para combater as doenças de pele, urticárias, coceiras, queimaduras, dores reumáticas, incontinência urinária e hemorragias.

EWÉ GBÚRE

Nomes populares: Bredo, língua-de-vaca (Ba), caruru (Pa), beldroega-grande, bredo-major-gomes

Nome científico: Talinum triangulare (Jacq.) Willd., Portulacaceae

Sinonímia: Talinum triangularis Jacq.

Orixás: Xangô, Oxum e Iemanjá

Elementos: Água/masculino

Planta nativa do continente americano, distribuída por diversos continentes, inclusive o africano. Propaga-se com muita facilidade através das sementes, sendo considerada invasora de jardins e culturas em todos os países onde ocorre.

Nos candomblés de Ketu, o bredo é considerado uma folha èrò (fria e calmante), que entra no àgbo e em banhos de purificação dos iniciados. Utilizado como hortaliça, prepara-se uma comida que é oferecida a Xangô Airá ou a Iemanjá, conhecida como caruru-de-folha.

Usada na liturgia dos orixás, na África, recebe os nomes iorubás *aláwéré*, *ajígbórere* e *gbúre*, onde é utilizada em "trabalho para ganhar dinheiro rápido" (Verger 1995:727,337).

Na Bahia, os restaurantes servem um prato típico da culinária regional conhecido pelo nome de efó, que é preparado com as folhas do bredo e, no Norte do país, este vegetal é utilizado para complementar a alimentação de adultos e crianças, pois é rico em vitaminas, proteínas e sais minerais.

Na fitoterapia, emprega-se o bredo na alimentação para combater o escorbuto e topicamente nos cortes e feridas.

EWÉ GBÚRE ỌSUN

Nomes populares: Língua-de-vaca (Ba), maria-gomes, major-gomes, caruru, bredo

Nome científico: Talinum paniculatum (Jacq.) Gaertn.

Sinonímia: Talinum patens (L.) Willd.

Orixás: Xangô e Oxum

Elementos: Água/masculino

"A espécie é originária da América Central e da costa oeste da América do Sul. Ocorre hoje desde o sul dos Estados Unidos até a Argentina, tendo vasta presença em solo brasileiro. Ocorre na costa oeste da África, tendo sido levada das Américas" (Kissmann 1995:348-III).

Este vegetal é utilizado nas comunidades religiosas jêje-nagôs, com a mesma finalidade do *Talinum triangulare*, servindo principalmente para preparar um caruru oferecido a Xangô Barú, que não gosta de quiabo.

Hortaliça rica em vitaminas, proteínas e sais minerais, é consumida pela população do interior, crua ou cozida, como complemento alimentar.

EWÉ IDÀ ÒRÌṢÀ

Nomes populares: Espada-de-são-jorge, espada-de-ogum, língua-de-sogra, rabo-de-lagarto

Nome científico: Sansevieria trifasciata Hort. ex Prain., Liliaceae

Sinonímia: 1) Sansevieria guineensis Gér. et Labr.
2) Sansevieria zeylanica Hort.

Orixá: Ogum

Elementos: Terra/masculino

Originária da África, esta agavácea é encontrada em todo o Brasil, cultivada em jardins ou ambientes de interiores, com fins ornamental e litúrgico.

Embora atribuída a Ogum, a espada-de-são-jorge pode ser usada ainda para Oxosse, Ossaim, Oiá e Iemanjá, na sacralização dos objetos rituais. É empregada nos rituais afro-brasileiros em sacudimentos. Também plantada em vasos na entrada das casas ou afixada nas portas, disfarçada como ornamental, serve para proteger os ambientes dos terreiros e "gongas". Na umbanda e nos candomblés de Angola, suas folhas entram nos rituais de "lavagem de cabeça e guias", sendo também utilizada em "banhos de descarregos".

Na África este vegetal é conhecido pelos nomes iorubás *ọjá kòríkò, ọjá ikòokò, pàṣán kòríkò* e *agbọmọlọ́wọ́ibi* (Verger 1995:716).

EWÉ IDÀ ỌYÁ ou OBÉ SEMI ỌYÁ

Nomes populares: Espada-de-santa-bárbara, cordoban, moisés-no-berço, abacaxi-roxo

Nome científico: Tradescantia spathacea Sw. Commelinaceae

Sinonímia:
1) Rhoeo discolor (L'Hérit.) Hance.
2) Rhoeo spathacea (Sw.) Stearn.
3) Tradescantia discolor L'Hérit.

Orixá: Oiá

Elementos: Água/masculino

Nativa do México, encontrada em toda a América tropical, cultivada ou espontânea em matas sombreadas.

Folha utilizada no ritual de iniciação dos filhos de Oiá, no àgbo, em banhos purificatórios e sacudimentos. Conhecida também pelo nome nagô *obẹ́ semi ọyá*, nos candomblés do Rio de Janeiro.

Os cubanos atribuem essa planta a Xangô, Iemanjá e Ogum, e dão-lhe os nomes lucumis *peregún, tupa ou diéla* (Cabrera 1992:410).

Hoehne (1925:68), a respeito desta planta, diz: "*Rhoeo discolor*, o afamado 'Cordoban' da América Central, a planta mais útil para combater as tosses." Todavia, na medicina rural, esta planta combate também diversos males das vias respiratórias.

EWÉ ÌDÒ

Nomes populares: Ibiri, cana-ibiri, biri, cana-de-jardim, bananinha-de-jardim, cana-florífera, erva-conteira, beri, bananeirinha-da-índia

Nome científico: Canna indica L., Cannaceae

Orixás: Oxum e Ewá

Elementos: Água/feminino

Planta ornamental, originária da América tropical, encontrada na Europa e na África. No Brasil, é cultivada em todos os Estados da Federação.

Nos batuques do Rio Grande do Sul, as folhas do ibiri são utilizadas para envolver a massa de milho branco — acaçá —, comida ritual que é oferecida a Oxum. Porém, nos candomblés baianos e cariocas, esta canácea é utilizada na ornamentação das casas-de-santo e em "banhos para as filhas de Oxum quando estão com problemas de atraso de regra".

Pelos nomes iorubá òdòfin, ìdò dudu, ìdò pupa, ìdòrò e ìdòìíi şawo àìlà, este vegetal é conhecido na África, onde é utilizado em "receita para que a menstruação venha" (Verger 1995:643,131).

Na medicina popular, o chá das folhas e das raízes é considerado expectorante, diurético, vomitivo e abortivo.

EWÉ IGBÓ

Nomes populares: Cânhamo-da-índia, cânhamo-verdadeiro, fumo-de-angola, diamba, liamba, maconha

Nome científico: Cannabis sativa L., Cannabaceae

Orixá: Exu

Elementos: Fogo/masculino

Originário da Ásia, o cânhamo-da-índia aclimatou-se bem no Nordeste brasileiro e em outras áreas tropicais e subtropicais dos continentes.

Nos candomblés de Angola, a maconha é conhecida pelos nomes liamba ou diamba. Folha que no passado foi muito utilizada; atualmente, devido às proibições legais, seu uso é restrito aos trabalhos com Exu, especialmente na sacralização dos seus objetos rituais. Acredita-se que "seja boa para atrair dinheiro, mas também atrai brigas e confusões".

Nas áreas rurais, o chá das folhas desse vegetal é utilizado como tranqüilizante e analgésico no combate às enxaquecas, encefalias e dores de dentes.

EWÉ ÌGBOLÉ

Nomes populares: Gervão, gervão-roxo, gervão-azul, chá-do-brasil, verônica

Nome científico: Stachytarpheta cayennensis (L.C. Rich.) Vahl., Verbenaceae

Sinonímia:
1) Verbena cayennensis L.C.Rich.
2) Stachytarpheta australis Mold.
3) Stachytarpheta polyura Schauer

Orixá: Obaluaiê

Elementos: Terra/masculino

Nativo brasileiro, o gervão é encontrado em quase todos os Estados, como invasor de pastagens, campos e áreas cultivadas. Outras espécies muito semelhantes (*Stachytarpheta elatior* Schrad e *Stachytarphetta polyra* Schauer) são usadas indistintamente pela população rural, com as mesmas finalidades.

Nas casas-de-santo, o gervão-roxo é utilizado em "banhos de descarregos do pescoço para baixo e em sacudimentos para melhorar a sorte".

Verger identifica este vegetal, nos cultos iorubás, na África, pelos nomes *ìrù eku* e *pasalókè*, onde é usado em "receita para tratar corpo contraído" (1995:724,107).

Na medicina caseira, esta planta é utilizada como tônico estomacal, febrífugo, vulnerário, estimulante das funções gastrointestinais, e no combate às doenças crônicas do fígado, e às dispepsias.

EWÉ INỌN

Nomes populares: Folha-de-fogo, branda-fogo, folha-de-iansã, pixirica, anhanga

Nome científico: Clidemia hirta Baill., Melastomaceae

Sinonímia:
1) Clidemia crenata D.C.
2) Clidemia elegans Dun.
3) Melastoma elegans Aubl.
4) Melastoma hirtum L.

Orixás: Exu, Oiá e Xangô

Elementos: Fogo/feminino

Planta encontrada em vasta faixa do território nacional, principalmente no Nordeste e Sudeste.

Colhida pela manhã, antes do sol nascer, esta folha pertence a Oiá e Xangô, servindo para "banhos de descarregos e sacudimentos"; apanhada sob o sol do meio-dia, ela pertence a Exu e serve para fazer diversos sortilégios e malefícios.

Sendo uma planta muito conhecida da população rural, a folha-de-fogo é, também, utilizada medicinalmente contra palpitações do coração, afecções das vias urinárias e do aparelho genital, sífilis, erupções cutâneas, feridas rebeldes, moléstias da pele em geral e coceiras.

EWÉ ÌṢÁ PA

Nomes populares: Vinagreira, azedinha, caruru-azedo, caruru-da-guiné, quiabo-roxo e rosela

Nome científico: Hibiscus sabdariffa L., Malvaceae

Orixá: Xangô

Elementos: Fogo/masculino

Planta da família do quiabo, de origem asiática, disseminada por diversos continentes, principalmente os de clima tropical, como África e América.

Com as folhas da vinagreira prepara-se um *èfọ́* — caruru de folhas — que é oferecido a Xangô Airá, nas casas de candomblé de origem jêje-nagô.

Na África, os iorubás atribuem a este vegetal os nomes *àmúkàn, iṣápá* e *ìṣá-pá funfun* (Verger 1995:679), e utilizam-no em diversos trabalhos com fins litúrgicos e medicinais.

Contra o escorbuto e estomatite, o sumo das folhas deste vegetal é reputado na medicina popular como um excelente remédio; e, em cataplasma, atua como emoliente e resolutivo. O decocto da raiz é utilizado como estomáquico, tônico, resolutivo e aperiente.

EWÉ IŞINIŞINI

Nomes populares: Mastruz, mentruz, vassourinha, mentrusto, mastruço

Nome científico: Lepidium sativum L., Brassicaceae (Cruciferae)

Orixás: Exu e Egum

Planta nativa na Europa e Ásia ocidental, ocorrendo em diversas regiões de clima temperado e subtropical.

O mastruço, nos cultos afro-brasileiros, é utilizado em sacudimentos e "banhos de descarrego do pescoço para baixo", pois, por ser atribuído também a Egum, "não é aconselhável lavar a cabeça com esta planta".

Em Cuba, é conhecido entre os lucumis pelo nome de *eribo*, e pertence também a Exu e a Egum; todavia, é utilizado sobre a cabeça com a finalidade de conservar a memória. Cabrera (1992:487) cita um filtro amoroso preparado pelas mulheres na sexta-feira da Semana Santa, antes do sol nascer. Elas procuram esta erva e, após tocá-la três vezes para acordá-la, conversam com a planta e passam-na no rosto. Em seguida o mastruço é coletado, levado para casa, posto a secar e pulverizado, para então, juntamente com pó de imã, valeriana e uma outra erva de nome *zun-zun*, serem misturados a uma essência que, como dizem naquela ilha, "Con este perfume, las mujeres vuelve locos a los hombres".

Körbes (1995:142) indica o mastruz para: "doenças do peito, bronquite, sinusite (aplicar na fronte), moléstias dos rins e do estômago..." e ainda "... seu suco é um eficiente vermicida e desintoxicante".

EWÉ IYÁ

Nomes populares: Pariparoba, caapeba, capeba-do-norte, catajé, malvaísco, capeba-verdadeira

Nome científico: Pothomorphe umbellata (L.) Miq., Piperaceae

Sinonímia: Piper umbellatum L.

Orixá: Iemanjá

Elementos: Água/feminino

Planta nativa do Brasil, que ocorre em locais úmidos e sombreados da Mata Atlântica, Nordeste e Sudeste do país.

Liturgicamente, esta "é a folha principal da nação de Angola e, por isso, utilizada para todos os *inkices*, desde *Roximucumbi* (Ogum) até *Lembarenganga* (Oxalá)".

Na nação Ketu, a pariparoba, conhecida por *ewé iyá* (folha da mãe), é atribuída a Iemanjá, que em alguns mitos é a mãe de todos os orixás, por isso é utilizada tanto para Ogum, Oxossi e Xangô, considerados seus filhos míticos, quanto para os demais, inclusive Oxalá. É empregada nos rituais de iniciação e em banhos purificatórios. Utilizada em oferendas, serve como recipiente para depositar as iguarias oferecidas aos orixás.

Suas folhas são estimulantes e diuréticas, e com elas prepara-se chá para combater as afecções das vias urinárias. As raízes são utilizadas contra os estados febris, gastrites e debilidades orgânicas. As sementes secas e trituradas, misturadas ao óleo de linhaça, são aplicadas sobre furúnculos e abscessos para apressar o processo de maturação. É indicada, ainda, contra prisão de ventre, ingurgitamento do fígado e do baço, ulcerações sifilíticas, hemorróidas e reumatismo.

EWÉ KANAN

Nomes populares: Cansanção-de-leite, cansanção, urtiga, urtiga-cansanção, urtiga-mamão, queimadeira, pinha-queimadeira

Nome científico: Cnidoscolus urens (L.) Arth., Euphorbiaceae

Sinonímia:
1) Jatropha urens Muell. Arg.
2) Hibiscus trisectus Bertol.

Orixás: Exu e Xangô

Originária do continente americano, o cansanção-de-leite ocorre, praticamente, em todo o território brasileiro.

Embora, nos terreiros jêje-nagôs, esta planta também seja atribuída a Xangô, suas folhas são utilizadas com mais freqüência em "trabalhos para separar casais e provocar desordens em alguns ambientes, pois têm a finalidade de excitar o orixá para trabalhos maléficos".

O látex extraído de seu caule é usado medicinalmente nos casos de erisipela, diretamente sobre a pele afetada. Todavia, por conter princípios tóxicos, alguns autores condenam a utilização desta planta, pois, quando encosta na epiderme sadia, provoca queimaduras que se transformam em ulcerações.

EWÉ KAWÓKAWÓ

Nomes populares: *Jitirana-vermelha, campainha, corda-de-viola, jitirana, corriola, primavera-de-caiena*

Nome científico: *Ipomoea hederifolia* L., Convolvulaceae

Sinonímia:
1) *Ipomoea coccinea* L. var. *hederifolia*
2) *Quamoclit hederifolia* (L.) Choisy
3) *Ipomoea sanguinea* Vahl.

Orixá: Xangô e Oiá

Elementos: Fogo/masculino

Nativa da América tropical e subtropical, esta convolvulácea é encontrada em quase todas as regiões do Brasil e no continente africano.

Planta trepadeira utilizada na iniciação e "em banhos de defesa e prosperidade", sendo extremamente benéfica para os filhos de Xangô e Oiá.

Seu nome *kawókawó*, utilizado tanto no Brasil quanto na África, provavelmente é uma alusão à saudação feita a Xangô; todavia, entre os nigerianos, esta planta é conhecida ainda pelos nomes *sárá òrọ́bà, etí ológbò, etí ológbò pẹ́tẹ́* (Verger 1995:684).

EWÉ KÓKÒ

Nomes populares: Tajá, taioba, mangareto, mangarito, mangarás

Nome científico: Xanthosoma sagittifolium (L.) Schott.

Orixás: Oxossi, Iemanjá e Logun Edé

Elementos: Água/feminino

Planta de origem americana, encontrada em áreas tropicais da América do Sul, Antilhas, América Central, México e África.

Utilizada nos cultos afro-brasileiros, esta folha representa "os fundamentos de Inlé e Iemanjá", nos rituais de iniciação desta "qualidade" de Oxossi.

Em Cuba, este vegetal é de grande importância nos rituais lucumis. É utilizado nas iniciações, atribuído a Iemanjá e aplicado medicinalmente em casos de debilidade mental (Cabrera 1992:479-482).

EWÉ KÚKÚNDÙNKÚ ou EWÉ ORÍ

Nome popular: Batata-doce

Nome científico: Ipomoea batatas (L.) Poir. & Lam., Convolvulaceae

Orixás: Iemanjá, Ogum e Oxumaré

Elementos: Água/feminino

Caribé & Campos (1991:22), sobre esta convolvulácea, citam: "Nativa da América, há informações de que era cultivada no México e no Peru desde épocas pré-colombianas."

Vegetal de grande importância e destaque entre os jêje-nagôs, tanto as folhas quanto os tubérculos têm uso litúrgico nas casas de candomblé brasileiras. As folhas são utilizadas em rituais de iniciação e entram nos banhos purificatórios de vários orixás, principalmente Iemanjá, Ogum e Oxumaré. Os tubérculos são oferecidos, juntamente com espigas de milho verde e laranjas, a Xangô Airá, por ocasião da festa em que é feita uma grande fogueira dedicada a este orixá, na noite da véspera do dia de São Pedro. Entram ainda na preparação de comidas que são colocadas como oferendas para Oxumaré e, juntamente com outros legumes, são utilizados em ebós para diversas finalidades.

Na África, atribuem-lhe os nomes iorubás *ọ̀dùnkún, ànàmọ́ yáyá, ọ̀dùnkún àdùnmọ́* e *ẹ̀dunmùsí* (Verger 1995:684), além de *kúkúndùnkú*, que é o nome pelo qual é conhecido pelos nagôs brasileiros.

Segundo Cruz (1982:104), "as folhas são emolientes e seu cozimento serve para tumores e inflamações, sobretudo da boca e da garganta, aplicando-se em gargarejos".

EWÉ LÁRÀ FUNFUN

Nomes populares: Mamona, mamona-branca, carrapateiro, palma-de-cristo, mamoneira etc.

Nome científico: Ricinus communis L, Euphorbiaceae

Sinonímia:
1) Ricinus digitatus Nor.
2) Ricinus hibridus Bess.
3) Ricinus leucocarpus Bert.

Orixá: Oxalá

Elementos: Ar/feminino

Nos compêndios específicos de botânica, dentro do gênero *ricinus*, a única espécie descrita é o *Ricinus communis*; porém, ocorrem diversas variedades com características pouco diferenciadas. Conhecida na Índia, desde tempos remotos, é considerada por alguns autores nativa da Ásia; todavia, Kissmann (1992:665-II) afirma que esta planta é provavelmente de origem africana e que era encontrada

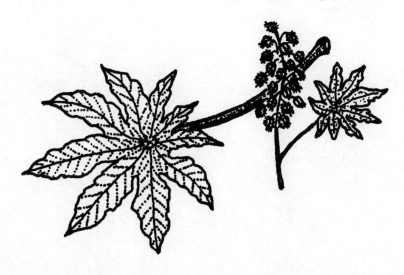

no antigo Egito. Ocorre em abundância em todo o território nacional, medrando, espontaneamente, nos principais Estados do Nordeste, Sudeste e Sul.

A folha da mamona é empregada nas casas de candomblé, servindo de recipiente para as comidas oferecidas, tanto na Sassanhe, como no Olubajé, ritual coletivo de saúde dedicado a Obaluaiê.

Pelos nomes iorubás de *lárà, lárà pupa, ilárà, ilárùn, làpálàpá adẹ́tẹ̀* e *arà pupa* (Verger 1995:714), esta folha é conhecida no continente africano.

Como remédio, a água das folhas cozidas com sal serve para banhar os pés quando inchados. Das sementes extrai-se o óleo de rícino, que é purgativo e indicado contra prisão de ventre. Embora as sementes sejam tóxicas, pois, se ingeridas, podem provocar a morte, o óleo de rícino não é venenoso. As toxinas ficam retidas no resíduo das sementes quando o óleo é extraído.

EWÉ LÁRÀ PUPA

Nome popular: Mamona-vermelha

Nome científico: Ricinus sanguineus Hoot., Euphorbiaceae

Orixás: Ossaim e Egum

Elementos: Fogo/feminino

A mamona vermelha, segundo alguns autores, é uma variedade da espécie *R. communis* L.

Nos cultos jêje-nagôs brasileiros, ela tem utilidade diferenciada em virtude de sua cor avermelhada. É indicada para forrar o chão da casa-dos-eguns, por ocasião da morte de um iniciado. Sobre elas são colocados os assentamentos que pertenceram ao morto para serem despachados ao final do ritual do axexé, cerimônia mortuária. Acredita-se que, "se alguém, por maldade, bater com o talo de uma folha em um iniciado, o seu orixá se afasta", mostrando a incompatibilidade entre os orixás e os eguns, espírito dos mortos.

Na fitoterapia, a mamona vermelha possui as mesmas propriedades da mamona comum.

EWÉ LÀTÍPÀ

Nome popular:	Mostarda
Nome científico:	Brassica rapa L., Cruciferae (Brassicaceae)
Sinonímia:	1) Brassica campestris L.
	2) Brassica campestris L. var. rapa Hartm.
	3) Brassica rapa L. ssp. sylvestris (L.) Janchen
Orixás:	Obaluaiê, Nanã, Iemanjá e Oxum
Elementos:	Terra/masculino

Originária da Europa meridional e amplamente disseminada pelo mundo, as sementes desta crucífera são utilizadas comercialmente na fabricação de mostarda.

Nos candomblés brasileiros, suas folhas entram no preparo de comidas que são oferecidas a Obaluaiê, no *Olùbáje*, considerado a festa máxima deste orixá, ritual coletivo de saúde.

Uma lenda muito conhecida do "povo-de-santo" relata que quando Obaluaiê andava pelo mundo, certa vez chegou no reino de Oxumaré, onde estava ocorrendo uma grande festa com a presença de todos os orixás. Porém, ao entrar no recinto onde acontecia um banquete, ele não foi reconhecido pelos presentes, nem por sua mãe, Nanã, pois seu corpo estava coberto de chagas. Revoltado, e sendo um grande feiticeiro, deixou cair um pó que provocou coceiras e feridas em todos os participantes. Os orixás recorreram ao oráculo de Ifá, para saber a causa daquela epidemia. Orumilá informou que um grande rei estivera presente ao banquete e não fora prestigiado. Para desfazer o malefício provocado por Obaluaiê, era necessário promover uma grande festa (um grande ebó) em sua homenagem. "E assim foi feito. Todos se desculparam e ficaram curados. Por isso é que até hoje se faz o Olubajé em homenagem a este orixá, para que as pessoas tenham boa saúde."

Medicinalmente, as raízes da mostarda em infusão são indicadas no combate às afecções das vias urinárias, tuberculose e debilidade orgânica. As sementes são utilizadas nos casos de reumatismo, gota, congestão pulmonar e paralisias.

EWÉ LOROGÚN

Nome popular: Abre-caminho

Nome científico: Lygodium volubile Sw., Schizaeaceae

Orixá: Ogum

Elementos: Terra/masculino

Essa trepadeira é imprescindível nos ritos de encerramento do ano litúrgico dos orixás nos candomblés jêje-nagôs, por isso é conhecida como a folha do *olorogún*, nome dado a esse ritual. Nessa ocasião, os homens colocam uma rodilha desse vegetal envolvendo o ombro esquerdo, e as mulheres trazem-na sobre a cabeça, representando a ida dos orixás para a guerra. Após o transe coletivo é simulada uma disputa, na qual será escolhido um que ficará para guardar o terreiro. Um balaio de pipocas será colocado no quarto de Xangô e só será retirado quando tiver início o novo ano litúrgico com a abertura das festas.

O abre-caminho é utilizado também em banhos, sacudimentos e defumadores, especialmente nas casas-de-angola, com a finalidade de "abrir os caminhos e atrair boa sorte".

EWÉ MIMOLÉ

Nome popular:	Brilhantina
Nome científico:	Pilea microphylla Miq. Urticaceae
Sinonímia:	1) Pilea microphylla Liebm.
	2) Pilea muscosa Lindl.
Orixás:	Oxalá e Oxum
Elementos:	Água/feminino

Planta herbácea, nativa da América tropical, encontrada em todo o território nacional, cultivada e espontânea.

Embora seja uma planta facilmente encontrada, seu uso é pouco freqüente nas casas-de-santo; porém, é utilizada na composição de "banhos de proteção juntamente com outras folhas dos orixás", sendo comum a reafirmação de não usá-la isoladamente, provavelmente pelo fato de tratar-se de uma urticácea; todavia, os batuqueiros do Sul do país utilizam esta planta com freqüência em banhos de purificação para os filhos de Oxum, e atribuem-lhe o nome popular de dinheiro-em-penca.

EWÉ MỌNÁN

Nome popular: Parietária

Nome científico: Parietaria officinalis L, Urticaceae

Orixá: Oxalá

Elementos: Ar/feminino

De origem européia e aclimatada no Brasil, a parietária medra espontaneamente em terrenos baldios nas diversas regiões do país.

As folhas são utilizadas nos rituais do candomblé, em banhos purificatórios e "sacudimentos para pessoas que precisam melhorar a sorte".

Na fitoterapia, o cozimento das folhas da parietária é indicado no combate às irritações e inflamações das vias urinárias, como cicatrizante e para debelar doenças de pele.

EWÉ OBAYA

Nomes populares: Desata-nó, jaborandi, jaborandi-manso, jaborandi-do-ceará, falso-jaborandi, jaborandi-de-minas, jaborandi-da-mata-virgem

Nome científico: *Ottonia anisum* Spreng., Piperaceae

Sinonímia: *Piper jaborandi* Gaud.

Orixá: Xangô

Elementos: Fogo/masculino

Originária da América do Sul, esta piperácea é encontrada no interior de matas em todo o Brasil.

Nos candomblés, vários sacerdotes indicam a folha do desata-nó para ser "usada verde e quinada em banhos de descarregos do pescoço para baixo, nunca na cabeça, pois é uma folha muito quente". Todavia, em algumas pessoas provoca sensação de coceira devido às suas propriedades anestésicas.

Guimarães (1984:64/65) relata: "Esta espécie também é muito usada na Umbanda nos rituais religiosos, principalmente nos chamados 'banhos de descarregos' e 'defumadores de caboclos', tendo por finalidade afastar os maus espíritos e evitar quebrantos. As folhas da *Ottonia anisum*, quando frescas, exalam um fraco aroma, levemente semelhante ao do aniz; quando mascadas produzem grande salivação e sensação de anestesia; quando cozidas, são empregadas em banhos para a cura de inchações dos pés. Na flora medicinal são conhecidas como 'raízes de jaborandi' e são consideradas pelo povo como 'abortivas para animais'." Informa ainda que esta planta é geralmente empregada sob a forma de infuso, decocto, xarope e pó, sendo que "não deve ser usada por pessoas cardíacas e débeis".

Popularmente, esta planta é empregada também nos casos de amenorréia, caxumba, edema pulmonar, hemorragia, irritação brônquica, leucorréia, dor de dente e hemoptises, e o sumo das folhas trituradas, friccionadas sobre o couro cabeludo, combate a alopecia.

EWÉ ỌBẸ̀

Nome popular: Salsa

Nome científico: Petroselium sativum L., Umbeliferae

Orixás: Oxum e Exu

Elementos: Água/feminino

De origem européia, a salsa há muito é cultivada em terras brasileiras, sendo utilizada como tempero na cozinha doméstica.

O consumo dessa umbelífera para fim alimentar é proibido aos participantes das casas-de-santo de origem Ketu; todavia, nos candomblés jêje, ela é utilizada em sacudimentos.

Em Cuba, o perejil, como é chamada, é atribuído a Oxum e recebe os nomes lucumis *izakó* e *iyádédé* (Cabrera 1992:514), sendo empregado liturgicamente em fórmulas para conseguir dinheiro, conquistas, triunfos e atrair clientela no comércio (Cabrera 1992:514-515).

Körbes (1995:158) exalta as propriedades terapêuticas da salsa dizendo que é "riquíssima em vitaminas e sais minerais como o ferro; por isso, é recomendada aos anêmicos, fracos e nervosos; abre o apetite, boa para a memória, favorece a digestão, tanto as folhas como a raiz. Seu chá combate as febres da primavera e outono, o amarelão, a retenção da urina, a obesidade; provoca suor, gases intestinais, inchaços do fígado, estimula as contrações uterinas. O suco tomado em leite acalma a asma, levanta o espírito após a embriaguez. Externamente, se usa em cataplasma ou compressas para curar úlceras, mesmo cancerosas, chagas rebeldes, machucaduras, pancadas, contusões. Contra a dor de dente (colocam-se folhas esmagadas com um pouco de sal no ouvido do lado que dói o dente), uma bolinha posta no nariz faz estagnar a hemorragia nasal".

EWÉ ODÁN

Nomes populares: Erva-silvina, cipó-cabeludo, soldinha

Nome científico: Polypodium vaccinifolium Langsd & Fischer, Polypodiaceae

Orixás: Obaluaiê e Nanã

Elementos: Terra/masculino

De origem brasileira, esta polipodeácea medra em quase todas as regiões do país, principalmente em matas tropicais úmidas, onde é encontrada afixada nos troncos das árvores.

Embora não sendo propriamente uma parasita, a erva-silvina é considerada como tal e está incluída entre os *àfòmọ́n*, categoria que é atribuída a todos os vegetais que se utilizam de outros como substrato. Segundo a tradição jêje-nagô, este é um dos principais vegetais atribuídos a Obaluaiê, e "representa os fundamentos deste orixá com Nanã", sua mãe mítica. É utilizado nos rituais de iniciação dos iaôs, no *àgbo* e em banhos de purificação.

Como fitofármaco, possui propriedades hemostáticas e adstringentes, sendo empregado para combater os males dos rins, bexiga, reumatismo, dores nas costas, varizes, perda de sangue pela urina e congestões sangüíneas.

EWÉ ỌDẸ́ ou ÈMỌ́N

Nomes populares: Carrapicho-beiço-de-boi, pega-pega, marmelada-de-cavalo

Nome científico: Desmodium adscendens (Sw.) D.C., Fabacea (Leguminosae)

Sinonímia: 1) Hedysarum adscendens Sw.
2) Meibomia adscendens (Sw.) Kuntze

Orixá: Oxossi

Elementos: Terra/masculino

Nativa da América tropical, o carrapicho-beiço-de-boi encontra-se disseminado por toda a América do Sul, Antilhas e África. No Brasil, vegeta em todas as áreas, principalmente nas litorâneas.

Planta utilizada no *àgbo* e em banhos purificatórios, é uma das ervas de Oxossi também conhecida pelo nome genérico *ewé ọdẹ́*, dado a todas as espécies de carrapichos nos candomblés brasileiros. Suas sementes são adicionadas ao amalá (à base de quiabo) oferecido a Xangô, e a ebós que pretendem "segurar o amante afastado ou dinheiro que foge".

No continente africano é conhecida entre os sacerdotes dos orixás pelos nomes iorubás *ẹ̀pà ikúnígbó*, *ẹ̀pà ilẹ̀*, *ọgànsọ́ dùndún* e *àjádǐ* (Verger 1995:661).

Na medicina popular esta planta é utilizada para combater a leucorréia, blenorragia, diarréia, infecções pulmonares e dores no corpo. Possui, ainda, propriedades laxativas.

EWÉ ỌFẸ̀RẸ̀

Nomes populares: Crideúva, piriquiteira, cambriúva, taleira, motamba, seriúva, chico-magro

Nome científico: Trema micrantha (L) Engler., Ulmaceae

Sinonímia:
1) Celtis canescens H.B.K.
2) Celtis micrantha Sw.
3) Celtis schiedeana Schl.
4) Rhamnus micrantha L.

Orixás: Oxalá e Oiá

Elementos: Ar/masculino

Planta nativa brasileira, encontrada nas Américas Central e do Sul, Antilhas e México.

A crideúva, nos candomblés, é chamada de "folha da amizade"; sendo considerada muito positiva, é boa para banhos de purificação, sacudimentos e trabalhos para pôr termo em inimizades e desuniões. Sua coleta requer cuidados, pois "deve-se apanhar apenas as folhas necessárias, senão tem efeito contrário". Em banho, é utilizada para os filhos de qualquer orixá, indistintamente, e juntamente com outras folhas e algumas favas, prepara-se um "pó de prosperidade".

EWÉ OGBE ÀKÙKỌ

Nomes populares: Crista-de-galo, heliotrópio, borragem, borragem-brava, jacuacanga, erva-de-são-fiacre, aguaraá, tiriri

Nome científico: Heliotropium indicum L., Borraginaceae

Sinonímia:
1) Heliotropium cordifolium Moench
2) Heliotropium horminifolium Mill.
3) Heliotropium foetidum Salisb.
4) Heliotropium indicum D.C.

Orixá: Xangô

Elementos: Fogo/masculino

Originária da Ásia, a crista-de-galo é uma planta que ocorre na África e nas Américas; no Brasil, ela medra em praticamente todas as regiões.

Nos candomblés, em algumas casas, esta erva é utilizada para Oxossi, tendo ainda quem a use para Obaluaiê. Todavia, segundo informações colhidas em terreiros tradicionais da Bahia e do Rio de Janeiro, esta planta, conhecida em Salvador pelo nome popular de bico-de-papagaio, pertence a Xangô. Suas folhas, entram no *oró* (ritual de iniciação), no *agbó* e em banhos purificatórios dos iniciados. É ainda utilizada para preparar um caruru que é oferecido a Xangô.

Segundo Verger (1992:50/52), este vegetal, que na África é conhecido pelos nomes àgógo igún, ògún, ogbe àkùkọ, àkùkọ dúdú, àkùkọ funfun (Verger 1995:677), é citado nos mitos de Ifá e foi usado por Orumilá, juntamente com outras folhas, para acalmar a cólera das *iyámi* contra a humanidade.

Em Cuba, a crista-de-galo é consagrada a Obatalá, e atribuem-lhe o nome lucumi *aguéyí* (Cabrera 1992:298). Todavia, alguns "santeiros" atribuem este vegetal também a Oxum, sendo usado em banhos.

Na fitoterapia, é utilizada em gargarejos para combater aftas, ulcerações na garganta e faringe.

EWÉ ỌGBỌ́

Nomes populares: Rama-de-leite, cipó-de-leite, folha-de-leite, orelha-de-macaco

Nome científico: *Periploca nigrescens* Afzel., Asclepiadaceae

Sinonímia: *Parquetina nigrescens*, (Afzel) Bullock.

Orixás: Oxossi e Ossaim

Elementos: Terra/masculino

Planta originária da África tropical, trazida pelos nagôs para o Brasil, onde está aclimatada, sendo encontrada em florestas sombreadas ou cultivada para fins ritualísticos.

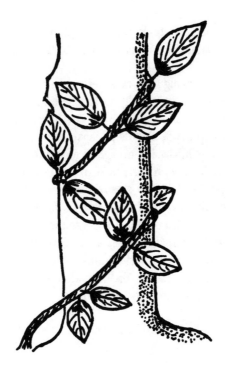

O *ọgbọ́* é um vegetal que entra na iniciação de todos os filhos-de-santo. É utilizado tanto em banhos quanto em ritual associado a outras plantas para retirar a consciência mediúnica dos iniciados; seu efeito só se faz presente quando catalisados por determinadas folhas.

Conta um mito muito popular nos candomblés que "esta foi a primeira folha liberada por Ossaim, para ser utilizada por Oxossi".

Na África recebe ainda os nomes *ọgbọ́ pupa, ọgbọ funfun, asọgbókan, asọ́bomọ,* e *gbọ́lọgbòlọ,* e utilizam-na liturgicamente para tratar a epilepsia (Verger 1995:265,704).

EWÉ OJÚ OMÍ

Nomes populares: Lágrimas-de-nossa-senhora, capim-de-nossa-senhora, capim-de-conta, capim-rosário, lágrima-de-jó

Nome científico: Coix lacryma-jobi L., Poaceae (Gramineae)

Sinonímia:
1) Coix lacryma L.
2) Lithagrostis lacryma-jobi (L.) Gaert.
3) Sphaerium lacryma (L.) Kuntze

Orixás: Oxalá, Ossaim, Oxossi e Iemanjá

Elementos: Água/masculino

A lágrima-de-nossa-senhora é originária da Ásia tropical; todavia, encontra-se disseminada em diversas regiões tropicais e subtropicais da África e Américas.

Nos candomblés jêje-nagôs na Bahia e no Rio de Janeiro, esta planta entra no *oró* (ritual) de Ossaim, sendo também utilizada em banhos pelos filhos de Oxossi ou Iemanjá.

Adeptos do batuque rio-grandense afirmam que "no Ijexá esta folha pertence a Oxalá e a todas as Iabás, servindo para banhos e para lavar os búzios que são usados para jogar."

No continente africano, é utilizada pelos babalaôs do culto de Ifá, tanto os tentos quanto as folhas num "trabalho para mulher obedecer ao marido", e recebe o nome de *tésúbíyù* (Verger 1995:397,652).

Os umbandistas usam as sementes dessa gramínea como contas para confeccionar colares e rosários que são usados pelos pretos-velhos. As sementes em infusão com água são deixadas para pernoitar no sereno e retiradas antes do sol nascer. Esta composição é usada sobre os olhos, pois acredita-se que "lavar as vistas com esta poção aumenta a intuição e a visão mediúnica".

O banho das folhas e colmos cozidos é considerado anti-reumático e excitante do sistema nervoso. As sementes são usadas no combate à asma, afecções pulmonares e retenções urinárias.

EWÉ OJÚÙSÁJÚ

Nomes populares: *Guiné, guiné-pipiu, erva-tipi, erva-guiné, erva-de-alho, tipi-verdadeiro*

Nome científico: *Petiveria alliacea* L., Phytolaccaceae

Sinonímia: *Petiveria tetrandra* Gomez

Orixás: Orumilá, Oxossi, Ogum e Exu

Elementos: Terra/masculino

Vegetal distribuído na África e na América tropical, encontrado em todo o território nacional. Era conhecido pelos escravos desde a época da colônia, quando costumavam utilizá-lo como "remédio para amansar os senhores de engenho". Segundo Rodrigues (1989:141), "o pó de sua raiz fracionada, provoca superexcitação, insônia e alucinações, após o que sobrevém a indiferença e até a imbecilidade, seguindo-se o amolecimento cerebral, convulsões tetaniformes, paralisia da laringe e em seguida a morte, no prazo de, aproximadamente, um ano, dependendo das doses ingeridas.... Verger (1995:41) cita que "foi levada para a Nigéria do Brasil".

Nos candomblés brasileiros empregam-se, com freqüência, as folhas de guiné em banhos e sacudimentos de pessoas e casas; porém, nos terreiros de umbanda entra na composição de "defumadores com a finalidade de afastar eguns e exus negativos e em banhos para lavar a cabeça e as guias dos filhos-de-santo", sendo atribuída a Oxossi e aos caboclos.

Na África, é usada pelos babalaôs do culto de Ifá, para combater feitiços e obter-se o respeito de *Ìyamí* (entidades femininas maléficas); seu nome iorubá é o mesmo pela qual é conhecido no Brasil, e entra em "receita para tratar febre amarela", "receita para tratar dor nos olhos" e "trabalho para ter sorte" (Verger 1995:179, 219, 367).

Em Cuba, essa erva é considerada um *éwò* (interdito) para os filhos de Oxalá e Iemanjá, e seu uso é proibido nas casas lucumis.

Na medicina popular tem emprego contra dores de cabeça, enxaquecas, nervosismo e falta de memória; todavia, acredita-se que em demasia pode afetar os olhos, inclusive provocando cegueira, **pois é considerada tóxica, principalmente as raízes.** A tintura obtida dessa planta tem uso externo, em fricções, no combate à paralisia em geral e reumatismo. **A raiz é** usada contra dor de dente.

EWÉ OMÍ e PÁPÁSAN

Nomes populares: Beldroega, portulaca, beldroega-verdadeira, beldroega-pequena, ora-pro-nóbis

Nome científico: Portulaca oleracea L., Portulacaceae

Sinonímia:
1) Portulaca marginata H.B.K.
2) Portulaca retusa Engelmann
3) Portulaca neglecta Mackenzie & Bush.

Orixá: Oxalá

Elementos: Água/feminino

"Existe controvérsia sobre o local de origem dessa planta. (...) Pelo fato de que já tenha sido cultivada no antigo Egito, o norte da África tem sido cogitado. O mais provável, contudo, é que seja originária da região do Himalaia, na Ásia. Atualmente a planta ocorre amplamente por quase todas as regiões do mundo, desde tropicais a temperadas. No Brasil tem ampla distribuição em quase todo o território" (Kissmann 1995:341-III).

Conhecida também no candomblé pelo nome nagô *pápásan*, "essa erva, como todas as de Oxalá, pode ser usada para os outros orixás, principalmente em banhos, pois é uma folha considerada fria e calmante".

Nas santerias cubanas, a beldroega é atribuída a Iemanjá e, em banhos, tem a finalidade de melhorar a sorte (Cabrera 1992:552).

Na África é utilizada nos rituais iorubás, sendo conhecida pelos nomes *pápásan, ṣẹ́gunṣẹ́tẹ̀, sẹ́mọlẹ́sẹ̀* e *akọ́rẹ́lọ́wọ́* (Verger 1995:710).

Medicinalmente, é usada nas afecções cutâneas, nas doenças das vias urinárias, como regulador intestinal e como diurético. As folhas trituradas e aplicadas sobre feridas aceleram o processo de cicatrização.

EWÉ OMÍ OJÚ

Nomes populares: Vitória-régia, rainha-dos-lagos, milho-d'água, forno-d'água, forno-de-jaçanã

Nome científico: Nymphaea victoria Sch., Nymphaeaceae

Sinonímia:
1) Victoria amazonica Sow.
2) Victoria amazonum Kl.
3) Victoria regalis Schomb.
4) Victoria regina Gray
5) Victoria regia Lindl.

Orixá: Obá

Elementos: Água/feminino

Planta de origem amazônica que ocorre em grandes extensões de águas paradas, lagos e pântanos.

Sendo uma das folhas de Obá, além de ser empregada nos rituais de iniciação e nos banhos purificatórios desta deusa guerreira, serve também para cobrir seu assentamento, pois acredita-se que ela não gosta de ter seus objetos expostos.

EWÉ OMÍ-ERỌ

Nome popular: Trevo-de-quatro-folhas, trevo-aquático, trevo-da-fortuna

Nome científico: Marsilea quadrifolia L., Marsileaceae

Orixás: Oxalá e Oxum

Elementos: Água/feminino

Ocorrendo na Europa, Ásia e África, esta planta é considerada aquática, sendo encontrada em beira de córregos, lagos e rios. Aclimatada no Brasil e em outros países de clima tropical.

Existe uma crença de que o trevo de quatro folhas atrai sorte para quem o encontra. Esse tipo de trevo, nos candomblés, possui a mesma representação, pois é usado em banhos para atrair a boa sorte. Juntamente com outras plantas, compõe a mistura utilizada para lavar o conjunto de 16 búzios usados em jogo divinatório e os olhos dos sacerdotes que os utilizam.

EWÉ ỌPÁ

Nome popular: Transagem

Nome científico: Plantago major L., Plantaginaceae

Orixá: Obaluaiê

Elementos: Terra/masculino

Planta herbácea nativa do Brasil e disseminada por toda a América tropical. Considerada planta daninha, pois invade gramados e pastagens, tem ocorrência em todo o território nacional.

A transagem é usada nos rituais das casas de candomblé em banhos purificatórios e no *àgbo* dos filhos de Obaluaiê; por extensão, é utilizada também para Nanã e Oxumaré.

Para viciados em álcool, a população do interior costuma "utilizar de oito a nove pendões (inflorescências) de transagem, curtidos em aguardente por um período de uma semana. Depois esse líquido é coado e dado à pessoa, sem que ela saiba que a pinga foi preparada, para que ela deixe de beber". Acredita-se que o alcoólatra enjoará da bebida.

Considerada adstringente, tônica e febrífuga, é indicada em febres intermitentes, incontinência urinária noturna e otite das crianças. Em gargarejo é empregada contra dor de dente, inflamações da garganta, angina e piorréia alveolar. Na homeopatia, produz-se um comprimido à base de *plantago major*, que ajuda nos casos de tabagismo, quando se deseja abandonar o vício do cigarro. Essa planta é utilizada ainda como depurativo do sangue e inflamações uterinas generalizadas.

EWÉ ỌRẸ̀

Nomes populares: Falso-íris, duas-amigas, lírio-roxo-das-pedreiras

Nome científico: Neomarica caerulea Sprague., Iridaceae

Sinonímia: Marica coerulea Ker-Gawl.

Orixá: Ossaim

Elementos: Terra/masculino

Planta de origem brasileira, cultivada como ornamental devido às suas flores, que se assemelham a orquídeas e nascem aos pares.

As flores e folhas são utilizadas pelas mulheres na confecção de sortilégios, com a finalidade de aproximar "amizades estremecidas".

EWÉ ÒWÚ

Nome popular: Algodoeiro

Nome científico: Gossypium barbadense L., Malvaceae

Orixás: Oxalá e Orumilá

Elementos: Ar/feminino

Encontrado no Brasil desde a época do descobrimento, este arbusto tem sua origem na Índia e na China, sendo cultivado em regiões de clima tropical e temperado nos diversos continentes.

O algodoeiro é planta de grande prestígio entre os jêje-nagôs. Ele é citado várias vezes nos mitos; um deles relata que *Òsá*, signo feminino, que rege o fluxo menstrual, o útero, a corrente sanguínea, o fígado e o coração, foi encarregado de guardar o primeiro algodoeiro criado por Olorum, o qual era constantemente atacado por pássaros que vinham comer suas sementes. Como conseqüência, outros rebentos não nasciam. *Òsá* inventou uma rede e capturou as aves predadoras, permitindo, assim, que outras mudas viessem a existir.

Santos (1976:112), citando Verger, relata outra lenda atribuída ao signo *Ogbè-Ògúnda*, que faz alusão ao algodoeiro, relacionando-o à fecundação. Diz respeito a um enigma proposto pelas *Ìyámi*, o qual Orumilá teria que desvendar, sob pena de ver a humanidade exterminada. "Elas dizem lançar; *Orúnmìlá* diz agarrar." Orumilá resolveu o enigma respondendo que elas iriam lançar um ovo sete vezes e ele teria que agarrá-los num punhado de algodão. Esse enigma representa o equilíbrio entre o feminino e o masculino, que permite a continuação da vida através da fecundação do ovo (elemento feminino) pelo algodão (elemento masculino).

O fruto do algodoeiro pertence a Oxalá, bem como o algodão que está contido no seu interior, que serve para envolver os objetos rituais deste orixá.

As folhas são utilizadas nos rituais de iniciação e, "em outras condições, devem ser usadas com muita cautela, apenas em casos específicos, pois trata-se de uma *"ewé gún"*, folha muito quente e poderosa".

Os caroços negros funcionam como "favas" e são colocados dentro da gamela que contém os objetos rituais de Xangô Airá.

O algodão é a matéria-prima na fabricação do tecido predileto de Oxalá, o morim, o algodão puro. Utiliza-se também para cobrir oferendas quando se pede pela saúde de alguém.

Na África, o algodoeiro é conhecido pelos nomes iorubás *àgbède, kéréwùú* e *òwú* (Verger 1995:676).

É importante notar a relação do algodão com o ciclo menstrual e o útero, tanto no campo religioso, quanto no fitoterápico. No religioso, *Òsá*, o signo que rege o útero e a menstruação, foi escolhido por Olorum como guardião do algodoeiro primordial. No campo fitoterápico, o algodoeiro é indicado no combate "aos problemas da mulher", como cita Cruz (1982:38/39). "Suas principais e mais importantes indicações, porém, são em certas enfermidades próprias da mulher. É assim que, sendo um vegetal de comprovada ação hemostática, dá os melhores resultados no combate às desordens menstruais em que há regras abundantes, e nas hemorragias após parto. Emprega-se ainda no tratamento das inflamações e dores do útero, e na retenção da placenta, usando-se igualmente para provocar contrações uterinas." E ainda: "O algodoeiro tem outra aplicação importante: é nos casos em que as senhoras que amamentam não têm leite ou este é escasso, quando ele promove e faz aumentar a secreção das glândulas mamárias."

EWÉ PÀPÓ

Nomes populares: Camapu, juá-de-capote, bucho-de-rã, bate-testa

Nome científico: Physalis angulata L., Solanaceae

Orixás: Oxossi, Obaluaiê e Exu

Elementos: Terra/masculino

Planta nativa brasileira disseminada em outros continentes, inclusive o africano. Ocorre em todo o território nacional, principalmente no Nordeste.

Atribuída por alguns a Oxossi, é indicada para sacudimentos; por outros, a Obaluaiê, sendo usada em banhos purificatórios; e ainda por terceiros, para Exu, entrando em obrigações.

Segundo Verger (1995:708), este vegetal, na África, é conhecido pelos nomes iorubás *amúnibimọ, kórópòó rákùrágbà* e *kóropọ̀n*.

Na fitoterapia emprega-se o camapu como diurético, desobstruinte, calmante e depurativo. Usado ainda para combater os males do fígado, reumatismo crônico, dor de ouvido e doenças de pele.

EWÉ PẸPẸ

Nomes populares: *Calêndula, malmequer, maravilha-do-jardim*

Nome científico: *Calendula officinalis* L., *Compositae (Asteraceae)*

Orixá: Oxum

Elementos: Água/feminino

De origem européia, do Mediterrâneo e ilhas Canárias, a calêndula disseminou-se por quase todos os continentes, sendo encontrada no Brasil, principalmente nas áreas de litoral.

Planta utilizada nos candomblés jêje-nagôs em banhos purificatórios e em sacudimentos em pessoas debilitadas.

Em Cuba, este vegetal é usado em sacudimentos, banhos de purificação e para rezar pessoas fracas que desmaiam com facilidade (Cabrera 1992:409).

Em infusão, a calêndula acalma as dores de garganta e ouvido, atua como regulador menstrual, e as sementes são vermífugas. Em loção ou pomada tem função antiinflamatória e cicatrizante sobre a pele.

EWÉ PÚPAYO

Nomes populares: Gerânio-cheiroso, jardineira, malva-maçã

Nome científico: Pelargonium odoratissimum (L.) Ait., Geraniaceae

Orixás: Xangô e Oiá

Elementos: Fogo/feminino

De origem africana, o gerânio-cheiroso encontra-se aclimatado no Brasil, onde é cultivado como planta ornamental. Suas folhas exalam um perfume que justifica seu nome.

Nos rituais afro-brasileiros, usa-se este vegetal em banhos de purificação e "para combater demandas e melhorar a sorte".

Usado na fitoterapia, detém propriedade adstringente, combate diarréias e corrimentos.

EWÉ RÉRÉ

Nomes populares: Fedegoso, fedegoso-verdadeiro, manjerioba, mata-pasto, mamangá, erva-fedorenta, folha-de-pajé, tararaçu

Nome científico: Senna occidentalis (L.) Link.
Fabaceae (Leguminosae)

Sinonímia: Cassia occidentalis L.

Orixá: Obaluaiê

Elementos: Fogo/masculino

Planta que tem sua origem na América tropical e ocorre em diversos continentes, inclusive na África. No Brasil encontra-se disseminada do Norte ao Sul do país.

Nos rituais jêje-nagôs as folhas do fedegoso são utilizadas em banhos de purificação e sacudimentos. Na umbanda, essa planta é conhecida pelo nome de erva-de-obaluaiê, sendo dedicada a este orixá. É empregada em "banhos de descarrego", especialmente para pessoas consideradas adoentadas.

Pelos nomes *abo réré, réré, adáwẹ́rẹ́ṣewẹ́rẹ́, ògànlara* (Verger 1995:718), esta planta é conhecida e usada pelos iorubás com fins litúrgicos.

O fedegoso é purgativo, combate os estados febris, males do fígado, afecções urinárias e inflamações da próstata. O suco é muito eficiente nos casos de erisipela e eczemas.

EWÉ SOLÉ

Nomes populares: Maria-preta, maria-preta-verdadeira, balaio-de-velho

Nome científico: *Eupatorium ballotaefolium* H.B.K., Compositae

Orixás: Nanã, Obaluaiê e Oxumaré

Elementos: Terra/feminino

Folha utilizada nos rituais de iniciação e banhos purificatórios para os filhos de Nanã, Obaluaiê e Oxumaré.

O decocto dessa planta é usado para curar feridas diversas e, juntamente com capim-limão e raiz de fumo-bravo, em infusão, serve para combater gripes e resfriados fortes. Planta aromática, excitante e emoliente.

EWÉ TÚNI

Nomes populares: *Erva-cidreira-do-campo, salva-do-brasil, erva-cidreira*

Nome científico: *Lippia geminata Gardn., Verbenaceae*

Orixá: *Oxum*

Elementos: *Água/feminino*

Nativa no Brasil, a erva-cidreira-do-campo vegeta do Norte ao Sul do território nacional, preferindo lugares úmidos e solos arenosos.

Embora pouco usada para os orixás nas casas jêje-nagôs, a erva-cidreira-do-campo, na umbanda, é utilizada em banhos e defumadores para estimular a mediunidade e facilitar o transe mediúnico.

Na fitoterapia, essa planta é um excelente estomáquico, servindo inclusive para combater cólicas, gripes e resfriados. Possui as seguintes propriedades: calmante, estimulante e tônica.

EWÉ TUTU

Nome popular: Repolho

Nome científico: Brassica oleracea var. capitata L., Cruciferae (Brassicaceae)

Orixá: Ossaim

Elementos: Terra/feminino

Tendo a mesma origem da couve (Europa e Ásia), o repolho é conhecido em diversos continentes e utilizado no Brasil em escala comercial.

É um dos ingredientes que compõem o ebó mais popular das casas-de-santo, "tudo que a boca come", utilizado com a finalidade de "limpar o corpo", eliminando influências nefastas dos eguns.

De grande valor nutritivo, e consumido de diversas formas na culinária brasileira, pois é rico em vitaminas e sais minerais. Topicamente, tem utilidade medicinal nos casos de abscessos, pois provoca a expulsão de matéria fétida. Sob a forma de chá, elimina dores, nevralgias faciais e dentárias, combate úlceras internas e hemorróidas.

EWÉ WẸMỌ

    Nome popular: Couve

    Nome científico: *Brassica oleracea var. acephala L.,*
                                   Cruciferae (Brassicaceae)

    Orixá: Ossaim

    Elementos: Terra/feminino

Originária da Europa e Ásia, é largamente utilizada no Brasil como hortaliça de grande valor comercial.

As folhas são usadas nos candomblés brasileiros, juntamente com outros vegetais, em "ebós de limpeza" conhecidos pela designação de "tudo que a boca come".

Na medicina popular, a couve cozida é utilizada como remineralizante, oxidante e laxante. Macerada, combate a ictéricia, cálculos biliares, cálculos renais, bronquite, asma, colites ulcerosas e artrites. Ajuda nos casos de menstruações dolorosas e difíceis, desinfeta o intestino e combate vermes.

EWÉRÉ

Nomes populares: Alecrim, rosmarinho

Nome científico: Rosmarinus officinalis L., Labiatae

Orixá: Oxalá

Elementos: Ar/masculino

Originário da Europa, o alecrim encontra-se disseminado por diversos países, inclusive o Brasil, onde é cultivado.

Nas diversas regiões de origem afro-brasileira, o alecrim é utilizado como uma planta dedicada a Oxalá, entrando na composição de banhos purificatórios e defumadores.

Nas santerias cubanas, essa erva é atribuída a Iemanjá e conhecida pelos nomes de *ewé ré* e *págwábimá*, sendo que este último nome significa "para dar à luz", alusão feita à utilização litúrgico-medicinal deste vegetal naquela ilha, pois "un cocimiento y la oración de San Ramón facilitan el parto. Se toma al primer dolor" (Cabrera 1992:537-538).

Medicinalmente, nos casos de má digestão e gases intestinais, utiliza-se essa planta na forma de chá. Conservada em álcool, combate o reumatismo e a encefalia, por meio de fricções locais.

Na culinária, o alecrim é utilizado como tempero para carnes, peixes, massas e saladas.

FALÁKALÁ

Nomes populares: Corredeira, erva-de-santa-luzia, erva-andorinha, erva-de-cobre, erva-de-sangue, burra-leiteira, alcanjoeira

Nome científico: Chamaesyce hirta (L.) Millsp., Euphorbiaceae

Sinonímia:
1) Euphorbia hirta L.
2) Euphorbia opthalmica Pers.
3) Euphorbia procumbens D.C.
4) Euphorbia gemella Lag.
5) Euphorbia capitala Lamk.

Orixá: Exu

Elementos: Fogo/masculino

Nativa da América tropical, esta espécie ocorre desde o México até Sul do Brasil, onde é encontrada em quase todo o território nacional. Sob a denominação de corredeira, são encontradas várias ervas daninhas e invasoras; esta porém é a mais freqüentemente citada como a "verdadeira corredeira".

Esta planta é utilizada, nos candomblés brasileiros, no "preparo de pó, com a finalidade de afastar inimigos dos caminhos e pessoas indesejáveis, e é indispensável quando assenta-se Exu".

Na medicina popular é usada para combater inflamações oculares; entretanto, sua seiva é considerada perigosa por alguns que desaconselham sua utilização.

FIRIRÍ

Nomes populares: *Taquaril, taquari*

Nome científico: Merostachys donax L., Gramineae

Orixá: *Oiá*

Elementos: *Ar/masculino*

Encontrada em áreas tropicais de diversas regiões brasileiras.

Nos candomblés, esta gramínea é usada em "banhos de fortalecimento para as pessoas de Oiá". O fato de sua utilização ser restrita apenas às "filhas de Iansã" diz respeito ao interdito, no qual pessoas do sexo masculino, mesmo pertencentes a este orixá, não podem utilizá-la.

FITÍBA

Nomes populares: Canafístula, tapira-coiana, chuva-de-ouro, fedegoso, fístula-amarela

Nome científico: Cassia fistula L., Leguminosae

Sinonímia:
1) Cassia ferruginea Scharad.
2) Cassia amazonica Duck.
3) Cassia multifuga Rich.
4) Bactyrilobium ferrugineum Scharad.
5) Bacctyrilobium fistula Willd.

Orixá: Oxossi

Elementos: Terra/masculino

Árvore de bonito porte e lindas flores amarelas pendentes, que lhe conferiram o nome de chuva-de-ouro. Originária da Índia, ocorre nos Estados do Norte ao Sul do Brasil.

As folhas da canafístula são empregadas nos rituais de iniciação de Oxossi, banhos purificatórios e sacudimentos.

Em Cuba, é utilizada medicinalmente nas santerias "para curar várias enfermidades, "tan delicadas, como la cardíaca, la ictericie, la piedra que se cria en el riñón y la impotencia sexual"(Cabrera 1992:367), sendo conhecida pelo nome lucumi *ireke moyé*.

Tanto as folhas quanto os frutos da canafístula são utilizados no Brasil para combater afecções e formação de cálculos renais. Popularmente, utiliza-se o suco das folhas misturado ao sal e clara de ovo para curar impigens.

GBÁGI

Nomes populares: Pata-de-galinha, capim-pé-de-galinha, grama-sapo, capim-da-cidade, capim-criador

Nome científico: *Eleusine indica (L.) Gaertn.*, Poaceae (Gramineae)

Sinonímia:
1) *Eleusine gracilis Salisb.*
2) *Cynosurus indicus L.*
3) *Cynodon indicus Rasp.*
4) *Chloris repens Steud.*

Orixá: Oxum

Elementos: Água/masculino

Embora não exista uma certeza sobre a origem dessa planta, supõe-se que seja proveniente da Ásia e da Malásia; todavia, é uma planta que há muito tempo foi introduzida tanto no Brasil quanto na África.

Nos candomblés brasileiros esta gramínea é utilizada juntamente com outras ervas de Oxum, em banhos para "problemas de barriga ou gravidez, de prosperidade, e na sacralização dos objetos rituais do orixá".

Na África é utilizada, pelos babalaôs, em trabalhos para se obter favores de Oxum, e recebe os nomes iorubás *gbági, gbẹ́gi, gbẹ́gidínà, ẹsẹ̀ kannakánná* (Verger 1995:315,669).

Em Körbes (1995:92) encontramos uma descrição muito interessante sobre as propriedades medicinais dessa gramínea, que vem, na liturgia nagô, endossar sua relação com Oxum, orixá patrono das parturientes, ligado ao útero e ao fluxo menstrual. Cita ele: "Rico em substâncias nutritivas; indicado nas anemias e fraquezas; contra a míngua; reconstituinte. *Fortalece as gestantes com ameaça de aborto; por isso, é antiabortivo; contra hemorragias*, combate males intestinais, como diarréias, disenterias, *menstruação muito abundante*. Antes da floração é bom contra catarro das vias respiratórias. Suas sementes são diuréticas." (O grifo é nosso.)

GBÈGI

Nomes populares: Capim-de-burro, grama-seda, capim-da-bermuda, grama-da-bermuda, capim-fino

Nome científico: Cynodon dactylon (L.) Pers., Paoceae (Gramineae)

Sinonímia: 1) Cynodon linearis Willd.
2) Digitaria dactylon Scop.

Orixás: Xangô e Oxum

Elementos: Terra/masculino

A origem dessa planta é duvidosa, mas sabe-se ao certo que é uma planta proveniente de região tropical ou subtropical, atualmente disseminada por todos os continentes.

Liturgicamente, é utilizada em banhos para as pessoas dedicadas a Xangô ou Oxum, "com a finalidade de equilibrar a vida da pessoa". A sua característica de planta que prolifera nos campos e estradas, provavelmente por analogia, tem a finalidade de "dar bons caminhos às pessoas".

Na Nigéria, no culto aos orixás, esta gramínea é conhecida pelo nome iorubá *koóko ìgbá* (Verger 1995:659).

Como fitofármaco, freqüentemente as pessoas do interior utilizam as raízes como diuréticas e antiabortivas.

GBÈRÈFÚTÙ

Nome popular:	Fruta-pão
Nome científico:	Artocarpus incisa L., Moraceae
Sinonímia:	Artocarpus communis J.R. Forst & G.Forst.
Orixás:	Oxalá e Oiá
Elementos:	Fogo/feminino

Árvore de origem asiática, introduzida na região nordeste do Brasil no século passado, onde aclimatou-se com muita facilidade. Propagou-se por todo o território nacional, sendo hoje encontrada do Norte ao Sul do país. Todavia, é mais abundante nas regiões nordeste e sudeste.

Considerada árvore sagrada pelos nagôs brasileiros, seus frutos são utilizados para "afastar Egum" e, juntamente com as folhas, são usados para "tirar a mão do pai ou mãe-de-santo falecidos".

Encontra-se disseminada em áreas tropicais da África, sendo conhecida em regiões da Nigéria pelos nomes africanos *Bęręfutu, buręfu* e *gbèrè fútù* (Verger 1995:636).

A população nordestina utiliza-se da fruta-pão para complementar sua dieta alimentar; todavia, costuma-se atribuir à planta diversas propriedades medicinais, pois as folhas são usadas no combate às diarréias, e a raiz é considerada vermífuga. A polpa do fruto, cozida, é empregada, em uso tópico, para combater tumores e furúnculos.

GBỌRỌ AYABA

Nomes populares: Salsa-da-praia, salsa-brava, salsa-pé-de-cabra

Nome científico: Ipomoea pes-caprae (L.) R. Br., Convolvulaceae

Sinonímia:
1) Convolvulus pes-caprae L.
2) Convolvulus brasiliensis L.
3) Ipomoea brasiliensis (L.) G.F.W. Mey
4) Ipomoea biloba (Roseb.) Forsk.

Orixá: Iemanjá

Elementos: Água/feminino

Planta rasteira nativa da América tropical, encontra-se hoje introduzida no continente africano. No Brasil ocorre com freqüência nos litorais das regiões norte ao sudeste. Kissmann (1992:572-II) diz que esta é uma "planta muito parecida com a de *Ipomoea asarifolia*. A literatura cita que uma diferença fundamental

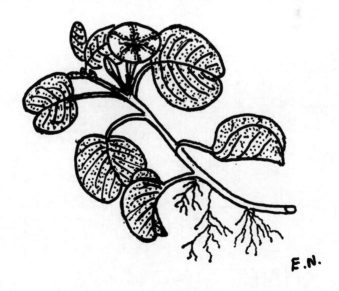

está no formato das folhas que, em *Ipomoea pes-caprae*, tem o ápice bilobado, lembrando um pé de cabra". Todavia, estas espécies se confundem, sendo às vezes difícil sua identificação, pois costumam ocorrer variações tanto nas folhas quanto nos frutos.

Embora pertencendo a Iemanjá, esta planta é utilizada para todos os orixás, pois tem uma importância significativa nos rituais de iniciação. Suas folhas estão ligadas ao culto do *orí* (cabeça) quando se reverencia *Ìyá Orí*, um dos títulos de Iemanjá, que literalmente significa a mãe das cabeças.

Verger (1995:683) classifica este vegetal como *Ipomoea asarifolia* (Ders.) Roem & Schult, e atribui-lhe os nomes iorubás *tutúù, fẹnumọ́nu, olúkànb* e o mesmo nome utilizado no Brasil.

A raiz da salsa-da-praia possui propriedades drásticas, e as folhas são empregadas nos casos de reumatismos, nevralgias, catarros crônicos e blenorragias.

GỌ̀DỌ̀GBỌ́DỌ̀

Nomes populares: Trapoeraba, olhos-de-santa-luzia, marianinha (BA), capim-gomoso, maria-mole

Nome científico: Commelina diffusa Burm. f., Commelinaceae

Sinonímia:
1) Commelina communis Benth.
2) Commelina aquatica J.K.Morton
3) Commelina agraria Kunth
4) Commelina longicaulis Jacq.

Orixás: Nanã, Omolu e Exu

Elementos: Terra/masculino

Planta nativa na América do Sul, dispersa em várias regiões tropicais e subtropicais do globo, apontada como invasora na Ásia e África tropical.

Tanto no Brasil quanto no continente africano, a *Commelina diffusa* é uma erva com utilidade litúrgica. Nos candomblés brasileiros, é usada em banhos para os orixás, quando colhidas em matas nas primeiras horas da manhã, e em trabalhos com Exu, quando colhida sob sol quente em beiras de ruas e em estradas.

Com a mesma finalidade, no Brasil, podemos citar a *Commelina erecta* L., (= *Commelina elegans* H.B.K. ou *Commelina deficiens* Hook.), que na África é conhecida pelos nomes *ìlẹ̀kẹ̀ ọ̀pọ̀lọ̀, itọ́ ìpére, itọ́pa ire, olójòngbòdú e ọlájàngbàlú* (Verger 1995:654), e em Cuba tem as denominações lucumis *ewe karodo, cotonembo, contolo* e *mini*, sendo dedicada a Oxalá e a Iemanjá (o branco), e a Xangô (o lilás), servindo para lavar os "assentos" dos orixás femininos, lavar os olhos e para banhos benéficos (Cabrera 1992:365). Ainda na África, os nomes *gọ̀dọ̀gbọ̀ odò, àtòjò àtẹ̀rùn, ọmọníròganrògan* são atribuídos à *Commelina diffusa* (Verger 1995:654).

Essa planta tem diversas utilidades na fitoterapia, e uma delas é a de combater afecções das vias urinárias. O cozimento das folhas é usado contra reumatismo, e o líquido que é extraído do fruto é utilizado, no interior, no combate às inflamações oculares. Suas folhas esmagadas são aplicadas sobre as tumefações produzidas por picadas de insetos.

ÌBẸ́PẸ̀

Nomes populares: Mamão, mamoeiro, papaia, mamoeiro-das-antilhas, árvore-do-mamão

Nome científico: Carica papaya L., Caricaceae

Sinonímia:
1) Carica hermaphrodita Blanco.
2) Carica mamaia Vell.
3) Papaya communis Noronha
4) Papaya edulis Boj.
5) Papaya papaya Karst.

Orixá: Oxalá

Elementos: Ar/feminino

Originária da América tropical, o mamoeiro é encontrado hoje em todas as áreas tropicais dos diversos continentes. No Brasil, é cultivado, mas também ocorre espontaneamente em todas as regiões.

Santos (1979:214/215) narra um mito do Odù Otúrúpọ̀n (Ejilaoxebora ou Turukpe), transcrito por Maupoil, que relaciona o mamão às cabeças das pessoas numa época mítica em que nem Exu possuía *ori* (cabeça).

Provavelmente com base neste mito é que, em Cuba, as folhas do mamoeiro, atribuídas a Oiá, são utilizadas para rezar a cabeça e sanar problemas de distúrbios mentais, sejam eles ocasionados por uma "doença material" ou por feitiços.

Com os nomes de *ìbẹ́pẹ̀, ìbẹ́pẹ̀ dúdú, ìṣígùn, gbègbère* e *ṣígù*, o mamoeiro é utilizado pelos iorubás em trabalhos medicinais e litúrgicos em "receita para tratar dores de barriga" (raiz), "receita para tratar gases no estômago" (fruto), "receita para eliminar vermes do peito" (raiz) e em "trabalho para tomar alguma coisa de alguém" (folha e fruto) (Verger 1995:644,187,195,197,411).

O fruto do mamoeiro é um excelente laxante, e suas sementes, ingeridas ao natural, combatem o ácido úrico; porém, suas propriedades terapêuticas vão além dessas indicações, pois atuam como adstringente, alcalinizante, antiálgico, antiespasmódico, antiinflamatório, béquico, cardiotônico, cicatrizante, depurativo, eupéptico e sedativo. A seiva, "leite", é largamente utilizada nos casos de úlceras estomacais.

IDÉ

Nomes populares: Feto, samambaiaçu, xaxim

Nome científico: Dicksonia sellowiana H.B.K., Dicksoniaceae

Orixá: Nanã

Elementos: Água/masculino

Arbusto semilenhoso, de origem brasileira, que vegeta em lugares úmidos de matas fechadas ou sombreadas.

O feto é utilizado nos rituais dos orixás, nas iniciações e em banhos de proteção para os filhos de Nanã, podendo ser usado, também, para os adeptos de Oxumaré ou Obaluaiê.

O tronco do feto, também chamado de xaxim, é empregado como suporte para outras plantas. Medicinalmente, é útil contra problemas renais. Das folhas prepara-se um xarope expectorante usado contra a tosse.

IGBÁ

Nomes populares: Cabaceira, cuieira, árvore-de-cuia

Nome científico: Crescentia cujete L., Bignoniaceae

Orixás: Obatalá e Orumilá

Elementos: Ar/feminino

Encontrada na América tropical e na África, essa árvore tem sua origem ignorada. Acredita-se que seja americana ou até mesmo brasileira. No Brasil ocorre de Norte a Sudeste.

O fruto da cabaceira, segundo os mitos africanos, representa o mundo quando o céu e a terra ainda estavam ligados, porque, nos primórdios dos tempos, não havia separação entre os dois. Era utilizado como recipiente para "assentamento de orixá", hoje substituído por terrinas vitrificadas.

É também dentro de uma cabaça que os babalaôs que cultuam Ifá assentam *Odù*, a contraparte feminina de Orumilá (Verger 1992:85-90). Essa é dividida ao meio, representando a parte superior, pintada de branco, o céu e o elemento masculino; e a inferior, a terra e o elemento feminino. A união das duas partes sugere o equilíbrio do universo.

A cabaça, nos candomblés brasileiros, tem diversas utilidades, dentre as quais podemos citar seu uso como recipiente nos banhos, no ritual da "entrega da cuia" (contendo os objetos que serão utilizados pelos novos sacerdotes autorizados a abrirem suas casas), na confecção de adornos para alguns orixás e nos rituais fúnebres quando substituem os tambores.

Na indústria, o fruto da cabaceira é utilizado para tingir de preto tecidos de algodão e seda, pois fornece uma matéria tintorial que serve para esse fim.

IGI ÈSO PUPA

Nome popular: Jambeiro-rosa

Nome científico: Syzygium jambolanum D.C., Myrtaceae

Sinonímia:
1) Eugenia jambos L.
2) Myrtus jambos H.B.K.
3) Caryiphyllus jambos Stokes
4) Jambosa jambos Millsp.

Orixá: Oxum

Elementos: Terra/feminino

O jambeiro-rosa é originário da Índia; entretanto, encontra-se disseminado por diversas áreas da África, Ásia e América tropical. Vindo provavelmente da Índia ou da Malásia, foi introduzido no Brasil, onde aclimatou-se rapidamente.

Nas casas de candomblé de origem jêje-nagô, com as sementes prepara-se um pó que tem a finalidade de repelir "tudo que é negativo".

Em Cuba, o jambeiro-rosa é conhecido pelos nomes lucumis *yilebo* e *echicacho*, e considerado um grande antifeitiço (Cabrera 1992:531/532).

Na medicina popular, este vegetal é empregado contra tosse, catarro pulmonar, disenterias, inflamações dos olhos e da vagina. Na medicina hindu emprega-se o jambeiro-rosa no tratamento de diabetes.

IGI IKÚ

Nomes populares: Cipreste-piramidal, cipreste-fúnebre, cipreste-vulgar

Nome científico: *Cupressus pyramidalis* Targ., Coniferae

Variedades:
1) *Cupressus funebris* Endl.
2) *Cupressus sempervirens* L.

Orixás: Oiá e Egum

Originário da Ásia, está aclimatado em quase todos os continentes. Segundo Cruz (1982:249), "é planta ornamental, destacando-se nos cemitérios pelo seu perfil esguio e de aspecto severo. É o símbolo da morte, desde a mais alta antiguidade, quando sua austera presença nos campos santos já era fato normal em muitas cidades. Simboliza igualmente a dor, o luto, o sofrimento, a mágoa causada pela perda de entes queridos, e o sentimento da tristeza que infunde a quem contempla o silêncio das necrópoles tem inspirado a poesia em todos os tempos".

Tendo sido incorporado ao culto egungun pelos nagôs brasileiros, o cipreste, mantendo uma tradição milenar, aqui também foi associado aos mortos; todavia, é de pouco uso dentro das casas-de-santo, mas empregado "para feitiçarias por muitos".

Acredita-se que as folhas do cipreste, em banhos, servem para tratar úlceras e feridas. Os frutos são indicados contra blenorragia, disenteria e fraqueza orgânica.

IGI ITOBÍ

Nome popular: Abacateiro

Nome científico: *Persea gratissima* G., Lauraceae

Sinonímia:
1) *Persea americana* Mill.
2) *Persea persea* Cocherell
3) *Laurus persea* Linn.

Orixás: Xangô, Oiá, Ogum e Exu

Elementos: Fogo/masculino

Nativo das Antilhas, e algumas espécies originárias do México, é encontrada em todos os estados brasileiros.

Nas casas de candomblé, as folhas do abacateiro são mais utilizadas na liturgia com fins medicinais; todavia, nas casas lucumis, em Cuba, a planta tem uso ritualístico, especialmente a de frutos avermelhados, que são atribuídos a Oiá.

O abacate é considerado afrodisíaco. Sua polpa em forma de pasta, juntamente com sal e pimenta-do-reino, é consumida com biscoitos salgados como aperitivo. O caroço tostado e pulverizado combate diarréias e disenterias. Suas folhas são diuréticas e usadas em infusão, nos casos de gota e dores reumáticas.

IGÍ ÌYEYÈ e OKINKÁN

Nomes populares: Cajazeira, cajá-mirim, cajá-miúdo, cajá-mimoso, cajá-amarelo, taperebá, cajazeiro, cajá-do-sertão

Nome científico: Spondias lutea L., Anacardiaceae

Sinonímia:
1) Spondias mombin L.
2) Spondias aurantica Schum. et Tronn.
3) Spondias brasiliensi Mart.
4) Spondias axillaris Roxb.
5) Spondias graveolens Macf.
6) Spondias lucida Salisb.
7) Spondias myrobalanus L.
8) Spondias dubia Rich.

Orixá: Ogum

Elementos: Terra/masculino

Árvore frondosa, originária do continente africano, há muito introduzida no Brasil, onde é encontrada em diversos Estados, principalmente nos do Norte e Nordeste.

A cajazeira goza de grande conceito nos diversos cultos de origem jêje-nagô no Brasil.

"Em todas as manifestações do culto mina-jêje, aparece, entre outros vegetais, a cajazeira...", e citando Pio Corrêa, Pereira diz ainda que "merecem divulgação algumas superstições: uma delas, peculiar a várias tribos aborígines, consiste em se submeterem os enfermos de feridas ou úlceras à ação da fumaça que se desprende dos caroços deste fruto quando lançados sobre brasas e dos quais suportam o mais intenso calor; outra, dos nativos do Congo, que acreditam poder curar os paralíticos deitando-os sobre espessa camada de folhas previamente maceradas em água", e conclui: "É a cajazeira uma árvore sagrada para a gente da Casa das Minas, e as suas propriedades não se limitam apenas às medicinais; a sua casca, é fato, serve para curar certas moléstias do aparelho digestivo, mas as folhas, afirmam, têm virtudes mágicas e purificadoras. Por isso são essas folhas espalhadas pelo chão do *pegí*, na hora do sacrifício dos animais propiciatórios, e, misturadas com as do estoraque ou estoraqueiro (...) e com as de outros vegetais, servem para banhos-de-sorte..." (Pereira 1979:57,58).

Nos candomblés de Ketu, da Bahia e do Rio de Janeiro, e nos Xangôs de Pernambuco, as cajazeiras têm a mesma importância sagrada que os minas-jêjes lhes atribuem. Suas folhas são utilizadas nos rituais de iniciação e em banhos purificatórios para todos os filhos-de-santo; todavia, sob essa árvore são colocados os "assentamentos" de Ogum. "Ògún é um òrìṣà complexo geralmente considerado filho de *Yémánjá*, mas, em algumas histórias, é considerado filho de *Òdùduwà*. Em ambos os casos seu pai é *Òrìṣàlá*. *Ògún* está profundamente associado ao mistério das árvores e, conseqüentemente, a *Òrìsàlá*." (Santos 1976:92.)

Em Cuba, segundo Cabrera (1992:460), a cajazeira é atribuída a Xangô, e alguns "santeiros" associam-na a Exu, sendo conhecida pelo nome popular *jobo*, e pelos nomes lucumis *abbá, okinkán, wakika* e *kinkao*.

No continente africano, a cajazeira é conhecida pelos nomes iorubás *ẹkikà, òkikà, ìyeyè, ọlọ́sán* ou *iléwọ̀ ọlọ́sán* (Verger 1995:723), e o conceito que ela adquiriu em solo brasileiro foi herdado dos ancestrais de além-mar, que até nos dias atuais respeitam e atribuem a este vegetal grandes poderes mágicos.

Em dias de festa, é comum ver-se espalhadas no chão do barracão folhas de cajazeira, em substituição ao são-gonçalinho, pois, segundo a crença, estas têm a propriedade de repelir influências nefastas e propiciar boa sorte.

Como fitofármaco de amplo emprego, a cajazeira é usada para combater cistite, uretrite, ulcerações vaginais e do colo do útero, palpitações, dor no estômago, constipação do ventre, complicações do parto, febres palustres e biliosas, blenorragia, diarréia, hemorróidas, enfermidades dos olhos e da laringe, sendo que as cascas "são usadas como agente medicinal em gargarejos, e as sementes são utilizadas contra os males da bexiga" (Guimarães & Mautoni & Rizzini & Mattos Filho 1993:41).

IGÍ MÉSÀN

Nomes populares: Pára-raio, santa-bárbara, árvore-do-paraíso, cinamomo, amargoseira, jasmim-de-caiena

Nome científico: *Melia azedarach L., Meliaceae*

Orixá: *Oiá*

Elementos: *Ar/masculino*

Nativo da Ásia, o pára-raio é encontrado em estado espontâneo, das Antilhas ao Sul do Brasil.

Empregado nos rituais de iniciação e em banhos purificatórios para os filhos de Oiá. Seus galhos são indicados para sacudimentos em pessoas e casas. Uma fórmula muito usada pelos adeptos para "limpeza de casa" consiste em "amarrar nove galhos de pára-raio com nove fitas de cores diferentes e com eles bater as paredes de todos os compartimentos, iniciando pelos fundos até a porta principal. Quando acabar, levar os galhos para despachar num rio ou numa mata". Os praticantes do culto egungun também utilizam este vegetal para fins litúrgicos.

O pára-raio é também utilizado pelos africanos na liturgia dos orixás, que lhe atribuem os nomes iorubás *afóforo òyìnbó, ẹkẹ́ òyìnbó, ẹkẹ́ ilẹ̀, afóforo ògbàlódé* (Verger 1995:695).

Em Cuba, é conhecido pelo nome popular *paraíso* e pelos nomes lucumis *Ibayó e yiya*, sendo atribuído a Xangô (Cabrera 1992:510).

Utilizado em quantidade, o pára-raio é contra-indicado para mulheres gestantes, pois é abortivo. O chá feito com suas folhas é laxante, combatendo a prisão de ventre, sendo ainda estomáquico, aperiente e estimulante das funções intestinais. Os frutos são indicados contra hemorróidas e vermes, e o cozimento do lenho serve para lavar feridas, erisipela e doenças de pele em geral.

IGI ÒGUN BẸ̀RẸ̀KẸ̀

Nomes populares: Flamboyant, flor-do-paraíso

Nome científico: *Delonix regia (Boj. ex Hook.) Raf., Leguminosae-Caesalpinoideae*

Orixás: *Xangô, Oiá e Ibeije*

Elementos: *Fogo/masculino*

O flamboyant é uma árvore originária da Ásia, bastante conhecida no Brasil, pois, devido à sua bela floração, é muito utilizado na arborização de ruas, praças e parques. Suas flores são de exuberante amarelo-avermelhado, e seus frutos são favas lenhosas que, quando alcançam a maturidade, chegam a medir até 60 centímetros de comprimento, e, quando secos, se agitados, as sementes internas produzem um som semelhante ao do șęrę de Xangô.

As flores dessa árvore, nos candomblés brasileiros, são colocadas sobre os assentamentos de Ibeiji e Oiá, após os sacrifícios e oferendas.

Na Nigéria, os mitos de Ifá relatam que essa foi a quinta árvore sobre a qual as feiticeiras pousaram, mas não tiveram sorte (Verger 1992:59).

Em Cuba, onde é conhecida pelos nomes lucumis *iggi támbina* e *ináweko*, encontramos informações pitorescas sobre esta árvore. Os "santeiros" atribuem-na também a Xangô e Oiá, explicando tal fato através de uma lenda que relata um pacto entre estes dois orixás, dizendo que, em determinada hora da noite, o flamboyant arde como se tivesse uma fogueira em seu tronco e, quando alguém se aproxima ou se senta sobre suas raízes, sente a árvore trepidar. Outro mito relata que Obaluaiê gostava de repousar à sombra do flamboyant e, por isso, entrava em atrito com Xangô. Este último, para evitar tal fato, mandava chuvas que formavam lodaçais na base da árvore. Revoltado, Obaluaiê provocava epidemias para atingir, principalmente, as crianças. Acredita-se ainda que, quando o flamboyant produz muitas vagens e floresce antes do tempo, é prenúncio de mortalidade infantil, devendo-se tomar algumas precauções do tipo esfregar orí no tronco da árvore e fazer ebó de frutas para as crianças, pedindo proteção aos orixás. Suas vagens pintadas de vermelho são utilizadas como instrumento sonoro para chamar Oiá (Cabrera 1992:426).

O lenho das vagens é utilizado na medicina popular, no Nordeste, sob a forma de chá, para combater a pressão alta e palpitações cardíacas, funcionando ainda como sedativo suave.

IGI ỌMỌ FUNFUN

Nomes populares: *Graviola, araticum-do-grande, araticum, graviola-do-norte, jaca-de-pobre*

Nome científico: Annona muricata L., Annonaceae

Orixás: Oxalá e Tempo

Elementos: Ar/masculino

Originária da Cordilheira dos Andes, a graviola, hoje, encontra-se disseminada pelas Américas do Sul e Central, e em países tropicais de diversos continentes.

Essa árvore, na nação de Ketu, pertence a Oxalá; todavia, em sua base é depositado o assentamento de Tempo, entidade da nação Congo, cultuado no candomblé de Angola e no Omoloko, estando o consumo do seu fruto proibido aos adeptos dessas nações.

Èkọ òyìnbó e èkọọmọdé (Verger 1995:634) são nomes iorubás dados a essa árvore no território africano.

Popularmente, suas folhas combatem a obesidade, pois possuem propriedades diuréticas, porém são contra-indicadas para pessoas portadoras de problemas renais. São utilizadas ainda contra disenterias, cólicas intestinais, tosses e bronquites. As flores e brotos são usados também nos casos de bronquite e tosses persistentes, e os frutos previnem a avitaminose C.

IGI ÒPÈ e MÀRÌWÒ

Nome popular: Dendezeiro

Nome científico: Elaeis guineensis Jacq., Palmae

Sinonímia: 1) Elaeis guineensis L.
2) Palma spinosa Mill.

Orixás: Oxalá e Ogum

Elementos: Ar/masculino

De origem africana, o dendezeiro foi introduzido no Brasil no período colonial. É encontrado em estado subespontâneo na região amazônica e em zonas nordestinas, onde atualmente existem também vastas plantações para fins comerciais.

O dendezeiro é palmeira imprescindível numa casa de candomblé. Na formação de um terreiro, uma das primeiras árvores a ser plantada no seu "espaço-mato" é o dendezeiro, de preferência ao lado direito da porta de entrada principal.

Em virtude de Obaluaiê ser um orixá que tem afinidade com os troncos e ramos de árvores, muitos acham que essa palmeira lhe pertence; todavia, existe um mito muito popular nos terreiros de candomblé que afirma ter sido apenas o màrìwò (broto da palmeira) propriedade desse orixá, mas que ao ver Ogum despido cedeu esse vegetal para o orixá da guerra e se apropriou da palha da costa (ikó) para fazer sua própria roupa. Assim, embora o tronco de onde saem as palmas esteja relacionado com os Orixás-funfun, o elemento criador, o màrìwò, tornou-se a roupa símbolo de Ogum, orixá filho de Oxalá, sendo citado em um de seus cânticos que faz alusão ao fato deste guerreiro não possuir roupas, mas que se vestem com os brotos do dendezeiro: *OGÚN KO L'ASO, MÀRÌWÒ L'ASO OGÚN O!* (Ogum não tem roupa, màrìwò é a roupa de Ogum). O màrìwò, colocado nas soleiras das portas e janelas da casa de candomblé, serve de proteção "contra todo tipo de entidades nefastas". Assim como Ogum, Ossaim também se utiliza do màrìwò, e um dos principais *orin ewé* do ritual da *sasányìn* faz alusão a esse vegetal como o elemento que ajuda a concretizar os ideais dos adeptos:

"BIRI BIRI BÍTI MÀRÌWÒ
JÉ ỌSÁNYÌN WÁLÈ MÀRÌWÒ
BIRI BIRI BÍTI MÀRÌWÒ
BÁ WA T'ỌRỌ WA ṢE MÀRÌWÒ"

"Na escuridão màrìwò faz a luz
e mostra o caminho de casa a Ossaim
Na escuridão màrìwò faz a luz
e ajuda-nos a concretizar nossos projetos"

Essa relação íntima que Ogum tem com o dendezeiro é citada por Santos (pp. 92/93): "Às vezes seu 'assento' também é 'plantado' ao pé de um *igi-ọpẹ*, cujos troncos simbolizam a matéria individualizada dos *òrìṣà* funfun e particularmente de Òṣàlá. Vimos que as folhas brotadas sobre os ramos e os troncos simbolizam descendentes. As palmas recém-nascidas do *igi-ọpẹ*, chamadas màrìwò... constituem a representação mais importante de *Ogún*, tão importante quanto seu machete de ferro com o qual ele desbrava os caminhos." As nervuras das folhas são usadas, ainda, espetadas em inhame, constituindo-se oferenda a Ogum. Estas mesmas nervuras também "são utilizadas tanto para Obaluaiê quanto para sua mãe, Nanã", que, segundo Santos (1976:82), "os ancestrais, representados coletivamente por um feixe dessas nervuras, constituem o corpo, o elemento básico, não só do *ṣàṣàrà*, emblema de *Ọbalúaiyé*, filho mítico de *Nàná*, mas também de seu próprio emblema, o *Ìbírí*. Enquanto o *sàsàrà* é de *Ọbalúaiyé*, o *ẹbọra*-filho, assumindo a representação dos espíritos da terra, o *Ìbírí* é uma representação transferida de *Ọbalúaiyé*, o filho contido por Nàná, e simboliza seu poder genitor."

O dendezeiro, como palmeira ligada aos orixás da criação, está relacionado também com outros orixás com os quais Oxalá tem vínculo, como é o caso de Xangô-Airá, cujo "assento" pode repousar sobre um tronco de dendezeiro, diferentemente dos outros Xangôs, que utilizam pilões esculpidos em madeira.

Embora o dendezeiro seja uma palmeira atribuída aos Orixás funfun (originais), dos seus frutos extrai-se o epó pupá (azeite-de-dendê), de uso proibido em tudo que diga respeito a Oxalá e seus iniciados. Das amêndoas contidas no interior dos coquinhos, produz-se um óleo branco — *aláàdí* — utilizado para Oxalá, que, ao contrário do azeite-de-dendê, é um interdito de Exu.

Conhecido ainda pelos nomes iorubás *ọpẹ, igi ọpẹ, imọ ọpẹ, ògómọ ọpẹ, ọpẹ ọlọwá, ọpẹ pánkóró, ìpánkóró, ọpẹ arùnfó, ọpẹ èrùwà, ọpẹ ẹlẹran* e *ọpẹ alárùn* (Verger 1995:668), o dendezeiro é usado nos cultos africanos com as mais diversas finalidades. Da variedade *Elaeis guineensis idolatrica*, conhecida na África pelos nomes de ọ̀pẹ̀ segisegi, ọ̀pẹ̀ ifá, ọ̀pẹ̀ ikin, ọ̀pẹ̀ yálayàla, ọ̀pẹ̀ kannakánná e ọ̀pẹ̀ olífà (Verger 1995:669), são colhidos os coquinhos (ikin) utilizados no oráculo de Ifá para previsões. Também sobre essa palmeira as feiticeiras, na forma de pássaros negros noturnos, se estabeleceram, conforme o mito relatado pelo *Odù Òdí Méjì* do oráculo de Ifá (Verger 1992:59). No topo da árvore, amontoaram uma grande quantidade de terra e construíram um pátio onde faziam suas reuniões para tramar seus ataques contra os homens. Orumilá era o único que conhecia os segredos das *ẹlẹyẹ* (outro nome das feiticeiras) e tinha poderes para proteger o *aiyé* (terra) da ação destruidora dessas entidades maléficas. Das sete árvores onde pousaram as *Iyami*, o dendezeiro foi a única onde elas encontraram condições ideais para se estabelecerem. Um fato que citamos a título de ilustração é que os urubus têm preferência pelos frutos do dendezeiro e costumam pernoitar sobre esta palmeira do mesmo modo como, nos mitos, as feiticeiras representadas por pássaros negros se reuniam à noite sobre o *ọ̀pẹ̀ segisegi*.

O azeite-de-dendê serve de base nas culinárias litúrgica e profana, especialmente no Nordeste brasileiro, constituindo-se uma marca expressiva da cozinha baiana.

Na fitoterapia, o azeite-de-dêndê é utilizado, externamente, contra angina, erisipela, panarício e filariose. Internamente combate dores de cabeça e cólicas abdominais.

IGI ÒRÚRU

Nomes populares: Tulipeira, espatódea, tulipeira-africana

Nome científico: Spathodea campanulata Pal. Beauv., Bignoniaceae

Orixás: Oxalá e Oxum

Elementos: Terra/feminino

Árvore de origem africana, cultivada em diversas áreas tropicais das Américas. No Brasil, é muito utilizada na arborização de parques e jardins, devido à sua copa densa e suas bonitas flores de cor coral.

Nos candomblés, as folhas da tulipeira são utilizadas em banhos e sacudimentos de mulheres com gravidez difícil e em crianças debilitadas.

No continente africano, os iorubás utilizam este vegetal em "receita para tratar anemia", "receita para tratar doença do umbigo das crianças", "receita para tratar cegueira", "receita para o crescimento da criança" e "receita para ser utilizada durante a gestação", sendo conhecida pelos nomes iorubás òrúru e òwèwè (Verger 1995:159, 203, 223, 231, 275, 722).

IGI ỌYÁ ou IGI IGBALÉ

Nome popular: Casuarina

Nome científico: Casuarina equisitifolia L., Casuarinaceae

Orixás: Oiá e Egum

Elementos: Fogo/masculino

De origem australiana, existem mais de 50 espécies na família das *casuarinaceae*, todas muito semelhantes. A casuarina encontra-se disseminada pelos diversos continentes; no Brasil, aclimatou-se com facilidade, ocorrendo em quase todo o território nacional.

Os nagôs incorporaram esta árvore ao culto Egungun, sendo conhecida também pelo nome *de igi igbalé*, associada a *Oya-Igbalé*, "mãe dos eguns".

Embora seja utilizada com mais freqüência na ornamentação de jardins e como cercas vivas para barrar a ação dos ventos em áreas litorâneas, o chá da casuarina, na medicina popular, presta-se prontamente ao combate de disenterias e inflamações da garganta.

IKÈRÈGBÈ

Nome popular:	Coerana
Nome científico:	Cestrum laevigatum Sch., Solanaceae
Sinonímia:	1) Cestrum axillare Vell.
	2) Cestrum bracteatum Link.
	3) Cestrum multiflorum Schott.
Orixás:	Exu e Obaluaiê
Elementos:	Terra/masculino

Originária do continente americano, vegeta no Brasil, principalmente no Nordeste e Sudeste.

A coerana é utilizada nos candomblés, principalmente em sacudimento, pois "tem o poder de cortar as influências negativas que perturbam as pessoas".

Nas zonas rurais, costuma-se usar esta planta macerada em água para lavar feridas, micoses e inflamações cutâneas. Em forma de extrato e tintura, encontrados em farmácias, a coerana possui propriedades sedativa, antipirética, sudorífica, antiespasmódica, diurética, anti-reumática e estimulante do fígado.

IKIKIGÚN

Nomes populares: Aveloz, árvore-de-são-sebastião, coroa-de-cristo

Nome científico: Euphorbia tirucalli L., Euphorbiaceae

Sinonímia:
1) Euphorbia heterodoxa Muell.
2) Euphorbia gymnoclada Boss.
3) Euphorbia rhipsaloides Lem.
4) Euphorbia viminalis Mill.

Orixás: Exu e Obaluaiê

Elementos: Fogo/masculino

Originária da África e introduzida em diversos países de clima tropical, o aveloz é encontrado no território nacional, no Nordeste e Sudeste, onde é usado como cerca viva.

Nos terreiros de candomblé, o uso principal desta planta é em "trabalhos com Exu", embora, às vezes, seja atribuída também a Obaluaiê.

Estudos feitos no campo fitoterápico deram a esse vegetal o *status* de medicamento eficaz no combate a diversos tipos de câncer. Neiva (1974:43-46,68-70), médico espírita, parapsicólogo e escritor, foi um dos grandes propagadores das propriedades terapêuticas do aveloz, ensinando como empregar esta planta e confirmando, inclusive, a cura de um linfossarcoma pulmonar. Sua seiva é indicada, ainda, para debelar verrugas; porém, sendo cáustica, se cair no glóbulo ocular pode causar cegueira.

IKIRIWÍ

Nomes populares: Sálvia, salva, salva-das-boticas, salva-dos-jardins

Nome científico: Salvia officinalis L., Labiatae

Orixá: Oxalá

Elementos: Água/masculino

Planta aromática de origem européia, a sálvia está aclimatada no Brasil, sendo cultivada em hortas.

As folhas da sálvia, "por pertencerem a Oxalá, podem ser utilizadas em banhos para todas as pessoas".

Juntamente com alecrim, alfazema, mirra e benjoim, a sálvia forma uma mistura para defumador, usada com a finalidade de purificar ambientes.

Este vegetal, desde muito, tem sido empregado como tempero para realçar o sabor de carnes, peixes, massas e saladas. Na França é popularmente conhecida a "herbe-de-province", uma mistura de sete ervas diferentes, entre as quais está incluída a sálvia.

Na fitoterapia, o chá das folhas combate gripes, resfriados, febres, afecções e fraquezas do estômago, vômitos, inapetência, escorbuto, corrimentos purulentos da uretra, cólicas menstruais, deficiências cardíacas e debilidades sexuais. Possui, ainda, propriedades antiabortiva, antidiabética e reguladora da pressão arterial.

ÌKÓ

Nome popular: Palha-da-costa

Nome científico: Raphia vinifera P. Beauv., Palmae

Orixás: Omolu, Oxumaré, Nanã, Ogum, Oxossi e Ossaim

Elementos: Terra/masculino

Palmeira de origem africana, a *Raphia vinifera*, no Brasil, é encontrada no Estado do Maranhão, cultivada ou mesmo espontaneamente em meio à vegetação.

Nos cultos afro-brasileiros, principalmente naqueles de origem jêje-nagô, a palha-da-costa é um vegetal que goza de grande prestígio devido à sua larga utilização nos rituais; com ela são confeccionados "contra-eguns", "mocans", "umbigueiras", "senzalas" e diversos outros apetrechos utilizados nas iniciações. Devido a sua grande resistência, pois comumente é tão forte quanto um fio de náilon, serve para enfiar colares e contas dos orixás. Embora a palha-da-costa seja utilizada pelos iniciados de qualquer orixá, muitos acham que ela é uma exclusividade de Obaluaiê pelo fato de que, com ela, se confeccionam as vestimentas deste orixá. Dentre as muitas utilidades desta palha, ela serve ainda como esponja para dissolver o sabão-da-costa nos banhos dos iniciados; e nos rituais funerários (axexê), é posta no braço, pois acredita-se que ela tenha a finalidade de afastar espíritos nefastos.

ILÁ

Nome popular: Quiabo

Nome científico: Hibiscus esculentus L., Malvaceae

Sinonímia: Abelmoschus esculentus (L.) Moench., Malvaceae

Orixás: Xangô, Oiá, Iemanjá, Oxossi, Oxumaré, Ibeiji

Elementos: Fogo/masculino

O quiabo é, provavelmente, o fruto mais utilizado nos cultos nagôs, pois com ele é preparado um dos pratos mais famosos do candomblé — o amalá de Xangô. Para Ibeije, é oferecida uma comida chamada de caruru das crianças. Oiá gosta de amalá, com o quiabo cortado em rodelas; Oxumaré aprecia o amalá feito só com a casca verde do quiabo, sem caroços. O *adjàbó* é uma oferenda que se prepara com o quiabo verde cortado em rodelas, misturando-se um pouco de mel de abelha e azeite de oliva, "batido com as mãos, para se pedir alguma coisa a Xangô". Este preparado é também "utilizado em um banho que tem grande efeito no combate às demandas".

Verger (1995:625) informa que, na África, o quiabo é conhecido também pelos nomes iorubás, *ilasa, ilasadò, erúlá, irúlá* e *ìròkò*.

Como planta medicinal, os frutos, folhas e flores são indicados contra bronquites, pneumonias e tuberculose pulmonar. É laxante e regulador das funções intestinais.

ÌLASA ỌMỌDÉ

Nomes populares: Malva-rosa, guaxima, guaxima-roxa, guaxima-cor-de-rosa, aramina

Nome científico: Urena lobata L., Malvaceae

Sinonímia: Urena heterophylla Presl.

Orixás: Oxalá e Oxossi

Elementos: Terra/feminino

Planta de origem asiática, provavelmente da Índia, medra abundantemente nos campos em diversas regiões do território nacional. Chegando a medir cinco metros de altura, possui flores róseas, roxas ou violáceas, e seus frutos são carrapichos. Atualmente encontra-se disseminada por áreas tropicais e até mesmo em algumas temperadas de vários continentes.

Seus galhos são utilizados para Oxalá, servindo como *atorí*, varas rituais desse orixá; suas folhas servem para banhos propiciatórios dos filhos de Oxossi e para sacudimentos de pessoas e casas.

Na África, este vegetal é usado pelos iorubás em "receita para tratar tremores" e "receita para tratar tumor na vagina", sendo conhecido pelos nomes *ìlasa àgbọnrín, ìlasa oyìbó, akérí, akẹ̀ ìrí, akẹ̀ rìrí* e *bolobólò* (Verger 1995:101, 141,733).

A raiz, em decocção, é empregada nos casos de cólicas abdominais, as flores são expectorantes e usadas contra tosses persistentes e "... destacando-se as folhas, que contêm componentes mucilaginosos que agem como emolientes, aliviando inflamações" (Kissmann 1995:174).

ILERÍN e OKÓWÓ

Nomes populares: Erva-vintém, vintém, esperguta-rasteira, folha-de-vintém, cordão-de-sapo, mastruço-do-brejo, jaboticaá

Nome científico: Drymaria cordata (L.) Willd., Caryophyllaceae

Sinonímia: Drymaria diandra Blume

Orixás: Oxalá, Oxum e Ossaim

Elementos: Água/feminino

Nativo da América tropical, este vegetal encontra-se disseminado nas diversas regiões, principalmente Nordeste, Sul e Sudeste. Medra com abundância em lugares úmidos e beira de rios ou invadindo gramados.

Nos cultos afro-brasileiros, esta erva é utilizada no àgbo e em banhos de purificação para os adeptos de todos os orixás, pois é considerada como "planta extremamente positiva". Segundo Barros (1993:101), este vegetal é atribuído a Ossaim, está classificado como eró (de calma), sendo conhecido também pelo nome nagô *ewe okówó,* que significa "folha-do-dinheiro".

ÌMU

Nomes populares: Azedinha-do-brejo, erva-saracura, erva-do-sapo, erva-azeda, azeda-de-ourives

Nome científico: Begonia fischeri Schrank., Begoniaceae

Sinonímia:
1) Begonia acida Vell.
2) Begonia bahiensis D.C.

Orixás: Iemanjá, Oxalá e Nanã

Elementos: Água/feminino

Planta de origem brasileira, ocorrendo em quase todo o território nacional, principalmente e com mais abundância nas regiões úmidas do Nordeste e Sudeste. É uma planta muito delicada, e por sua beleza é freqüentemente cultivada em jardins.

Utilizada nos rituais de iniciação, banhos purificatórios e na sacralização dos objetos rituais dos orixás, é considerada por muitos uma planta exclusiva de Iemanjá; porém, existe discordância, pois alguns a atribuem a Oxalá ou Nanã.

A folha, quando mastigada, tem sabor azedo, porém agradável, sendo indicada no combate ao catarro da bexiga, diarréias, disenterias, escorbutos e sapinho de recém-nascidos.

ÌPÈSÁN

Nomes populares: Carrapeta, bilreiro, jitó, carrapeta-verdadeira, carrapeteira

Nome científico: Guarea guidonia (L.) Sleumer., Meliaceae

Sinonímia:
1) Guarea trichillioides L.
2) Guarea aubletii Juss.
3) Guarea surinamensis Miq.
4) Guarea guara Wilson
5) Trichilia guara L.

Orixá: Xangô

Elementos: Fogo/masculino

Planta brasileira que ocorre com freqüência do Norte ao Sudeste do Brasil, podendo ser encontrada na região sul, nas Guianas, Antilhas e países da América Central.

Essa árvore pertence a Xangô, e suas folhas são utilizadas em banhos de iniciação, proteção e prosperidade. Os galhos são utilizados em sacudimentos.

Os cubanos usam as folhas dessa árvore, juntamente com milho vermelho, benjoim, casca de ovo e pedra ímã, para preparar um pó de atração que é soprado dentro de casa com a finalidade de chamar dinheiro. Com um pedaço da casca do tronco, um ovo e vinho seco dentro de um recipiente, fazem também um sortilégio para que um amante ou pessoa ausente retorne ao lar. Utilizam, ainda, esse vegetal para rogar a Xangô, em época de seca, para que chova, ou para que esse orixá fulmine com seus raios um inimigo. É comum, nas casas-de-santo cubanas, ter na entrada principal esta árvore plantada, pois acreditam que ela tem o poder de barrar todas as demandas (Cabrera 1992:554-555).

O *ipèsán* é louvado nos cânticos dedicados a Ossaim, no ritual da *sasányìn*, como a árvore que deixou de ter frutos quando as feiticeiras nela pousaram, isto é, negou os seus frutos aos "pássaros negros". Assim se explica o fato dela ser considerada poderosa protetora contra feitiço, pois sobre ela as entidades maléficas não encontraram abrigo.

Empregada como fitoterápica, a carrapeta combate febre, tosse, gota, afecções sifilíticas e conjuntivite; porém, é "considerada abortiva quando empregada em fortes doses" (Guimarães & Mautone & Rizzini & Mattos Filho 1993:53), pois tem ação direta sobre o útero. Em doses elevadas é tóxica, e coloca em risco a saúde.

IPÒLERIN

Nome popular:	Babosa
Nome científico:	Aloe vera L., Liliaceae
Sinonímia:	1) Aloe barbadensis Mill. 2) Aloe elongata Murr. 3) Aloe vulgaris Lam.
Orixás:	Ogum e Omulu
Elementos:	Terra/masculino

Originária do Mediterrâneo, ilha da Madeira e das Canárias, esta liliácea é encontrada na África e no Brasil, medrando em quase todo o território nacional.

Utilizada em rituais de iniciação e banhos diversos para os filhos de Obaluaiê e de algumas qualidades de Ogum, nos candomblés brasileiros.

Em Cuba, ela é chamada, popularmente, de *sabila*, e é atribuída a Iemanjá (Cabrera 1992:540).

Na África, é usada em vários trabalhos litúrgicos, sendo conhecida pelos nomes iorubás *ipòlerin* e *ipè erin* (Verger 1995:631).

A babosa é planta conhecida no mundo inteiro, pelo poder que possui de fortalecer os cabelos, sendo utilizada na indústria cosmética em larga escala, em sabonetes, loções, cremes e xampus. Suas folhas são utilizadas ainda em casos de queimaduras de sol e fogo, panariço, tumores e machucados. Juntamente com aguardente e mel de abelha, as folhas da babosa batidas em liquidificador estão sendo largamente utilizadas pela população como anticancerígena, antibiótica e antiinflamatória.

ÌRÈKÉ

	Nome popular:	Cana-de-açúcar
	Nome científico:	Saccharum officinarum L., Gramineae
	Orixás:	Exu, Oxum e Ibeije
	Elementos:	Terra/masculino

Planta de origem asiática, foi introduzida no Brasil na época do colonialismo e cultivada comercialmente em grande escala.

As folhas da cana-de-açúcar são consideradas excelentes no preparo de amassi para lavar os assentamentos de Exu, pois proporciona prosperidade. O bagaço da cana moída, bem como o açúcar mascavo ou refinado, são empregados em defumadores para atrair dinheiro. Os "roletes-de-cana" ou seja, a cana-de açúcar cortada em rodelas, são oferecidas a Oxum e a Ibeije. Em algumas situações o açúcar substitui o mel de abelha, principalmente em trabalhos dedicados a Oxum. A rapadura produzida deste vegetal é usada nos rituais de iniciação para lavar "os assentamentos dos orixás" e como base na preparação do "aluá", bebida fermentada, muitas vezes servida durante as festas públicas.

Cruz (1982:151) afirma que: "O açúcar é aproveitado medicinalmente, sendo um tônico poderoso, que mantém a força muscular, impedindo o cansaço e a fadiga. É um agente terapêutico de muita utilidade no caso de fraqueza do coração, pois tonifica eficientemente o músculo cardíaco. Emprega-se também contra as tosses, bronquites e afecções catarrais, icterícia, cólicas renais, digestão difícil, aftas, rachaduras dos seios etc."

ÌRẸSÌ

Nome popular:	Arroz
Nome científico:	Orysa sativa L., Poaceae (Gramineae)
Orixá:	Oxalá
Elementos:	Água/masculino

Originário da Ásia, o arroz está disseminado por todos os continentes, pois é de reconhecido valor econômico e serve de base alimentar a diversos povos.

Nas casas de candomblé, o arroz é um produto básico na alimentação da comunidade, e contra ele não existe nenhuma proibição, pois entra inclusive na dieta de todos os iniciados. O arroz cozido ou em forma de bolas tanto é oferecido para Oxalá, como utilizado em "ebós de saúde". Temperado e com peixe, compõe um prato dedicado a Iemanjá. A água que lava o arroz, ou a usada no cozimento, "é boa para banhos de descarregos e, jogada na porta da rua, despacha Exu cortando as coisas negativas".

Por ocasião das previsões feitas na passagem do ano nas casas de candomblé, o arroz cru costuma ser distribuído pelo babalorixá ou ialorixá entre os filhos do terreiro "para trazer boa sorte no próximo ano". Este mesmo arroz pode ser pulverizado e utilizado como *atín* (pó) com a mesma finalidade.

O arroz possui propriedades terapêuticas que combatem as enterites, gastroenterites, diarréias, abscessos e inflamações cutâneas. Empiricamente, a água do arroz é dada aos recém-nascidos para debelar a diarréia.

ÌRÓKÒ

Nomes populares: Gameleira, figueira, tatajuba, iroco, figueira-branca, figueira-brava, figueira-grande

Nome científico: Ficus doliaria M.art., Moraceae

Orixás: Oxalá, Ìrókò e Exu

Elementos: Fogo/masculino

No Brasil, a gameleira substitui o verdadeiro ìrókò africano (*Chlorophora excelsa* [Welw.] Benth & Hook.), que também é uma morácea conhecida, naquele continente, pelos nomes iorubás *èrò ìrókò, ìrókò aládé oko, ìrókò èwò, ìràwé igbó* (Verger 1995:647). A árvore africana faz parte do rol de vegetais do culto de Ifá, e foi sobre ela que as feiticeiras pousaram, mas não conseguiram permanecer, pois seus frutos não as satisfaziam. Foi a terceira árvore onde as ìyámi tentaram se estabelecer, mas não tiveram sorte.

A gameleira é considerada, dentro dos cultos nagôs, no Brasil, um vegetal sagrado e respeitado como moradia e local de adoração da entidade fitomórfica de origem jêje-nagô, irókô, que, quando se manifesta em seus iniciados, se assemelha muito a Xangô. Também é atribuída a Oxalá, pois, no *oriki* (recitações) em que esta árvore está relacionada com os orixás da criação (Oxalás), ela é reverenciada como "*Ìrókò! Oluwéré, Ògìyán Èlèijù*, que se pode traduzir livremente por: *Ìrókò*, árvore proeminente entre todas as outras, o *Òrìsà-funfun* (*Ògìyán*) do âmago da floresta" (Santos 1979:77). Suas folhas são usadas em rituais de iniciação nas casas de candomblés, no *àgbo* dos filhos desse orixá e em banhos para problemas graves de saúde, "não devendo ser empregadas para outras coisas, pois é folha muito quente que, quando se colhe, tem que fazer ritual, porque depois do meio-dia é de Exu e não cura". É util, ainda, em casos de doenças graves, pois é crença comum que "as folhas da gameleira sob o travesseiro do doente têm poderes para espantar a morte".

A madeira da gameleira, por ser macia, é utilizada na confecção de canoas e gamelas artesanais, daí o nome gameleira.

Na fitoterapia, o suco ou leito liberado dos galhos é empregado para expulsar lombrigas e combater a hidropisia; porém, Pott & Pott (1994:209), citando Berg e relacionando este vegetal sob o sinônimo *Ficus gomelleira Kth. et Bouché*, afirma que é "considerado depurativo, contra sífilis e reumatismo."

IRÙNGBỌN

Nomes populares: Barba-de-velho, barba-de-pau, samambaia

Nome científico: Tillandsia usneoides L., Bromeliaceae

Sinonímia:
1) Tillandsia trichoides H.B.K.
2) Tillandsia filiformis Lodd., Cat.
3) Tillandsia pendula Louvain Hortus
4) Tillandsia crinita Willd.

Orixá: Obaluaiê

Elementos: Ar/masculino

Bromeliácea nativa do continente americano, que ocorre em áreas tropicais e subtropicais. Cultivada na Europa como planta ornamental.

Por utilizar as árvores como substrato, está incluída na categoria àfòmọ́n (parasita). A barba-de-velho foi incorporada aos rituais jêje-nagôs no Brasil, sendo utilizada em defumadores, sacudimentos e sacralização dos objetos rituais de Obaluaiê.

Este vegetal fornece uma excelente crina que é usada em enchimentos de móveis estofados e colchões. No campo fitoterápico, é utilizado nos casos de abscessos, hemorróidas e reumatismo.

IŞAN

Nomes populares: Amoreira, amora-preta, amoreira-preta

Nome científico: Morus nigra L., Moraceae

Orixás: Oiá e Egum

Elementos: Ar/feminino

Espécie vegetal oriunda da Ásia, aclimatada no Brasil, ocorrendo em quase todo o território nacional.

Encontrada nas casas de candomblé, normalmente junto ao *ilé-ibo-akú* (casa dos mortos), pois está associada a *Oya-Ìgbàlè* e *Baba Égún*.

Dos galhos da amoreira são feitos os *işan*, bastões rituais que controlam os *Egúngún* (ancestrais) quando manifestados no "*ilé-ìgbàlè*, casa de culto dos *égún, lése égún*" (Santos 1975:104).

Na fitoterapia, as folhas da amoreira são usadas em gargarejos contra aftas e inflamações das amígdalas, e no combate à diabetes. As flores debelam infecções renais, e os frutos são utilizados contra reumatismo, artrite, gota e estados febris.

ISÉ

Nome popular: Erva-doce

Nome científico: Pimpinela anisum L., Umbeliferae

Orixá: Oxum

Elementos: Água/feminino

Originária do Egito, a erva-doce foi introduzida em diversos continentes, inclusive na América do Sul. No Brasil, é largamente cultivada para fins comerciais.

Tanto nos candomblés quanto nos terreiros de umbanda, suas sementes são utilizadas em defumadores, e seus galhos considerados bons para banhos e "rezar crianças com mau-olhado".

Em defumação, acredita-se que possa favorecer a intuição das pessoas que praticam jogos divinatórios.

Em chá, é usada para combater gases, dores intestinais infantis e má digestão. Estimulante das glândulas mamárias (galactógeno), ajuda na produção de leite materno.

IṢU

Nomes populares: Inhame-da-costa, inhame-cará, inhame-da-guiné-branco, cará-do-pará

Nome científico: Dioscorea rotundata Poir., Dioscoreaceae

Orixás: Oxalá e Ogum

Elementos: Terra/feminino

O inhame-da-costa ou inhame-cará é a comida por excelência dos Oxalás. Seu uso é freqüente em oferendas para estes orixás, seja pilado, em raspas, em fatias ou em forma de bolas, sempre puro sem nenhum tipo de tempero. A presença desse alimento é indispensável na festa do pilão, homenagem anual feita a Oguian (Oxalá novo), e, segundo Verger (1981:257), seu nome significa "o que come inhame pilado", *yian*. Nessa ocasião, esta iguaria é oferecida a todos os presentes. Assado com casca, o inhame é um dos pratos preferidos de Ogum. Em ebós, normalmente é utilizado cozido e amassado em forma de bolas.

Os outros nomes iorubás pelos quais o inhame é conhecido nas diversas regiões do continente africano são Àbájẹ, *iṣu funfun, iṣu efùrù, ẹ̀fọ̀n, jànyìn jànyìn, agogó, wáwá jí, mùnú, ọ̀pàràgà, olótun iyangban, oluku, ọgọdọmọyọ, ọ̀dọ̀, olonku, agbemọ, agẹmọ okun* e *ahunẹ* (Verger 1995:665).

No campo terapêutico, o uso do inhame-da-costa é benéfico no combate a coqueluche, asma catarral e catarro bronquial.

ÍTÀ

Nome popular: Pitangueira

Nome científico: Eugenia pitanga Berg., Myrtaceae

Sinonímia:
1) Eugenia indica Mich.
2) Eugenia micheli Lam.
3) Eugenia uniflora L.
4) Myrtus brasiliana L.
5) Stenocalyx michelii Berg.

Orixás: Ossaim e Oxum

Elementos: Terra/feminino

Planta nativa brasileira, frutífera, encontrada nas diversas regiões do país, principalmente no Nordeste, Sudeste e Sul.

As folhas da pitangueira são usadas como provedoras de prosperidade; por isso, "nos dias de cerimônia pública, chamada 'xirê dos Orixás' — a festa, a distração dos orixás —, o barracão é decorado com guirlandas de papel, nas cores do deus festejado. O chão é cuidadosamente varrido, salpicado de perfumadas folhas de pitanga..." (Verger 1981:71), costume este praticado, principalmente, nas festas de Oxum. São também "usadas em sacudimentos e banhos para atrair coisas boas e prósperas".

Em Porto Alegre, os batuqueiros costumam usar as folhas da pitangueira em banhos de purificação para os filhos de Iansã.

Existe uma crença, entre as pessoas do interior, de que "na ceia de ano-novo, deve-se ter alguns galhos de pitangueira sobre a mesa, pois só assim o ano que vai iniciar será farto e próspero".

Popularmente, as folhas desta mirtácea são consideradas adstringentes, aromáticas, balsâmicas e anti-reumáticas, sendo utilizadas em infusões no combate às diarréias e febres infantis.

ÍTÈTÈ

Nome popular: Jasmim-manga

Nome científico: Plumeria drastica M., Apocynaceae

Orixá: Oxossi

Elementos: Terra/masculino

Nativa das Américas, esta planta é cultivada para fins ornamentais, e muito utilizada em jardins, parques, praças e passeios públicos.

Suas folhas são usadas nos candomblés, em rituais de iniciação, obrigações periódicas e banhos purificatórios para os filhos de Oxossi.

Algumas obras de fitoterapia citam essa planta como sendo boa no combate à febre intermitente, obstrução das vísceras abdominais e icterícia; porém, por possuir um suco drástico, deve ser usada em doses homeopáticas, caso contrário ela se torna venenosa.

IYÁBẸYÍN

Nome popular: Mãe-boa

Nome científico: Rùellia gemminiflora H.B.K., Acanthaceae

Orixás: Nanã, Iemanjá e Oxum

Elementos: Água/feminino

Distribuída em quase toda a América do Sul, no Brasil é encontrada, principalmente, nos Estados do Centro-oeste (cerrados e pântanos), Nordeste e Sudeste.

Suas folhas maceradas são utilizadas nos rituais de iniciação e banhos de purificação dos filhos de Nanã, Iemanjá e Oxum.

Planta medicinal com alto teor de proteínas. Seu rizoma possui quantidade de glicose e frutose mais elevado do que muitas plantas cultivadas para fins alimentares.

ÌYÈYÉ

Nome popular: Aperta-ruão

Nomes científicos: 1) *Piper mollicomum* Kunth., Piperaceae
2) *Piper gaudichaudianum* Kunth.
3) *Piper chimonanthifolium* Kunth.
4) *Piper aduncum* Vell.
5) *Piper truncatum* Vell.

Orixá: Oxum

Elementos: Terra/masculino

Nativas do Brasil, estas espécies medram, com freqüência, em matas sombreadas das regiões nordeste e sudeste.

Em algumas publicações, outras espécies de piperáceas, conhecidas também pelo nome popular de aperta-ruão, são apontadas como usadas com as mesmas finalidades litúrgicas e medicinais. Consta que, "sob esta denominação foram encontradas três espécies nativas de Piperaceae, a saber: *Piper gaudichaudianum* Kunth., *P. mollicomum* Kunth. e *P. truncatum* Vell" (Guedes & Profice & Costa & Baumgratz & Lima 1985:4). Além destas espécies, temos ainda o *Piper aduncum* Vell., que também é conhecido pelo mesmo nome popular. Todas as espécies citadas são plantas que possuem folhas aparentemente muito semelhantes, das quais os usuários não fazem distinções, pois são utilizadas tanto nos rituais quanto na medicina popular para os mesmos propósitos.

Nos casos em que o jogo de búzios vaticina uma gravidez difícil, o aperta-ruão é utilizado em sacudimentos, banhos e trabalhos para proteção da gestação.

Medicinalmente, as folhas destas piperáceas são empregadas contra complicação uterina e gravidez difícil. Quando ocorre "queda de útero", as mulheres do interior utilizam-na, externamente, em banhos de imersão demorados, que servem também para os casos de feridas crônicas. Combate, ainda, blenorragias crônicas, cistites, diarréias, além de ser acentuadamente diurética.

JOBÓ e LÀTÓRIJẸ́

Nomes populares: Neves, alfazema-de-caboclo, alfazema-brava, macaé, mercúrio-do-campo, poejo-do-brejo

Nome científico: Hyptis pectinata (L.) Poit., Lamiaceae.

Sinonímia:
1) Nepeta pectinata L.
2) Clinopodium imbricatum Vell.

Orixá: Oxalá

Elementos: Ar/feminino

Considerada uma planta pantropical, esta espécie de *hyptis* ocorre amplamente nas Américas, desde o México até o Sudeste brasileiro.

Conhecida também pelo nome jêje-nagô *làtórijẹ́*, essa planta é atribuída a Oxalá. Entra nos rituais de iniciação e em banhos purificatórios de todos os adeptos.

Na África é conhecida entre os iorubás pelos nomes *jógbó* e *ọlátóríjẹ* (Verger 1995:682).

Na medicina popular é empregada como estimulante, sudorífera e béquica.

JOJÒFÀ e ÁJÒFÀ

Nomes populares: Urtiga-brava, cansanção (AM), urtigão

Nome científico: Urera baccifera (L.) Gaudich., Urticaceae

Sinonímia: Urtica baccifera L.

Orixás: Exu e Ogum

Elementos: Fogo/masculino

Planta nativa da América tropical. Ocorre nas Antilhas, Caribe, Américas Central e do Sul. No Brasil encontra-se disseminada pelo Nordeste e Sudeste do território nacional.

Suas folhas, nas casas-de-santo de origem jêje-nagô são consideradas quentes e de excitação (*gún*). São utilizadas na sacralização dos objetos rituais de Exu e para excitar Ogum "quando dele se deseja alguma coisa rapidamente". Torradas e pulverizadas, alguns afirmam que "são ótimas para provocar confusão". Na umbanda, nos rituais denominados "prova-de-santo", era comum preparar-se uma salada de suas folhas, que deveria ser consumida por aqueles que estavam em transe com Exu ou Caboclo.

"A planta é fortemente urticante, causando dor intensa e dermatite, quando toca a pele nua" (Kissmann 1995:611).

KAN-KAN

Nomes populares: Urtiga, urtiga-miúda, urtiga-queimadeira

Nome científico: Urtica dioica L., Urticaceae

Orixá: Exu

Elementos: Fogo/masculino

Planta que ocorre nas regiões nordeste ao sul do território nacional. Cultivada em outros países com fins medicinais.

Como a maioria das urtigas, é considerada como uma planta *gún* (de excitação). É utilizada pulverizada "para provocar confusões", sendo indicada para sacralizar os objetos rituais de Exu.

Utilizada como depurativo do sangue, esta urticácea combate também urticárias, queimaduras, dermatoses, cálculos renais, anemia, reumatismo, hidropisia e diabetes.

KANAN-KANAN ou EWÉ BÒBÓ

Nomes populares: Arrebenta-cavalo, mata-cavalo, joá, juá, joá-bravo, babá e bobó

Nomes científicos: 1) *Solanum aculeatissimum* Jacq., Solanaceae
(= *Solanum reflexum* Schrank. e *Solanum khasianum* C. B. Clarke)
2) *Solanum capsicoides* All.
(= *Solanum ciliatum* Lamk. e *Solanum aculeatissimum* Jacq. var. *denudatum*)
3) *Solanum sisymbriifolium* Lamk.
(= *Solanum balbisii* Dun.)
4) *Solanum viarum* Dun.

Orixá: Exu

Elementos: Fogo/feminino

Plantas de origem brasileira, todas providas de acúleos em seus ramos e folhas. As espécies *aculeatissimum* e *viarum* são conhecidas na Bahia pelos nomes de *babá* ou *bobó*.

Nos rituais jêje-nagôs, as três espécies são usadas para os mesmos fins. As folhas entram, principalmente, em trabalhos e na sacralização dos objetos rituais de Exu. Todavia, nos cultos umbandistas, "são utilizadas em banhos, do pescoço para baixo, para descarregar as más influências que perseguem os filhos-de-santo".

As raízes, em decocção, têm uso prático no combate às afecções urinárias, hepáticas, renais e febris, sendo empregadas também contra dores de coluna. Os frutos são aplicados externamente em abscessos, furúnculos, inflamações e manchas na pele.

KÀNÉRÌ

Nome popular:	Vassourinha-de-botão, carqueja, poaia-botão, poaia-rosário, poaia-preta
Nome científico:	Spermacoce verticillata L., Rubiaceae
Sinonímia:	1) Borreria verticillata (L.) G.F.W. Meyer 2) Borreria stricta Mey 3) Borreria commutata Spreng. 4) Borreria thymocephala Gris. 5) Spermacoce reclinata Nees
Orixá:	Oxossi
Elementos:	Terra/masculino

Planta muito comum no território nacional, invasora de pastagens, encontrada com facilidade em solos pobres, conhecida também pelo nome popular poaia.

Nos candomblés do Rio de Janeiro e da Bahia é chamada de carqueja-de-santo, e utilizada no àgbo e banhos para os filhos de Oxossi; todavia, os batuqueiros do Rio Grande do Sul afirmam que "no Ijexá esta planta pertence a Obaluaiê, e com seus galhos é confeccionada uma vassoura que serve para sacudimentos".

Embora seja muito comum em área rural, a vassourinha-de-botão é pouco comentada na fitoterapia, daí não encontrarmos nenhuma utilidade terapêutica para este vegetal.

KANKANESIN

Nomes populares: Jequitirana, patinho-roxo

Nome científico: Centrosema brasilianum (L.) Benth., Leguminosae-Faboidea

Orixá: Obaluaiê

Elementos: Terra/feminino

Distribuída na América do Sul e nas Antilhas, em áreas tropical e subtropical. É encontrada com freqüência nas restingas, capoeiras e campos brasileiros.

Esta trepadeira é utilizada nos candomblés jêje-nagôs, no *àgbo* e em banhos purificatórios, não só para os filhos de Obaluaiê, mas também para os de Nanã e Oxumaré, considerados como mãe e irmão mítico desse orixá.

KANKÌNSE

Nomes populares: *Maracujá, maracujá-comum, maracujá-de-garapa, flor-da-paixão*

Nome científico: *Passiflora edulis* Sims., *Passifloraceae*

Orixás: *Oiá e Ibeije*

Elementos: *Ar/feminino*

As diversas espécies de passiflora estão disseminadas pelo Brasil, medrando desde a Amazônia ao Sul do país. São nativas da América tropical e ocorrem também na África. Das muitas espécies existentes, provavelmente a mais popular é a *Passiflora edulis* Sims (maracujá-comum), de folhas trifoliadas, flores brancas e frutos arredondados e amarelos quando maduros; todavia, a *Passiflora alata* Dryand., segundo Correia Jr. & Ming & Scheffer (1991:108), é a única que consta da farmacopéia brasileira.

Nos candomblés, esta trepadeira é utilizada em banhos purificatórios e no *àgbo* dos filhos de Oiá, tendo por finalidade "acalmar os filhos-de-santo", uma vez que às pessoas dedicadas a este orixá é atribuído um temperamento muito agitado.

Verger (1995:704) acusa a existência da espécie *Passiflora foetida* L., a qual os africanos denominam de *abúrunpo* e utilizam com fins ritualísticos.

Na fitoterapia, o maracujá é empregado para acalmar as excitações mentais acompanhadas de insônia devido às suas propriedades sedativas e hipnóticas. Na forma de chá é diurético, desobstruinte, e indicado contra tumor e inflamação de hemorróidas em "banhos de assento".

KISIKISI, IGBÁ IGÚN, IGBÁ ÀJÀ

Nome popular:	Jurubeba
Nome científico:	Solanum paniculatum L., Solanaceae
Sinonímia:	1) Solanum jubeba Vell.
	2) Solanum manoelii Moricand.
Orixás:	Oxossi e Ossaim
Elementos:	Terra/masculino

Planta nativa das regiões norte e nordeste do Brasil, ocorre das Guianas até São Paulo; considerada invasora, medra em abundância também no Sudeste.

Esta planta, nas casas de candomblé, é conhecida por vários nomes nagôs, entre eles, *igbá igún* e *igbá àjà* (Barros 1993:140). Considerada uma planta *gún* (excitação), está ligada aos orixás das florestas e entra na composição do *àgbo* e banhos purificatórios dos iniciados.

Medrando no continente africano, a jurubeba, classificada como *Solanum torvum* Sw., recebe dos iorubás os nomes *ikàn wẹ́wẹ́*, *ikàn igún* e *ìgbá yìnrìn ẹlẹ́gún*, e utilizam-na liturgicamente em "trabalho para fazer a chuva parar" (Verger 1995:722,397).

O fruto da jurubeba é por demais empregado medicinalmente, em "garrafadas", pela população da zona rural, para combater as debilidades físicas. É útil, ainda, nos casos de ictericias e moléstias do fígado, rins e baço.

KOLÉORÓGBÀ

Nome popular:	Cinco-chagas
Nome científico:	Monstera adansonii Schott.., Araceae
Sinonímia:	Monstera pertusa Schott.
Orixás:	Oxalá, Xangô e Oiá
Elementos:	Terra/feminino

De origem amazônica, esta planta é encontrada em matas úmidas tropicais, preferindo os troncos de árvores como suporte. Está disseminada por diversos Estados brasileiros.

Folha parecida com a costela-de-adão (*Monstera deliciosa*), entretanto, de menor porte e, como esta, apresenta recortes. Utilizada em banhos purificatórios, sempre associada a outros vegetais, pois "é considerada uma folha muito quente" (*gún*).

KOLOMI ou ÌYÁ KOLOMI

Nome popular: Ingá, ingazeiro, ingá-do-brejo, ingá-de-quatro-quinas, ingá-banana

Nome científico: Inga marginata Willd, Leguminosae-Mimosoideae

Variedade: Inga uruguensis Hooker et Arnott

Orixás: Ossaim, Oxalá e Xangô

Elementos: Ar/masculino

Ingá é o nome popular de várias espécies de leguminosas nativas da América do Sul; todavia, Rodrigues (1989:104) cita que: "O INGÁ propriamente dito (INGA MARGINATA) é árvore mediana. Seu fruto é comprido, em formato de cipó, de cor verde-escura e com traços marrons, com diminutos gomos, possuindo as sementes envoltas por uma polpa branca, idêntica ao algodão, sendo essa polpa comestível, cujo sabor é adocicado..."

Nos candomblés de Ketu, os frutos do ingá regados com mel são oferecidos a Xangô. A árvore é dedicada a Oxalá. As folhas verdes são usadas em banhos purificatórios, e as secas, em defumadores que, acredita-se, atraem dinheiro; todavia, nos terreiros de Angola, esta planta é atribuída a Ossaim e suas folhas utilizadas para forrarem o chão por ocasião dos sacrifícios de animais.

Na medicina popular, o decocto das cascas do tronco é utilizado externamente para curar feridas antigas e, internamente, para debelar diarréias.

KORÍKO ỌBA

Nomes populares: Capim-limão, capim-santo, capim-cidreira, capim-cidrão, erva-cidreira

Nome científico: Cymbopogon citratus (DC) Stapf., Gramineae

Sinonímia: 1) Cymbopogon schoenanthus Spreng.
2) Cymbopogon citriodorus Link.

Orixás: Oxossi e Xangô

Elementos: Terra/masculino

Introduzida no Brasil ainda nos tempos coloniais, esta gramínea é originária da Índia, estando hoje disseminada pela Europa, Américas e África.

Nos candomblés brasileiros, é planta dedicada aos orixás Oxossi e Xangô, e utilizada em banhos purificatórios e em chás, como calmante.

Os iorubás, no continente africano, dão a esta gramínea os nomes *koríko ọba, koríko òyìnbó, koóko ọba, oko ọba, tîî, etí, ìsokò* (Verger 1995:658).

Conhecido e utilizado internacionalmente, o chá do capim-limão detém propriedades terapêuticas sudorífica, calmante, estomáquica, analgésica, antiespasmódica e aromática.

KURUKURU

Nome popular: Batatinha

Nome científico: Ipomoea salzmanii Choizy., Convolvulaceae

Orixá: Nanã

Elementos: Água/feminino

Vegetal encontrado, principalmente, no Nordeste do Brasil.

As folhas da batatinha são utilizadas nos rituais de iniciação e em banhos purificatórios para os filhos de Nanã, Obaluaiê e Oxumaré.

Planta considerada como abortiva, contra-indicada para mulheres em estado de gravidez.

LABÉ-LABÉ

Nomes populares: Tiririca, capim-dandá, junça-aromática, alho, tiririca-vermelha

Nome científico: Cyperus rotundus L., Cyperaceae

Sinonímia: 1) Cyperus hexastachyos Rottb.
2) Cyperus tetrastachyos Desf.

Orixás: Exu, Ogum, Oxossi e Ossaim

Elementos: Terra/masculino

Ocorrendo em diversas regiões brasileiras, esta ciperácea medra com mais freqüência nos Estados do Nordeste e Sudeste.

Planta utilizada em assentamentos e trabalhos com Exu. É comum mascarem seus tubérculos, que também são chamados de *dandá*, durante os ritos funerários, com a finalidade de afastar os espíritos dos mortos.

Nas "santerias" cubanas, essa erva é atribuída a Iemanjá e Obaluaiê, sendo usada para rezar pessoas portadoras de lepra, e, misturada com outras folhas, em defumadores contra as más influências. Conhecida pelo nome lucumi *alubosa* (Cabrera 1992: 372).

No campo medicinal, a tiririca é útil contra a blenorragia.

MAKASA

Nome popular:	Catinga-de-mulata
Nome científico:	Hyptis mollissima Benth., Lamiaceae
Orixás:	Oxalá, Oxum e Iemanjá
Elementos:	Água/feminino

Planta encontrada no Nordeste e Sudeste, medrando em lugares úmidos e sombreados.

Toda a planta é aromática e exala um agradável perfume que lembra o jasmim. As folhas entram no *àgbo* dos filhos de Oxalá, Oxum e Iemanjá, e podem ser usadas em banhos purificatórios por qualquer pessoa. Servem para lavar o conjunto de búzios utilizados para fazer previsões. Segundo um informante, "misturadas ao manjericão, manjerona, levante-miúda e colônia, compõem um banho aromático com finalidade de atrair boa sorte".

Na medicina popular, em banho, é utilizada contra as febres infantis.

MÀRÌWÒ ÌYÁ

Nomes populares: Guacuri, palmeira-de-guacuri, guaicuri

Nome científico: Attalea princeps M., Palmae

Sinonímia: Scheelea princeps Karst

Orixá: Nanã

Elementos: Ar/feminino

Planta típica de regiões tropicais e subtropicais, encontrada no Norte, Nordeste e Centro-oeste brasileiro.

Nos candomblés jêje-nagôs utilizam-se as folhas do guacuri, como màrìyò, para cobrir o assentamento de Nanã, na forma de um capuz, imitando a roupa de palha-da-costa de Obaluaiê. Com as hastes mais longas das folhas confecciona-se o cajado cerimonial de Nanã, que é colocado junto ao seu "assentamento".

Forrageira muito utilizada no Centro-oeste, na alimentação de cavalos, sendo também alimentícia e medicinal para o homem, pois dos brotos de suas folhas tira-se um palmito, e o óleo extraído de suas amêndoas, além de alimentício, serve para combater a calvície.

MOBORÒ

Nomes populares: Cordão-de-são-francisco, cordão-de-frade, pau-de-praga, rubim, tolonga, corindiba

Nome científico: Leonotis nepetifolia (L) W. T. Aiton, Lamiaceae

Sinonímia:
1) Leonotis nepetaefolia Schimp. ex Benth.
2) Leonurus nepetaefolius Mill.
3) Phlomis nepetaefolia L.

Orixás: Obaluaiê e Oxossi

Elementos: Terra/masculino

Originária da África tropical, esta planta ocorre espontaneamente no Brasil em diversas regiões, sendo rara apenas no Sul.

Nos rituais, as folhas são utilizadas no *àgbo* e em banhos purificatórios para os filhos de Oxossi e Obaluaiê; todavia, a inflorescência "serve para fazer um pó com finalidade de enfraquecer e quebrar os inimigos".

Nas casas-de-santo cubanas, este é um vegetal de Ifá atribuído a Orumilá, e usado nos rituais e trabalhos dos babalaôs.

Conhecido pelos nomes iorubás *ikú ẹkùn* e *ọ̀kà* (Verger 1995:689), é utilizado na África, também, nos rituais e trabalhos dos babalaôs.

Em uso externo, o cordão-de-são-francisco é utilizado em banhos para cessar as dores nevrálgicas e reumáticas. Internamente, as folhas e galhos são usados para combater problemas do estômago, asma, problemas urinários e hemorragias uterinas. O extrato ou chá das folhas funciona como relaxante da musculatura lisa.

NEKIGBÉ

Nome popular:	Sapotizeiro, sapodilho, sapota, sapotilha, sapotilheiro
Nome científico:	Achras sapota L., Sapotaceae
Sinonímia:	1) Achras sapota Mill. 2) Achras sapota Jacq. 3) Sapota achras Mill. 4) Sapota zapotilla Coville
Orixá:	Ibeije
Elementos:	Fogo/masculino

Planta aclimatada no Brasil, ocorrendo principalmente no Norte e Nordeste, originária do México e América Central.

O fruto do sapoti é uma oferenda que muito agrada a Ibeije, sendo também utilizado para as Iabás, nos dias 8 de dezembro e 2 de fevereiro, ocasiões em que são feitas oferendas de frutas a Iemanjá e Oxum. Com as folhas torradas e pulverizadas, "prepara-se um ótimo *atín* (pó) que, soprado em casa, combate feitiços mandados".

Nos casos de desnutrição e convalescença, o sapoti, comido ao natural, é um excelente remédio, principalmente para as crianças. As sementes trituradas e dissolvidas na água servem para combater as afecções renais, e as cascas do tronco da árvore, em decocto, utilizam-se nos casos de diarréias, verminoses e estados febris.

OBÌ

Nomes populares: Noz-de-cola, cola, cola-africana, cacau-do-sudão, café-do-sudão, coleira

Nome científico: Cola acuminata (P. Beauv.) Sch. & Endl., Sterculiaceae

Sinonímia:
1) Cola nitida Vent.
2) Sterculia cuminata Palis

Orixás: Ossaim e Orumilá

Elementos: Ar/feminino

Originária da África, esta esterculiácea foi introduzida no Brasil e em Cuba com o advento da escravatura.

Utilizada em grande escala no culto aos orixás, a árvore da noz-de-cola pertence a Ossaim, mas a semente do seu fruto (*obì*) é utilizada em oferendas para vários orixás, principalmente Oxalá e as Iabás. Usado em jogos divinatórios, antes das oferendas e sacrifícios de animais, o obi é partido verticalmente em quatro partes e, após a saudação ao orixá, é lançado sobre um prato branco e interpretado conforme a posição em que caem seus pedaços.

Dentre as várias espécies de obi, destacamos o *obì ifin* ou *obì funfun* (obi branco), o *obìpa* ou *obì pupa* (obi vermelho), o *obì gbànja* (obí de dois gomos) e o *obì àbàtà* (obi de três a nove gomos). O *obì ifin* ou *funfun* é indicado para todos os orixás-funfun que comem esta semente, porém o *obì pupa* é oferecido a Exu, Ogum, Oxossi, Oiá, Oxum e todos os orixás que não possuem restrições à cor vermelha.

Cruz (1982:472) informa que as sementes da noz-de-cola possuem teobromina e cafeína, sendo usadas como sucedâneo do café, e que: "Entre os habitantes de certas regiões da África, esses cocos se usam como moeda corrente, são trocados por pó de ouro, representam a melhor garantia de um juramento feito ou de um compromisso assumido, e são considerados presentes importantes que honram e dignificam quem os recebe."

A noz-de-cola é um excelente tônico para o coração. Reconstituinte e estimulante do sistema nervoso, até hoje é usada pelo africano, principalmente por aqueles que trabalham em mercados, quando têm que empreender longas caminhadas ou trabalhos pesados, pois conseguem ficar longo tempo apenas alimentando-se com esta semente.

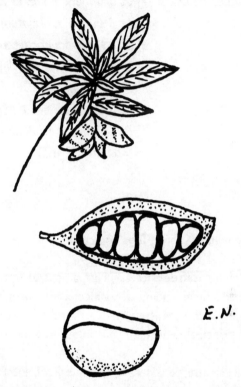

ỌDẸ̀ ÀKÒSÙN

Nomes populares: Caiçara, couvetinga, capoeira-branca, fumeira e fumo-bravo

Nomes científicos: 1) *Solanum erianthum* D. Don., Solanaceae
(= *Solanum auriculatum* Ait.)
2) *Solanum granuloso-leprosum* Dun.
(= *Solanum verbascifolium* var. *Auriculatum sensu Ktze.*)
3) *Solanum mauritianum* Scop.
(= *Solanum auriculatum* Ait. e *Solanum tabacifolium* Vell.)

Orixá: Oxossi

Elementos: Terra/masculino

Sob a denominação de caiçara, encontramos três espécies muito semelhantes, às vezes consideradas sinônimos por alguns estudiosos, todas nativas do continente americano. Arbustos assemelhados à jurubeba, ocorrem em todo o território nacional, principalmente nas regiões nordeste e sudeste.

A folha da caiçara, considerada de calma (*eró*), entra nos rituais de iniciação dos filhos de Oxossi, no *àgbo*, em banhos purificatórios e sacudimentos.

Conhecida na África pelos nomes iorubás *ewúro ìjèbú, ìjèbú kògbìn* e *òpeníníwùni*, é utilizada em diversos trabalhos, na liturgia dos orixás, tendo sido classificada por Verger como *Solanum erianthum* D. Don, Vel aff. (1995:721).

Na fitoterapia, suas folhas em infusão são usadas como calmantes e diuréticas.

ODIDI

Nomes populares: Bico-de-papagaio, mulungu, mulungu-do-litoral, eritrina-candelabro

Nome científico: Erythrina speciosa Andrews., Leguminosae-Papilionoideae

Orixá: Exu

Elementos: Fogo/feminino

Ocorrendo com freqüência nos Estados do Norte, Nordeste e Sudeste, o bico-de-papagaio tornou-se planta muito popular no Brasil, onde é nativo.

Na Bahia e no Rio de Janeiro, esta euforbiácea é utilizada nos rituais jêje-nagôs em trabalhos com Exu, sendo que "as folhas servem para lavar seu assentamento, e as flores servem como adorno".

Como terapêutica, essa planta é utilizada nos casos de agitações, pressão alta, insônia, perturbações do sistema nervoso e tosse, pois trata-se de um poderoso tranqüilizante. Também usa-se o sumo da folha contra dor de dente.

ÒDÒDÓ IYÉYÉ

Nome popular: *Girassol*

Nome científico: *Helianthus annus L., Compositae*

Orixá: *Oxum*

Elementos: *Água/feminino*

Originária do Peru, ocorre no México, Antilhas e em toda a América do Sul, incluindo o Brasil.

A flor do girassol exerce "boas influências dentro de casa, pois tem o poder de afastar os espíritos malignos e prosperar na vida" e, utilizada em banhos, tem a mesma finalidade. As pétalas do girassol, juntamente com as folhas, são usadas na umbanda e em rituais esotéricos pelas pessoas que fazem previsões, "para consagrar o baralho cigano".

Nas casas jêje-nagôs, é costume as pessoas tomarem banho com a água obtida da infusão das flores de girassol, para atrair boa sorte.

Em Cuba, o girassol tem os nomes lucumis *kékuoro, orúnifé* e *yenkemi* (Cabrera (1992:430). Acreditam, ainda, que Oxum gosta de ver essa flor na casa de seus filhos.

Tanto as sementes amassadas, quanto as folhas, empregam-se topicamente em contusões, golpes, arranhões, feridas, úlceras e inflamações da vagina. Com as sementes, torradas e moídas, prepara-se um "café" que dá bom resultado nos casos de enxaquecas e dores de cabeça.

ỌDÚNDÚN

Nomes populares: Folha-da-costa, saião, folha-grossa, paratudo, erva-grossa

Nome científico: Kalanchoe brasiliensis Camb., Crassulaceae

Sinonímia: Kalanchoe crenata (Andr.) Haw.

Orixá: Oxalá

Elementos: Água/feminino

De origem brasileira, a folha-da-costa é encontrada, praticamente, em todo o território nacional, estando hoje aclimatada em diversas áreas tropicais de outros continentes.

Tanto no Brasil como na África, esta planta é dedicada a todos os orixás ligados aos mitos da criação, conhecidos como òrìṣà-funfun, e, por extensão, é utilizada para os demais orixás.

Nos candomblés brasileiros é usada nos ritos de iniciação, como uma das principais plantas do àgbo, em banhos diversos, para compor oferendas feitas a Oxalá e nos sacrifícios de pombos, cágados, patos e galinhas-d'angola, quando a folha deve cobrir os olhos destes animais para que não vejam Ikú (a morte). Por gozar de grande prestígio entre os vegetais utilizados no culto, é exaltada na qualidade de folha calmante (ẹ̀rọ̀) no ritual da sasányìn, através de um dos versos de seu cântico: "ỌDÚNDÚN BÀBÁ T'ẸRỌ̀ 'LẸ̀" (ỌDÚNDÚN, pai, espalhe a calma sobre a terra). Juntamente com outras ervas, também entra na mistura de plantas utilizadas para "lavar os búzios e as vistas" dos sacerdotes que utilizam os jogos divinatórios.

Verger (1992:31) dá a fórmula de um "omiero" onde constam várias folhas, entre elas o ọ̀dúndún, utilizado pelos babalaôs africanos para lavar os olhos antes de abrirem o IGBÁDÙ (Cabaça de Odù). Ainda Verger (1981:255) cita que, em Ilésin de Ideta-Ilê, no culto a Ọbàtálá e sua mulher Yemowo, este vegetal é utilizado, em conjunto com outros, para lavar os objetos rituais, após os sacrifícios. Na África, é conhecido ainda pelo nome iorubá elétí (Verger 1995:685).

Na fitoterapia o saião é utilizado para debelar doenças pulmonares, porém o conhecimento popular afirma que, consumido em abundância, pode provocar pleurisia. A folha amassada e colocada sobre as áreas contundidas alivia a dor, diminui o inchaço e promove uma rápida cicatrização, bem como, aquecida em azeite de oliva, acelera a maturação de furúnculos. Seu sumo, ingerido, combate úlceras e distúrbios estomacais.

ỌDUNDÚN ODÒ

Nomes populares: Pincel, pincel-de-estudante, falsa-serralha, serralha-mirim, emília

Nome científico: Emilia sagitatta (Vahl) DC., Compositae

Orixás: Oxalá e Iemanjá

Elementos: Água/masculino

As plantas da espécie *Emilia* são nativas das regiões tropicais da Ásia, África e Américas. Kissmann (1992:245 Tomo II) informa: "Ocorrem dois tipos de plantas parecidas no Brasil, que alguns autores consideram como espécies distintas:

Emilia sonchifolia (L) DC — com flores róseas ou vermelhas, sendo os invólucros quase do mesmo tamanho que o dos flósculos.

Emilia sagitatta (Vahl) DC — com flores roxo-azuladas, sendo os invólucros mais curtos.

Outros autores consideram a *sagitatta* apenas uma variedade de *Emilia sonchifolia*."

Nos candomblés Ketu na Bahia e Xangôs em Pernambuco, esta planta é utilizada na iniciação e em banhos purificatórios. Com as folhas, preparam-se comidas que são oferecidas aos orixás.

Na África, esse vegetal é utilizado como espinafre no preparo de pratos comestíveis e também no culto aos orixás, sendo classificado por Verger (1995:669) como *Emilia coccinea* (Sims) G.Don, recebendo os nomes nagôs de ọ̀dúndún olókun, ọ̀dúndún etídòífẹ̀, e ọ̀dúndún odò, e os populares de pincel e pincel-de-estudante. Quanto ao nome científico, não conseguimos determinar se se trata de sinonímia de alguma das duas espécies citadas acima; todavia, os nomes populares atribuídos são os mesmos utilizados para determinar a *sonchifolia*. Convém ressaltar que algumas pessoas não fazem distinção quanto à utilização litúrgica das duas espécies, usando ambas com a mesma finalidade.

ỌGẸ̀DẸ̀ e EWÉ EKỌ́

Nome popular: Bananeira

Nome científico: Musa sapientum L., Musaceae

Orixás: Iroko, Oxalá, Oxum, Logun Edé, Oxumaré e Ibeije

Elementos: Água/masculino

"A bananeira é originária da Ásia ou da África. Entretanto, há quem afirme ser ela também oriunda da América, opinião que se baseia no fato de que já medravam em nosso continente, antes de Colombo e Cabral pisarem terras americanas" (Cruz 1982:98.).

Na preparação do acaçá, abará e ekuru, para serem oferecidos aos orixás, são utilizadas folhas de bananeira (*ewé ekọ́*), preferencialmente a da banana-prata, que, por ser a mais tenra, é indicada para envolver as massas de milho branco ou feijão-fradinho, que são as bases desses alimentos. A inflorescência, conhecida popularmente como "coração", é empregada em ebós e trabalhos para resolver problemas amorosos ou de saúde, sendo associada a Oxum.

Cabrera (1992:527), em Cuba, atribui a bananeira a Xangô. No caso brasileiro, nas noites dos dias 23 e 28 de junho, em que são acesas fogueiras para festejar Xangô, as oferendas colocadas sobre o fogo são laranjas, espigas de milho verde, batatas-doces e um amalá preparado com quiabo. A banana não pode entrar em nenhum. Conforme uma lenda muito divulgada nas casas de candomblé, "*Báayàní* pariu Aganju dentro de uma touceira de bananeira-da-terra (*ògẹ̀dẹ̀ àgbagbà*) e lá mesmo o abandonou. Iemanjá *Ogun-Té* encontrou a criança e a adotou como filho". O mito se justifica porque esta espécie constitui-se num interdito para os filhos de Xangô Aganju.

Tanto a banana-prata quanto a banana-ouro são oferecidas ao natural nas festas das Iabás, no dia 8 de dezembro, como também entram no preparo de algumas iguarias para Oxum e Logum Edé; porém, para Oxumaré e Ibeije, somente consomem a banana-da-terra frita no azeite-de-dendê.

Se em Cuba a bananeira é atribuída a Xangô, no Brasil, em alguns candomblés da Bahia, e na Casa das Minas, no Maranhão, ela está associada a Iroko ou

Loko, um vodum jêje de origem nagô, que por alguns é considerado um tipo de Xangô, e, conforme Pereira (1979:84), "seus diferentes atributos e símbolos — segundo Milo — são a bananeira, o camaleão, o anolis (?) verde e a borboleta amarela".

Embora o acaçá seja o alimento predileto de Oxalá, a este orixá são atribuídas apenas as folhas da banana-prata, pois a banana-d'água (ògẹ̀dẹ̀ ọmìnì) é um dos seus principais "ẹ̀wọ̀" (interdito), como também é para Oiá.

Com parte da bananeira também "é feito um trabalho quando se descobre que um filho é abikú. Um pedaço do tronco é colocado dentro de uma pequena fogueira, e diz-se: Fulano só pode morrer se esse tronco queimar. Como ele não queima..."

No sudeste africano, os termos ògẹ̀dẹ̀ abo e ògẹ̀dẹ̀ lóbóyọ̀ são usados pelos iorubás, também, como sinônimos para designar o fruto da bananeira (Verger 1995:699).

Além de ser um excelente alimento, a banana contém propriedades vitaminizantes, mineralizantes, cicatrizantes, diuréticas, antiasmáticas, antianêmicas, antiinflamatórias, antituberculínicas e anti-sépticas. A banana-prata é muito utilizada na alimentação infantil, principalmente para crianças recém-nascidas; todavia, nestes casos, as outras espécies são consideradas indigestas.

ÒJÈ DÚDÚ

Nomes populares: Guaco, cipó-caatinga, erva-dutra, erva-de-cobra, erva-das-serpentes, uaco

Nome científico: Mikania glomerata Spreng., Compositae

Sinonímia: Mikania guaco Humboldt.

Orixás: Oxalá, Oxossi e Ossaim

Elementos: Ar/feminino

Planta trepadeira originária do Brasil, que vegeta principalmente nas regiões de matas do Sudeste e Sul do país.

Nos candomblés, suas folhas são utilizadas em "banhos de proteção para os filhos-de-santo, quando o jogo aponta problemas de saúde".

O guaco é usado na fitoterapia como calmante e cicatrizante. Combate gripes, resfriados, doenças pulmonares, albuminúria, reumatismo e nevralgias; porém, a sabedoria popular aponta essa erva como perigosa para portadores de doenças cardíacas. Nos dias atuais, no interior, ainda são muito utilizadas balas ou "melados" feitos à base de guaco, com fins medicinais, para problemas das vias respiratórias.

OJÚORÓ

Nomes populares: Alface-d'água, flor-d'água, mururé, pajé, lentilha-d'água, erva-de-santa-luzia

Nome científico: *Pistia stratiotes* L., Araceae.

Sinonímia: *Pistia occidentalis* Blume

Orixá: Oxum

Elementos: Água/feminino

Nativa de regiões tropicais e subtropicais das Américas, da África e da Ásia, a alface-d'água é planta aquática que medra nas superfícies dos rios, lagos e represas.

De grande importância para os babalaôs, esta é uma das ervas que compõem o amassi utilizado para lavar os cauris que são usados nos jogos divinatórios, e os olhos dos "olowo" num ritual que simboliza o surgimento da visão extrasensorial. Nesta mistura, o *ojúoró* é associado a, pelo menos, sete tipos de vegetais diferentes. Entra nos rituais de iniciação dos filhos de Oxum, no *àgbo* e em banhos de purificação, sendo também utilizado para outros "orixás das águas", como Iemanjá, Nanã e Oiá.

Esta erva é muito empregada na medicina caseira. Cruz (1982:416) afirma que "as folhas, depois de contusas, têm a propriedade de fazer amadurecer os abscessos dentro do mais curto espaço de tempo. A infusão das folhas serve para combater a hematúria, hemoptises, asma e moléstias da pele". Todavia, a população do interior costuma utilizar o sumo da alface-d'água para debelar inflamações oculares.

OLIBẸ

Nome popular: Fava-de-Xangô

Nome científico: Entada sp., Leguminosae-Mimosoideae

Orixá: Xangô

Elementos: Terra/masculino

Árvore de provável origem africana, aclimatada no Brasil, principalmente na região nordeste.

Nos candomblés brasileiros, apenas as sementes, chamadas de fava, são utilizadas ritualisticamente nos assentamentos de Xangô.

Na África ocorrem diversos tipos de *Entada* (*Ìgbàwó* — *Entada abyssinica* Steud. Ex A. Rich.; *Igba òyìnbó, agúróbe, ogúróbe* — *Entada africana* Guill. & Perr.; *Agbaà* — *Entada gigas* (L.) Fawc. & Rendle; *Ọ̀sà* — *Entada pursaetha* DC (Verger 1995:699,700), todas usadas em rituais.

ỌMUN e ABẸRẸ-OJÒ

Nomes populares: Samambaia-de-poço, lana-silvestre

Nome científico: Thelypteris sp., Thelypteridaceae.

Orixá: Oxumaré

Elementos: Água/masculino

Tipo de samambaia que vegeta em lugares úmidos, principalmente em beira de córregos, poços e pedreiras. Encontrada com facilidade nas regiões nordeste e sudeste do Brasil.

A folha é utilizada nos rituais de iniciação dos filhos de Oxumaré, mas também é usada para Nanã, Obaluaiê e Ossaim. Em algumas casas jêje-nagôs, este vegetal é conhecido pelo nome de *abẹrẹ-ojò* (*abẹrẹ* = agulha, espinho + *ojò* = cobra), sendo este nome traduzido como pente-de-cobra, provavelmente devido às folhas, que são dispostas lembrando o formato de um pente.

ÒPÁṢÓRÓ ou JIMI

Nomes populares: Costa-branca, língua-de-vaca, língua-de-vaca-miúda, tapira, paraqueda, paraquedinha, fumo-do-mato, erva-de-sangue, sanguineira

Nome científico: Chaptalia nutans (L.) Polack, Asteraceae (Compositae)

Sinonímia:
1) Leria nutans DC.
2) Gerbera nutans Schultz-Bip.
3) Tussilago nutans L.

Orixá: Oxalá

Elementos: Ar/masculino

Nativa das Américas, com ocorrência em praticamente todo o Brasil. É considerada planta daninha, invasora de gramados e jardins.

Esta planta é também conhecida nos candomblés pelo nome nagô de *jimi* e, "por pertencer a Oxalá, pode ser utilizada em banhos, para todos os outros orixás, principalmente Iemanjá, Nanã, Oxumaré e Ossaim". Provavelmente o nome *òpáṣóró* — cajado ritual de Oxalá — deve-se à forma de sua inflorescência alongada.

Seu nome popular costa-branca é alusivo à cor da face inferior de suas folhas, que são esbranquiçadas.

Como medicamento, é considerada excitante e desobstruinte. Seu chá é indicado contra catarros pulmonares, tosses e moléstias da pele.

OPINIÉ

Nome popular: Pandano

Nome científico: *Pandanus veitchii* Hort., Pandanaceae

Orixás: Dàda e Báayànì (Ìyá Masé Malé)

Elementos: Terra/masculino

Planta nativa da Polinésia, cultivada como ornamental em vasos e jardins. No Brasil é encontrada em quase todos os Estados.

Segundo um informante, "esta planta tem folhas parecidas com as do abacaxi e pertence a *Báayànì*, é utilizada no seu *oró* e representa a mudança de sexo do orixá". Verger (1985:32), ao se referir a *Dàda*, diz que "existe uma dúvida a respeito de *Báayànì*. Alguns acreditam que este é um dos nomes do irmão mais velho de Xangô, enquanto outros pensam tratar-se de uma das suas irmãs. Dizem outros ainda, que se trata da sua mãe, Yamassé." Em candomblés tradicionais, como o Opô Afonjá, este orixá é cultuado com o nome de *Báayànì*, sempre seguido da explicação, "a mãe de Xangô". Quando reverenciam *Dàda*, uma dramatização feita através da dança, traz à memória a disputa entre Xangô e este seu irmão pela posse da coroa chamada Adê de *Báayànì*. "Este elemento do ritual parece ser uma reconstituição do destronamento de Dadá-Ajaká por Xangô e sua volta ao poder sete anos mais tarde" (Verger 1981:140).

Provavelmente, as folhas do opinié, que possuem cores diferenciadas numa mesma planta, indo do verde-escuro ao quase branco, estão associadas aos dois orixás. O mais escuro ao masculino e o mais claro ao elemento feminino (Barros 1993:92), representando a ambigüidade não solucionada historicamente.

ÒRÓ ÒYÌNBÓ

Nome popular: Mangueira

Nome científico: Mangifera indica L., Anacardiaceae

Orixás: Ogum e Iroko

Elementos: Terra/masculino

Nativa da Índia, foi introduzida no Brasil onde aclimatou-se facilmente, sendo hoje encontrada em condição subespontânea ou cultivada em todo o território nacional.

Nos dias de festas é costume espalhar folhas de determinado vegetal nos salões dos candomblés, podendo ser as da mangueira, pois acredita-se que estas tenham poderes para "evitar demandas provocadas por elemento mal-intencionado". Emprega-se, também, em sacudimentos que acompanham ebós para melhorar a sorte das pessoas; todavia, os frutos são evitados pelos filhos de Ogum na nação Ketu, pois é um interdito para este orixá. Nos terreiros que cultuam Iroko e não possuem uma gameleira, que é a árvore preferencialmente consagrada a este orixá, a mangueira pode ser utilizada como substituta. Seus frutos entram nas oferendas das festas das Iabás, que ocorre no dia 8 de dezembro, dedicado a Oxum.

No culto jêje-mina, no Maranhão, é usada no banho das noviças. Nas casas-de-nagô no Pará, é atribuída a Oxossi, e nos candomblés de Angola e terreiros de umbanda, entra no preparo de banhos purificatórios, rituais de iniciação, lavagem de contas e de cabeça.

Em Cuba, a mangueira é conhecida entre os lucumis pelos nomes *oro, eléso* e *orun béke*, sendo atribuída a Oxum e utilizada para todos os orixás. Existe uma crença entre os "santeiros" de que, quando a mangueira dá frutos em demasia, é presságio de miséria (Cabrera 1992:484).

Utilizada tanto como alimento quanto em liturgia na África, este vegetal possui os nomes iorubás *mángòrò* e *şẹ́ri* (Verger 1995:693).

Terapeuticamente, as folhas da mangueira combatem a bronquite asmática, estomatite, gengivite e contusões. O chá do lenho da árvore serve para debelar leucorréia e diarréia. O fruto é rico em caroteno; todavia, é contra-indicado para pessoas com problemas renais. As folhas e os frutos, quando arrancados, liberam um líquido que, em algumas pessoas, provoca urticária, sendo combatida com a infusão das próprias folhas.

ORÓGBÓ

Nome popular: Orobô

Nomes científicos: 1) *Garcinia livingstoni* T. Anders., Guttiferae
2) *Garcinia kola* Heckel

Orixás: Orumilá, Xangô e Ossaim

Elementos: Fogo/masculino

Orobô é o nome dado à semente de origem africana, bastante difundida e utilizada nos cultos afro-brasileiros.

São usadas para alguns ọbọrọ́ (orixás masculinos) e em jogos divinatórios por ocasião dos ritos de passagem (obrigações) e oferendas, principalmente para Xangô, do mesmo modo como são manipulados o obi, a cebola e os quatro búzios. É empregado, ainda, ralado e misturado às oferendas feitas a Xangô e Ogum, "para alcançar prosperidade".

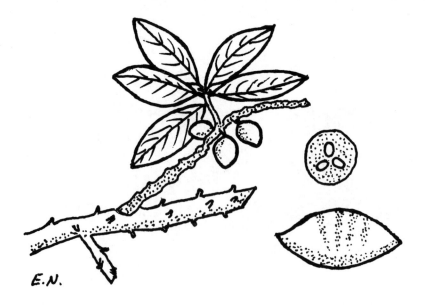

Embora a espécie *livingstoni* seja considerada a mais apropriada pelos especialistas nos rituais, que a consideram de melhor aparência, a *Garcinia kola* é a mais utilizada, por ser encontrada com mais facilidade, inclusive na África, onde é conhecida também pelo nome *iwó* (Verger 1995:675).

Um mito de Ifá, do *Odù Òdì Méjì*, relata que entre as sete árvores sobre as quais pousaram as feiticeiras em forma de pássaros negros, o orobozeiro foi a primeira; porém, logo retiraram-se, pois ali não encontraram a sorte esperada (Verger 1992:58-59).

Na fitoterapia, o orobô é utilizado para combater bronquites.

OṢÈ

Nomes populares: 1) Baobá, árvore-dos-mil-anos, bondo, imbondeiro, adansônia, calabaceira
2) Castanheira-do-pará, castanha-do-pará, castanha-do-brasil

Nomes científicos: 1) *Adansonia digitata* L, Bombacaceae
2) *Bertholletia excelsa* H.B.K., Lecythidaceae

Orixás: Diversos

Elementos: Ar/masculino

Com o advento da escravatura, ao chegarem no Brasil, os grupos negros de origem jêje-nagô substituíram o baobá (*Adansonia digitata* L) de origem africana, considerado uma das maiores árvores do mundo, pela castanheira-do-pará, em seus rituais religiosos. Hoje, com a introdução da espécie nativa da África em território brasileiro, as duas são utilizadas com a mesma finalidade e se constituem árvores sagradas.

Na África, é dedicado a diversos orixás, e suas folhas são utilizadas em banhos de iniciação e proteção dos iniciados, sendo conhecido também pelo nome iorubá *oṣè ìgbéèlùjù* (Verger 1992:627). Em algumas regiões, costuma-se sepultar os cadáveres embalsamados de ancestrais, artistas, músicos e poetas no interior dos troncos, onde transformam-se em múmias.

Árvore brasileira, nativa da região amazônica, a castanheira-do-pará, também classificada como *Bertholletia nobillis* Miers, ocorre especialmente nas regiões norte e nordeste, e sob ela pratica-se no Brasil o culto a Oxalá e Xangô. É comum encontrar-se sob sua copa oferendas dedicadas a estes orixás, e no espaço das casas de candomblé, seu tronco é enfeitado com grandes laços de tecidos, distinguindo-a como sagrada.

Os frutos do baobá são comestíveis, a casca, em forma de chá, combate as febres intermitentes, e as sementes são utilizadas para debelar diarréias e disenterias.

A castanheira-do-pará é usada como emoliente para combater inflamações purulentas. A casca é utilizada sob a forma de chá contra as moléstias do fígado (Guimarães & Mautone & Rizzini & Matos Filho 1993:57).

OṢÈ ỌBÁ

Nome popular: Vence-demanda

Nomes científicos: 1) *Piper arboreum Aubl.*, Piperaceae
2) *Piper arboreum Aubl.*, var. *arboreum*
3) *Piper amplum Kunth.*

Orixá: Xangô

Elementos: Fogo/masculino

Plantas nativas brasileiras que vegetam em lugares sombreados de matas tropicais, nas regiões nordeste ao sudeste.

Sob a denominação de vence-demanda, encontramos algumas plantas do gênero *Piper*, que são utilizadas indistintamente em rituais com as mesmas finalidades. Embora pertençam a Xangô, essas espécies são usadas em "banhos de prosperidade e descarrego para os filhos-de-santo de diversos outros orixás, inclusive Oxum, Iemanjá, Oxossi e Ogum". As folhas desses vegetais, quando maceradas, exalam um perfume agradável, próprio de algumas piperáceas.

ỌṢẸ̀ PÒTU

Nomes populares: Guanxuma-lisa, guanxuma, vassourinha, tupixá e tupitixá

Nome científico: Sida carpinifolia L.f., Malvaceae

Sinonímia: Sida acuta var. carpinifolia (L.f.) K. Schum.

Orixá: Obaluaiê

Elementos: Terra/masculino

Planta nativa do Brasil, esta espécie medra em quase todo o território nacional, sendo menos freqüente no Norte e Nordeste.

Com os galhos deste vegetal, prepara-se uma vassoura utilizada para varrer os ambientes da casa ou terreiros, acreditando-se que afaste doenças epidêmicas. "Suas folhas em banho são boas para sacudimentos de pessoas que se encontram com a saúde abalada."

Emoliente, é utilizada no tratamento de tosses, bronquites e afecções pulmonares.

ÒṢÍBÀTÁ

Nomes populares: 1) Golfo-de-flor-branca
2) Golfo-de-flor-amarela
3) Golfo-de-flor-vermelha
4) Golfo-de-flor-lilás

Nomes científicos: 1) Nymphaea alba L, Nymphaeaceae
2) Nuphar luteum Sibt. et Smith
3) Nymphaea rubra Roxb. ex Salisb.
4) Nymphaea caerulea Andr.
(= Nymphaea capensis Thunb)

Orixás: Oxalá, Iemanjá, Xangô, Oxum, Oiá, Obá, Nanã e Ewa

Elementos: Água/feminino

Planta aquática encontrada na Europa, Ásia, África e Américas, medrando na superfície de lagos e rios.

As várias espécies de golfo são usadas nos rituais de iniciação, agbó e banhos purificatórios. O golfo-de-flor-branca entra "nas obrigações dos filhos de Oxalá, Iemanjá e algumas qualidades de Xangô que têm enredo com estes orixás". O golfo-de-flor-amarela (*Nuphar luteum* Sibt. et Smith) é utilizado para Oxum; o golfo-de-flor-vermelha (*Nymphaea rubra* Roxb. ex Salisb.) é usado para Iansã e Obá; e o golfo-de-flor-lilás (*Nymphaea caerulea* Andr. ou *Nymphaea capensis* Thunb.) é indicado para Nanã e Ewa. "Nos rituais da obrigação dos sete anos, o *òṣíbàtá* é planta indispensável a qualquer iniciado."

Na África, segundo Verger (1995:701), o espécime denominado *òṣíbàtá* é o lótus (*Nymphaea lotus* L.), planta aquática de origem egípcia, considerada sagrada na antiguidade, que também é uma *nymphaeaceae*. Hoje disseminada por diversos continentes, supomos ter sido substituída pelas espécies acima citadas, quando da chegada de escravos nagôs no Brasil, época em que o lótus ainda não medrava nas Américas.

As *Nymphaea* são consideradas anafrodisíacas, podendo, provavelmente, ter a função de tranqüilizar sexualmente os neófitos por ocasião de sua reclusão. Segundo Sangirardi Júnior (1981:156-159), referindo-se às diversas variedades de golfo, "... eram usados pelos anacoretas e nos claustros, conventos, seminários". Afirmando, ainda, que "a raiz que acalma o desejo do homem evita também a prenhez da mulher", sugere ser uma planta abortiva. Todavia, as funções terapêuticas do golfo são diversas, dentre elas, destacamos o combate às disenterias, diarréias e moléstias de pele.

OSÙN ẸLẸ́DẸ̀

Nomes populares: Urucum, urucu, açafroa, açafroeira-da-terra

Nome científico: Bixa orellana L., Bixaceae

Sinonímia: 1) Bixa americana Poir.
2) Bixa urucurana Willd.

Orixá: Xangô

Elementos: Fogo/feminino

Planta de origem brasileira, que ocorre em todo o território nacional, sendo com maior incidência em florestas pluviais no Norte e Nordeste.

As sementes do urucum produzem um corante vermelho (colorau), muito utilizado na culinária doméstica; porém, nos rituais de iniciação, este corante substitui o *osùn* africano, utilizado nos rituais de iniciação.

Sob a forma de chá, suas sementes são utilizadas no combate às afecções cardíacas e das vias respiratórias, e externamente, em emplastro, na cicatrização de queimaduras.

ỌYỌ

Nomes populares: Caruru-da-bahia, juta-azul

Nome científico: Corchorus olitorius L, Tiliaceae

Orixá: Xangô

Elementos: Fogo/masculino

De possível origem africana, esta planta ocorre no Brasil, medrando de preferência em terrenos úmidos e sombreados.

Na África, este vegetal aparece nos mitos de Ifá, com os nomes iorubás *ayó, ọóyọ́, oyọ́yọ́ ẹyọ́, ẹyọ́ gànbẹ, ewéédú gànbẹ* e *ṣẹnu gbọọrọ* (Verger 1995:655). Os mitos contam que foi utilizada por Orumilá para agradar as feiticeiras, evitando, desse modo, que elas viessem a prejudicar os homens (Verger 1992:50).

Em Cuba, é conhecida pelo nome popular *grenguere* e pelo lucumi *efó*, sendo atribuída a Iemanjá, Oxum e Xangô. Considerada viscosa como o quiabo, é utilizada no preparo de comida para esses orixás, e para combater feitiços (Cabrera 1992:433.)

Nos candomblés brasileiros, essa tiliácea também é conhecida pelo nome de *ayó*, e sua principal utilidade é no preparo de um amalá para Xangô (Baru), "que não come quiabos, pois não gosta da gosma que ele produz". Todavia, prepara-se também uma comida que é oferecida a Iemanjá. Em banhos, "é uma folha positiva no combate às demandas", sendo utilizada, ainda, no *àgbo* dos filhos de Xangô.

PATIÒBA

Nome popular: Tamba-tajá

Nome científico: Xanthosoma Atrovirens Koch. et Bouche., var. appendiculatum, Araceae

Orixá: Ossaim

Elementos: Água/masculino e feminino

Planta nativa na América tropical, ocorrendo também em outros continentes. No Brasil é cultivada como ornamental ou encontrada em matas úmidas.

Por suas características morfológicas, tornou-se singular para os adeptos das religiões afro-brasileiras. Suas folhas possuem um pequeno apêndice em sua parte posterior, um folículo de cor mais clara que somente é exibido quando a luz do sol encontra-se em seu ápice, fenômeno conhecido como fototropismo positivo. O olhar atento e comprometido da visão de mundo jêje-nagô fez desse vegetal ambíguo símbolo da sexualidade. A pequena "folhinha de baixo, redonda, é femi-

nina, e a grande (alongada), masculina". Encerra, portanto, ao nível ideológico, características tanto masculina e feminina, quanto andrógina, compatíveis com o panteão em suas variáveis (Barros e La Menza 1987:232).

É somente usada sob a forma de pó com o propósito de separar, confundir, anular união de parceiros ou casais. Para isso "tem que a folha virar pó e o tempo todo se pedir o que quer".

PÈRÈGÚN

Nomes populares: Nativo, pau-d'água, dracena, coqueiro-de-vênus

Nome científico: Dracaena fragans (L.) Ker Gawl., Liliaceae

Orixá: Ogum

Elementos: Terra/masculino

De origem africana e muito difundida no Brasil, esta é, provavelmente, a planta mais popular nos candomblés afro-brasileiros. Sua utilização é variada, entra no *àgbo* (pois é uma das folhas fixas), banhos para diversos fins, sacudimentos e diversos rituais.

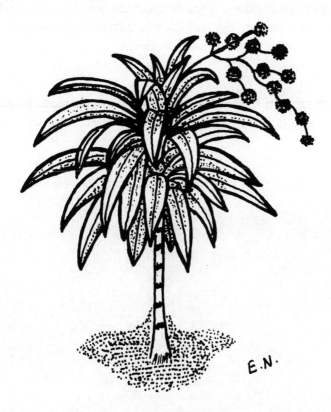

Na iniciação dos filhos-de-santo, a folha do *pèrègún* é usada como sendo a primeira na composição do *àgbo*, sendo indispensável, uma vez que representa Ogum na "função de *Asiwajú*, aquele que toma a vanguarda, aquele que vai na frente dos outros, o que precede..." (Santos 1976:93).

Ao término dos dezessete dias em que transcorre a iniciação, é promovida uma festa em que o iniciado incorporará o seu orixá, que dará seu nome publicamente. No dia seguinte ao decorrer da festa do nome do Orixá, pratica-se o ritual do panã, que consiste em reintegrar o iniciado à vida cotidiana, através da dramatização dos afazeres do dia-a-dia. Ao final desse ritual, uma folha de *pèrègún* é colocada nas mãos do Iaô e, sobre ela, é depositada uma brasa incandescente, para ser, em seguida, resfriada com a água de uma quartinha de barro. Nesse ritual estão simbolizados os quatro elementos da natureza, o fogo contido na brasa, a água da quartinha, a terra representada pela folha de *pèrègún*, e a fumaça gerada retratando o ar.

Com freqüência, esta agavácea é utilizada em cercas-vivas que circundam a casa de Ogum, ou ao seu pé são colocados os objetos rituais deste orixá. Podem, ainda, ser empunhadas pelos orixás durante as danças em substituição aos objetos simbólicos tradicionalmente utilizados, que representam armas.

Na sacralização dos objetos rituais de Ogum, Ossaim, Oxossi ou Omolu, as representações feitas em ferro são, também, colocadas no fogo para que fiquem incandescentes e, em seguida, retiradas e resfriadas com água sobre folhas de *pèrègún*.

Utilizada, também, como planta ornamental, a dracena possui propriedades medicinais, que, macerada, sob a forma de banho ou em compressa, combate o reumatismo.

PÈRÈGÚN KÒ e PÈRÈGÚN FUNFUN

Nomes populares: Coqueiro-de-vênus-nativo, dracena-listrada, dracena-verde-e-amarela, nativo

Nome científico: *Dracaena fragans* var. *Massangeana* L., Liliaceae

Orixás: Oxumaré, Ossaim e Logun Edé

Elementos: Terra/masculino

Esta variedade de dracena, também de origem africana, distingue-se da anterior por conter listras amarelas nos contornos de suas folhas.

Vegetal utilizado no ritual de iniciação de Oxumaré e banhos purificatórios. Todavia, algumas pessoas dedicam-na, também, a Logun Edé, atribuindo-lhe, ainda, o nome de *pèrègún funfun*.

Nas oferendas de frutos a Ossaim, o cesto que serve como recipiente pode ter suas bordas ornamentadas com estas folhas.

Medicinalmente, possui as mesmas propriedades da *Dracaena fragans*.

RINRIN

Nome popular:	Alfavaquinha-de-cobra
Nome científico:	Peperomia pellucida (L.) Kunth., Piperaceae
Orixás:	Oxalá e Oxum
Elementos:	Água/feminino

A alfavaquinha-de-cobra, conhecida na Bahia e Rio de Janeiro, é uma erva de origem africana que disseminou-se por todo o Brasil. Prolifera em lugares úmidos, sendo encontrada com facilidade em pedreiras, jardins, florestas sombreadas e mesmo em terrenos abandonados e beiras de calçadas.

Conhecida entre os erveiros pelo nome de *orirí* ou *oriri-de-oxum*, é fundamental nos rituais de iniciações e obrigações periódicas que ocorrem nos candomblés jêje-nagôs, entrando no *àgbo* de todos os orixás.

Verger (1992:30,31), citando um mito de Ifá, relata que: "Igbádù é a casa de Odù. Não se pode entrar na casa e olhar o interior, se não se esfregar antes os olhos com água de calma, composta de folha de òdúndún, tètè e rínrín, de limo da costa (karitê) e de água (contida no casco) de um caracol.

Todo babalaô que vai fazer o culto de Orumilá na floresta deve antes adorar Odù, sua esposa, no Igbádù, senão Orumilá não ouvirá seus pedidos e não saberá que este babalaô é seu filho."

É interessante notar a relação que essa erva tem com os olhos, seja no plano litúrgico, seja no fitoterápico. No plano litúrgico, ela pertence também a Oxum, que, na qualidade de *Opará*, é sincretizada com Santa Luzia, sendo ambas protetoras dos olhos. Na medicina popular, as pessoas do interior usam o sumo extraído do caule desse vegetal para combater irritações e inflamações oculares.

SEMIN-SEMIN

Nomes populares: Vassourinha-de-oxum, vassourinha-doce, vassourinha, vassourinha-benta, tapixaba

Nome científico: Scoparia dulcis L, Scrophulariaceae

Sinonímia: 1) Scoparia procumbens Jacq.
2) Scoparia ternata Forsk.

Orixás: Oxum e Iemanjá

Planta nativa na América tropical. É encontrada em quase todo o território, principalmente nos Estados do Nordeste, Sudeste e Sul.

Conhecida popularmente entre os jêje-nagôs como vassourinha-de-oxum, esta planta tem diversas finalidades. Suas folhas são utilizadas em banhos purificatórios e sacudimentos. "Os galhos, dentro de um copo com água, sobre a mesa de jogo, servem para melhorar a clarividência e purificar o ambiente". Suas raízes pulverizadas são empregadas no preparo de um sortilégio que é colocado sob a língua, com a finalidade de obter-se favores de outras pessoas.

Usada na liturgia iorubá, esta planta é conhecida pelos nomes ọmísínmísín gogoro, mẹsẹ́nmẹsẹ̀n gogoro, olómù yìnrín, bímọbímọ e màyìnmàyìn, sendo empregada em "receita para acabar com a tosse", "trabalhos para persuadir as pessoas" e "trabalho para conquistar o coração de uma mulher" (Verger 1995:717,165,167,347,371).

O suco, a infusão ou o decocto deste vegetal é utilizado como fitofármaco para combater gripes, bronquites, catarro pulmonar, hemorróida e dores de ouvido. Considerada, ainda, emoliente, diurética, tônico do estômago e antifebril.

SẸNÍ

Nomes populares: Barba-de-são-pedro, vassourinha-de-santo-antônio, alecrim-de-santa-catarina, bromil, vassourinha

Nome científico: Polygala paniculata L., Polygalaceae

Orixá: Ossaim

Elementos: Terra/masculino

Planta considerada por alguns como nativa brasileira; todavia, ocorre no México, Antilhas e Peru. No Brasil é mais freqüente nas regiões nordeste, sudeste e sul.

Nas casas de candomblé jêje-nagôs, esta erva é utilizada em banhos purificatórios e trabalhos com Ossaim.

Empregada no tratamento das moléstias das vias urinárias, sendo também vomitiva; porém seu maior uso é nos casos de contusões e machucados, pois a raiz contém salicilato de metila, exalando um cheiro forte, "parecido com gelol", característico de pomadas e líquidos utilizados para esta finalidade. Segundo alguns, era utilizada no preparo do xarope expectorante "bromil", daí um de seus nomes populares.

Algumas espécies da família das poligaláceas, quando ingeridas pelo gado, aumentam a produção de leite, daí o significado de seu nome: poligala = muito leite.

SÈNÍKAWÁ

Nomes populares: Arrozinho, carrapicho, orelha-de-caxinguelê, alfafa-do-campo, urinária

Nome científico: Zornia diphylla Pers., Leguminosae

Sinonímia: Zornia latifolia Smith., Leguminosae

Orixás: Ewá e Ossaim

Elementos: Água/masculino

Vegetal amplamente disperso pela América do Sul, encontrado também no continente africano.

Planta utilizada nos rituais de iniciação, que, segundo Barros (1993:110), seu nome nagô significa "ter que vir". Provavelmente, uma alusão ao chamar-se o orixá para que ele incorpore em seu *ìyàwó*.

Segundo Verger (1995:737), este vegetal é conhecido dos iorubás, na África, com o nome de ẹ̀mú, terminologia dada na África a diversos tipos de plantas que possuem frutos pegajosos (carrapichos).

Considerada diurética, laxante, é usada contra diarréias. Externamente, em massagem para reumatismo.

ṢÈRẸ ỌBA e ISÍN

Nomes populares: Xique-xique, cascaveleira, guizo-de-cascavel, crotolária, chocalho, maraca

Nome científico: Crotolaria retusa L., Fabaceae (Leguminosae)

Orixá: Xangô

Elementos: Fogo/feminino

Planta pantropical, nativa da Ásia, encontrada em diversos continentes e vastamente dispersa no território nacional.

Essa leguminosa é conhecida no candomblé brasileiro pelo nome nagô *isín*. Seu fruto é uma fava que, nas "casa-de-santo", é chamada de *ṣékéré*, porque quando seca, produz, ao balançar, um som parecido com um *ṣere* (objeto metálico em forma de cabaça com cabo, utilizado no culto a Xangô). Segundo alguns, é utilizada em oferendas ao Odu Obará, para pedir prosperidade na vida. As folhas, "consideradas quentes, são usadas em banhos, juntamente com outras folhas frias para equilibrar a mistura".

Na África, recebe os nomes *àwíyán* e *òdòdó* (Verger 1995:657), sendo conhecida dos sacerdotes do culto de Ifá.

Outra espécie que ocorre no Brasil, e que tem a mesma finalidade litúrgica, é a *C. pallida* Ait. (= *C. mucronata* Desv. e *C. striata* DC.), que, embora os frutos sejam parecidos, as folhas divergem em seus formatos.

ṢÉṢÉRÉ

Nomes populares: Chapéu-de-couro, chá-mineiro, erva-do-brejo, congonha-do-brejo, aguapé

Nome científico: Echinodorus grandiflorus (Cham. & Schlech.) Mich., Alismataceae

Sinonímia:
1) Echinodorus floribundus (Seub.) Seub.
2) Echinodorus pubescens (Mart.) Seub.
3) Echinodorus muricatus Gris.
4) Alisma grandiflorum Cham. & Schlech.
5) Alisma floribundum Seub.

Orixá: Oxalá

Elementos: Água/feminino

Ocorrendo no sul dos Estados Unidos, Antilhas, América Central e América do Sul, este vegetal, próprio de lugares úmidos, vegeta em todo o território nacional. Sua origem é o continente americano.

Planta utilizada nos candomblés, em banhos purificatórios. Na umbanda é usado contra mau-olhado e em "banhos de descarregos".

As propriedades diuréticas dessa erva medicinal coloca-a entre as mais usadas pela população do interior do país, para sanar problemas renais. As folhas em infusão combatem as inflamações da garganta e as afecções das vias urinárias. Em banho, ajuda na cura de ulcerações da pele.

SUKUÍ

Nome popular: Azevinho

Nome científico: Ilex aquifolium L, Aquifoliaceae

Orixá: Exu

Elementos: Fogo/masculino

Planta originária da Europa e da Ásia, cultivada como ornamental em diversos países.

Nos cultos afro-brasileiros, as folhas do azevinho são empregadas em sacudimentos e trabalhos com Exu.

TAMANDÉ

Nomes populares: Arnica-do-campo, erva-lanceta, lanceta, espiga-de-ouro, sapé-macho, arnica-do-brasil

Nome científico: Solidago microglossa DC., Asteraceae (Compositae)

Sinonímia: Solidago chilensis Meyen

Orixá: Nanã

Elementos: Água/feminino

Planta nativa da América do Sul, ocorrendo com mais freqüência nas regiões sudeste e sul.

Segundo informações, em Salvador-(BA), esta folha é atribuída a Nanã, e seu nome nagô significa "aquela que reza". É utilizada na sacralização dos objetos rituais deste orixá.

A arnica-do-campo possui as mesmas propriedades da arnica-verdadeira, sendo utilizada para combater doenças do estômago e, em tintura homeopática, para prevenir derrame em casos de tombos e quedas.

TARAPẸ

Nomes populares: Árvore-da-felicidade, árvore-da-felicidade-fêmea

Nome científico: *Polyscias fruticosa* L., Araliaceae

Sinonímia: *Polyscias multifidum* Hort.

Orixá: Ìyá Masé Malé (Báayàní)

Elementos: Água/feminino

Planta originária da Índia, Polinésia e Malásia, cultivada para fins ornamentais em diversos países, inclusive o Brasil, onde é conhecida popularmente como árvore-da-felicidade.

Essa é uma das plantas atribuídas a *Báayàní* ou *Ìyá Masé Malé*, orixá feminino cultuado nos terreiros de candomblé jêje-nagôs mais tradicionais da Bahia, considerada a mãe de Xangô. As variedades destas espécies mais comuns são a árvore-da-felicidade-macho (de folhas ovaladas com bordas recortadas), a árvore-da-felicidade-fêmea (com folhas finas), e a árvore-da-felicidade, que em suas folhas apresenta coloração branca nas bordas, sendo a preferida, pois, segundo alguns, reverencia Oxalá. É utilizada em assentamentos e banhos purificatórios.

TÉEMI

Nomes populares: Canela, canela-da-índia, canela-do-ceilão, canela-de-cheiro

Nome científico: Cinnamomum zeilanicum Breyne., Lauraceae

Sinonímia:
1) Cinnamomum aromaticum Arah.
2) Cinnamomum cassia Ness.
3) Laurus cinnamomum L.

Orixá: Oxum

Elementos: Terra/masculino

De origem asiática, a canela foi introduzida no Brasil, na época da colonização, por jesuítas.

Planta tradicional da culinária, muito utilizada nos cultos afro-brasileiros. Tanto na umbanda, quanto no candomblé, os lenhos de canela são usados em defumadores para purificar os ambientes. As folhas pertencem a Oxum e são utilizadas em banhos ou perfumes, pelas mulheres, "com a finalidade de atrair o sexo oposto".

A canela, enquanto essência, é largamente utilizada na indústria de cosméticos e perfumarias.

No campo medicinal, a canela é aplicada como estimulante das funções digestivas, estomacais, antiespasmódicas, carmitativas, antissépticas e hemostáticas. Possuindo, ainda, utilidade prática no combate à gripe, diarréia, hemorragia pós-parto, paralisia da língua, escorbuto e diversos outros males. Todavia, é contra-indicada para as mulheres nos primeiros meses de gravidez, pois possui propriedades abortivas.

TẸNÚBE

Nomes populares: Botão-de-santo-antônio, lanceta, erva-de-botão, agrião-do-brejo, pimenta-d'água, surucuína, suricuína, tangaracá, ervanço, cravo-bravo

Nome científico: Eclipta alba (L.) Hassk., Asteraceae (Compositae)

Sinonímia:
1) Eclipta erecta L.
2) Eclipta prostrata L.
3) Verbesina alba L.
4) Verbesina prostrata L.

Orixá: Ogum

Elementos: Terra/masculino

Planta originária da Ásia, presente atualmente em todos os continentes. No Brasil, ela ocorre, principalmente, nas áreas de clima úmido tropical.

A folha do botão-de-santo-antônio é utilizada nos rituais de iniciação, àgbo, em banhos purificatórios e sacudimentos "para melhorar a vida dos filhos de Ogum".

Utilizada também na África, pelos sacerdotes de Ifá, é conhecida pelos nomes iorubás *arójòkú, àáràgbá, abíkolo* (Verger 1995:668).

TẸ̀TẸ̀

Nomes populares: Caruru, bredo, caruru-de-mancha, caruru-de-porco, caruru-de-soldado

Nome científico: Amarunthus viridis L, Amaranthaceae

Sinonímia: Amaranthus gracilis Desf.

Orixás: Oxalá e Ogum

Elementos: Terra/feminino

O caruru tem sua origem no Caribe, provavelmente na Jamaica, mas atualmente está disseminado pelas diversas áreas tropicais e subtropicais de todos os continentes. Suas folhas normalmente apresentam manchas vermelhas ou amarronzadas, embora seja possível encontrar alguns exemplares sem essas cores.

Entre os nagôs brasileiros, este é um dos principais vegetais dedicados a Oxalá, considerado *eró* (de calma), sendo, algumas vezes, também atribuída a Ogum, servindo para uso comum a todos os orixás, principalmente nos rituais de iniciação, *àgbo*, banhos purificatórios e para sacralizar os objetos rituais dos orixás.

Do mesmo modo que no Brasil e na África, em Cuba esse vegetal recebe o nome de *tẹ̀tẹ̀*, e também pertence a Oxalá. É utilizado em banhos de proteção, para lavar os objetos sagrados e "los cogollos, para las comidas de los orishas" (Cabrera 1992:346).

No culto de Ossaim, o caruru é citado como folha de grande prestígio na liturgia dos orixás, pois, segundo um *korin ewé* (cânticos sagrados das folhas*)*, *"TẸ̀TẸ̀ KO MỌ TẸ̀Ẹ́ O TANI JU ONÍLẸ́"* (*TẸ̀TẸ̀* não pode perder a sua estima. Quem pode mais do que o dono da terra?) ou então *"TẸ̀TẸ̀ KI ÌTẸ̀ L'ÀWÙJỌ ẸFỌ̀"* (*TẸ̀TẸ̀* não perde seu lugar entre os vegetais).

Na Nigéria e Golfo do Benin, esta amarantácea é conhecida também pelos nomes *tẹ̀tẹ̀ àtètèdáyé, tẹ̀tẹ̀ ateledánji, tẹ̀tẹ̀ ọyágade, tẹ̀tẹ̀ kékéré, tẹ̀tẹ̀ gbọlọgí, tẹ̀tẹ̀ pupa* e utilizada medicinal e liturgicamente com diversas finalidades, entre elas, em "receita para eliminar solitária", "receita de calmante", "receita para tratar tonturas" e "proteção contra teimosia" (Verger 1995:631,203,247,263,445).

Em alguns países da Europa e da África, o caruru é consumido como alimento semelhante ao espinafre, do mesmo modo como é feito no Brasil.

As folhas do caruru são usadas, na medicina popular, contra moléstias do fígado e afecções das vias urinárias, principalmente nos casos de cistite e retenção da urina; e as flores combatem as tosses rebeldes.

TẸTẸ GÚN

Nomes populares: Bredo-de-espinho, bredo-bravo, caruru-de-espinho, caruru-bravo

Nome científico: Amaranthus spinosus L., Amaranthaceae

Sinonímia:
1) Amaranthus diacanthus Raf.
2) Amaranthus caracasanus H.B.K.

Orixá: Exu

Elementos: Fogo/masculino

Planta nativa das Américas, amplamente disseminada pelas áreas tropicais e subtropicais dos dois hemisférios, inclusive no continente africano.

Nas casas de candomblé jêje-nagô utilizam-se "dois tipos de *tẹ̀tẹ̀*, o frio, que é de Oxalá, e o quente, que é chamado de *tẹ̀tẹ̀ gún* e serve para assentar Exu". As folhas do segundo são usadas em infusão na sacralização dos objetos rituais do orixá e, pulverizadas juntamente com outros vegetais, em trabalhos de Exu "para afastar os inimigos e pessoas indesejadas".

É citada por Verger como uma das plantas usadas pelos babalaôs africanos em "trabalho para evitar guerra" sob o nome de *tẹ̀tẹ̀ ẹlégùn ún* (1995:349,631).

Na medicina popular, é considerada tóxica; todavia, com suas raízes prepara-se um chá para combater febre, hidropisia e catarro da bexiga.

TẸTẸRẸGÚN

Nomes populares: Cana-do-brejo, cana-de-macaco, cana-do-mato, sanguelavô, sangolovô, ubacaia

Nome científico: *Costus spicatus* Sw., Zingiberaceae

Sinonímia:
1) *Costus arabicus* Jacq.
2) *Costus spicatus* Roscoe.
3) *Alpinia spicata* Jacq.

Orixá: Oxalá

Elementos: Ar/masculino

Nativa do Brasil, é encontrada em todo o território nacional, estando disseminada em outros continentes.

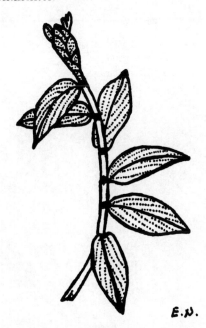

Essa é uma das plantas de Oxalá que entram nos rituais de iniciação de todos os neófitos, pois sendo a iniciação a morte simbólica da vida profana e o nascimento do orixá, o tẹtẹrẹgún torna-se indispensável, uma vez que a ela é atribuída a característica de "folha da vida e da morte", conforme o *orín ewe* (cântico) específico deste vegetal, pois, "*TẸTẸRẸGÚN ÒJÒ DO M'PA, TẸTẸRẸGÚN ÒJÒ WO BÍ WÁ*" (Tẹtẹrẹgún é como a chuva que mata, tẹtẹrẹgún é como a chuva que dá vida).

Os cubanos acreditam que esta planta pertence a Ogum, e utilizam-na para excitar o orixá quando ele se encontra muito calmo. Os iorubás a conhecem também pelos nomes *tẹtẹ egún, tẹtẹẹgúndò* (Verger 1995:655), e fazem o uso litúrgico-medicinal deste vegetal com diversos fins, dentre eles podemos citar: "receita para eliminar solitária", "receita de calmante" e "trabalho para ajudar alguém a ser possuído por Xangô" (Verger 1995:203,253,303).

A cana-do-brejo é um poderoso aliado no combate às doenças dos rins, pois, algumas vezes, associado ao cabelo-de-milho e ao quebra-pedra, esse vegetal, sob a forma de chá, é utilizado principalmente nos casos de cálculos renais.

TÓ

Nomes populares: Malva-rasteira, barba-de-boi (BA)

Nome científico: Pavonia cancellata Cav., Malvaceae

Sinonímia:
1) Hibiscus cancellatus L.
2) Malache cancellata (L.) Kuntze
3) Pavonia modesta Mart.
4) Pavonia deldoidea Mart.
5) Pavonia procumbens Cas.
6) Pavonia hirta Klotzch.

Orixá: Obaluaiê

Elementos: Terra/feminino

O gênero pavônia geralmente compreende as plantas herbáceas-arbustivas encontradas na Mata Atlântica em locais úmidos e sombreados. A *Pavonia cancellata* é "planta nativa em áreas tropicais do continente americano, com ocorrência no México, América Central e parte da América do Sul... No Brasil ocorre nas regiões norte, nordeste, sudeste e centro-oeste" (Kissman 1995:113-III). É encontrada com mais freqüência nas áreas irrigadas do Nordeste.

Nos candomblés jêje-nagôs, principalmente na Bahia, esta planta é utilizada nos rituais de iniciação e banhos purificatórios dos filhos de Obaluaiê.

TÓTÓ

Nome popular: Colônia

Nome científico: Alpinia zerumbet (Pers.) Burtt & Smith., Zingiberaceae

Sinonímia:
1) Apinia Nutans Roscoe.
2) Costus zerumbet Pers.
3) Alpinia aromatica Aubl.
4) Alpinia speciosa K. Schum.

Orixás: Oxossi e Iemanjá

Elementos: Terra/masculino

Originária da China e do Japão, esta planta está largamente disseminada pelo território nacional, podendo ser encontrada em estado espontâneo em matas ou cultivada.

Considerada como folha eró (de calma) (Barros 1993:88), a colônia é de grande importância no contexto litúrgico das casas de candomblé. Entra no àgbo e banhos purificatórios para todos os iniciados, provavelmente por deferência a "Oxossi, o rei da nação de Ketu", embora também seja atribuída a Iemanjá, que se relaciona com o lado feminino de suas flores.

Muito utilizada na medicina rural, a infusão das flores desta planta é excelente para acalmar pessoas em estado de histeria. As folhas possuem propriedades sedativas e, envolvendo a cabeça, combatem as enxaquecas e encefalias; em infusão no álcool e friccionadas sobre machucados, têm efeito anestésico; na forma de chá, combatem a pressão alta e palpitações cardíacas, agindo como sedativo sobre o organismo.

WÉRÉNJÉJÉ

Nomes populares: *Jequiriti, arvoeiro, olho-de-pombo, tento-miúdo, cipó-de-alcaçuz, tentinho, assacu-mirim, carolina-miúda, tento-da-américa, piriquiti*

Nome científico: *Abrus precatorius* L., Leguminosae-Faboideae

Sinonímia:
1) *Abrus abrus* Weight
2) *Abrus maculatus* Noronha
3) *Abrus minor* Dess.
4) *Abrus panciflorus* Dess.
5) *Abrus squamulosus* E. Ney

Orixás: Ossaim e Exu

Elemento: Terra/masculino

Encontrada em áreas tropicais nas Américas, Índia e África, sua origem, todavia, é discutível. No Brasil, ocorre principalmente no Norte, Nordeste e Sudeste.

Folha misteriosa, o jequiriti entra no *orò* de iniciação de todos os filhos-de-santo, pois existe uma estreita ligação deste vegetal com Exu, sendo esta entidade a primeira a ser cultuada nos rituais de iniciação. "É, no seu papel de princípio dinâmico, de princípio de vida individual e de *Òjíṣẹ* ou elemento de comunicação, que *Èṣù Bara* está indissoluvelmente ligado à evolução e ao destino de cada indivíduo. Como tal, ele também é Senhor dos Caminhos, *Èṣù-Òna*, e pode abri-los ou fechá-los..."(Santos 1976:169). A utilização do jequiriti, provavelmente como a primeira folha do *àgbo*, tem por finalidade, através do Bara (Exu pessoal), proporcionar ao iniciado novos e melhores caminhos a partir da feitura do orixá, que representa o nascimento para uma nova vida. Em outras circunstâncias, suas sementes são utilizadas para trabalhos maléficos e, se pisada por alguém, tem a capacidade de gerar brigas e desordens.

Nos centros de umbanda, as sementes do jequiriti são atribuídas a Exu e servem para confeccionar colares, que são usados pelos adeptos, com a finalidade de afastar pessoas negativas e invejosas.

Nas "santerias" cubanas, o jequiriti é conhecido pelos nomes lucumis *ewéréyeye* ou *iggereyeye*. As sementes e folhas também entram num "omiero" específico para iniciados; porém, os pequenos tentos são considerados perigosos, pois provocam brigas e desordens, e com eles se fazem trabalhos maléficos (Cabrera 1992:514).

Na África esta leguminosa é conhecida ainda pelos nomes *aládùn, adágbé, makò, mẹ́ẹ́nmẹ́sẹ́n, mẹ́ẹ́nmẹ́sẹ́n ìtàkùn, mísínmisìn, ojú ẹyẹlé, ojú ológbò, ọlátògégé,* e *pákùn ọbarìṣà,* sendo utilizada em trabalhos para preservar a saúde, tais como "receita para acabar com a tosse" e "receita para resolver gravidez de mais de nove meses", como também em "trabalho para ajudar alguém a ser possuído por Xangô", "trabalho para persuadir as pessoas" e "proteção contra envenenamento" (Verger 1995:625,165,289,303,347,457).

As sementes do jequiriti são empregadas há muito tempo, no Brasil, no tratamento de doenças dos olhos, principalmente conjuntivite granulosa rebelde; todavia, é necessário cautela ao usá-las, devido ao seu alto teor de abrina, o princípio ativo dessa planta, uma albumina tóxica, que, ingerida, pode provocar a morte. As folhas e raízes, maceradas, são indicadas nos casos de afecções pulmonares, urinárias e do ventre.

WOBOMÚ

Nome popular: Comigo-ninguém-pode-verde

Nome científico: Dieffenbachia aglaonematifolia Engl., Araceae

Orixá: Logun-Edé

Elementos: Água/feminino

Esta espécie, chamada popularmente de comigo-ninguém-pode-verde, é nativa da Colômbia e Costa Rica. Medra na beira de rios e lagos.

A planta entra no ritual de iniciação de Logun-Edé. Sua folha é colocada dentro do assentamento, e o veneno extraído do talo serve para preparar os axés (comidas) oferecidos a este orixá, que não podem ser consumidos pelos filhos-de-santo.

Segundo um informante, wobomú significa, em dialeto nagô, "me matando", provavelmente uma alusão ao veneno que esse vegetal contém.

Esta espécie possui os mesmos princípios tóxicos e venenosos da *Dieffenbachia picta*, e o simples contato de sua seiva com a epiderme provoca fortes irritações cutâneas. Segundo Körbes (1995:105/107), "posta na boca causa queimaduras e erupções, inchaço tal que se perde a voz e até a respiração, levando à morte".

WOBOMÚ FUNFUN

Nome popular:	Comigo-ninguém-pode
Nome científico:	Dieffenbachia picta (Lodd.) Schott., Araceae
Sinonímia:	Dieffenbachia maculata (Lodd.) G. Don.
Orixás:	Ifá e Exu
Elementos:	Fogo/feminino

Planta nativa do Brasil, das Índias e da África. Segundo alguns autores, tem sua origem na Colômbia e Costa Rica. Ocorrendo em todo o território nacional, esta planta é utilizada, com muita freqüência, em ornamentação.

Nos candomblés jêje-nagôs suas folhas são utilizadas para trabalhos e "assentamento" de Exu, sendo atribuída também a Ifá.

No culto umbandista, o comigo-ninguém-pode é usado misturado a outras ervas, em banhos para combater feitiços, e a planta em vasos disfarçada como ornamental, "para proteger pessoas e ambientes".

Embora sendo um vegetal com alto teor de toxicidade, pois é entorpecente, cáustico e venenoso, era usado em tempos passados na medicina popular em gargarejos para combater a angina; todavia, citando Kissman (1992:120 Tomo II) "Quando partes da planta são levadas à boca, o efeito agressivo se faz notar em seguida, com aparecimento de edema nos lábios, língua, glote e mesmo cordas vocais. Isso freqüentemente leva à impossibilidade de fala."

Monografias dos Vegetais sem Denominações Jêje-Nagôs

ABACAXI

Nome científico: Ananas comosus (L.) Merr., Bromeliaceae

Sinonímia: 1) Ananas sativus Schult. var. microstachys
2) Ananas sativus Schult. var. pyramidalis Bert.
3) Bromelia ananas L., var. pyramidalis Arr. Cam.

Orixás: Ìyábas e Ibeije

Elementos: Terra/feminino

Esta bromeliácea, originária da América do Sul e nativa do Brasil, foi incorporada aos rituais do candomblé afro-brasileiro pelos nagôs. Seu fruto é utilizado em oferendas, nas festas das Iabás, e usado também para erê (espíritos infantis) no *panã do ìyàwó*, ritual praticado no período da iniciação; porém, é um èwò — interdito — para Obaluaiê e seus iniciados, sendo também desestimulado o seu consumo para as "mulheres de Oxum".

Foi introduzida na África, onde é conhecida pelos nomes iorubás *ẹẹ́kún ahùn, ẹkúnkún ahùn, ògẹ̀dẹ̀ òyìnbó, òpẹ̀ òyìnbó, òpọ̀n òyìnbó*, e incorporada aos trabalhos ritualísticos onde as folhas são utilizadas beneficamente em "trabalho enterrado no chão para conseguir dinheiro", "trabalho para encher a casa de amigos" e "proteção contra o mal", e o fruto de maneira maléfica em "trabalho para matar o amante da esposa" (Verger:1995:633,361,379,451,429).

Na medicina popular, o abacaxi é desaconselhável para mulheres grávidas e pessoas portadoras de doenças da pele; todavia, tanto a fruta quanto as folhas são refrigerantes, digestivas, depurativas do sangue, desobstruintes do fígado, contra prisão de ventre, e aconselhadas, em forma de xarope, contra doenças respiratórias, bronquites e dores na garganta. O suco consumido ao natural combate problemas renais, pois é considerado um excelente diurético.

AGAVE

Nomes populares: Pita, piteira, babosa-brava, gravatá-açu, abecedária

Nome científico: Agave americana L., Amaryllidaceae (Agavaceae)

Orixás: Ossaim, Omolu e Tempo

Elementos: Terra/masculino

Tendo sua origem na América do Norte, a *Agave americana* L. encontra-se hoje aclimatada em diversos países da Europa e no Brasil.

É prática comum, entre os adeptos dos orixás, depositarem sob uma piteira de grande porte oferendas para o odú Obará, signo de Ifá que rege a riqueza; composta de "abóbora-moranga, mel, farofas diversas e moedas, em noite de lua cheia, com a finalidade de adquirir dinheiro e prosperidade nos negócios".

As folhas da agave em decocção são utilizadas como depurativo do sangue e diurético, no combate às inflamações do intestino e do fígado (icterícia), e em compressas, nas inflamações e irritações oculares. As raízes são anti-sifilíticas, estomacais, antiescorbúticas e antianêmicas.

AGNOCASTO

Nomes populares: Jureminha, agnus-castus, pimenta-dos-monges, árvore-da-castidade, pau-de-angola, alecrim-de-angola

Nome científico: *Vitex agnus-castus* L., Verbenaceae

Sinonímia: 1) *Vitex lupinifolia* Salisb.
2) *Vitex robusta* Lebas.

Orixá: Ossaim

Elementos: Terra/feminino

O agnocasto é uma planta que já era utilizada na Grécia, antes de Cristo. Foi usada nos mosteiros da Idade Média, e chegou aos nossos dias, disseminando-se pelos diversos continentes.

Na Grécia antiga, "Plínio relaciona inúmeros usos medicinais do vitex, puro ou associado com outras substâncias, inclusive para combater ressaca, contra a orquite, contra as mordidas de serpentes ou picadas de aranhas e de insetos venenosos" (Sangirardi Jr. 1981:43). Todavia, mesmo naquela época, essa planta era utilizada para reprimir os desejos sexuais, pois sua fama de anafrodisíaco data de vinte séculos. Nos conventos da Europa, na Idade Média, o agnocasto foi largamente empregado pelos monges no claustro, sob a forma de chá ou xarope, com a mesma finalidade; todavia, era administrada aos noviços supostamente como peitoral.

No Brasil, essa planta, que é conhecida nas zonas rurais pelos nomes de jureminha, pau-de-angola e alecrim-de-angola, foi incorporada nos candomblés jêje-nagôs, seguindo os mesmos princípios de uso dos mosteiros medievais, pois as folhas frescas, colocadas sob o travesseiro, ou o chá, reprimem os desejos sexuais, a ejaculação noturna e os sonhos eróticos dos iniciados, por ocasião da reclusão.

Ainda como medicinal, esse vegetal funciona como calmante, combate a insônia, provoca a menstruação e aumenta a lactação nas mulheres. Possui, ainda, propriedades antiespasmódicas e equilibra o sistema vago-simpático.

AGRIÃO-D'ÁGUA

Nome científico: Sisymbrium nasturtium L, Cruciferae

Sinonímia: Nasturtium officinale R.Br.

Orixá: Iemanjá

Elementos: Água/feminino

De origem européia, o agrião-d'água, como o nome sugere, é uma planta aquática. No Brasil é cultivado com fins comerciais, embora seja encontrado, às vezes, subespontaneamente, à beira de córregos.

Entre os orixás mais antigos e venerados nos candomblés jêje-nagôs, destaca-se *Baiyamin* ou *Ìyá Masé malé*, a mãe de Xangô. Para ela prepara-se uma iguaria à base de feijão-fradinho, parecida com um *ekurú*, que é esfarelado e refogado no azeite-de-dendê com folhas de agrião picadas. Esta comida tem consistência de uma farofa.

Rica em vitaminas A, C, iodo e ferro, esta hortaliça tem fama de ser antianêmica, diurética, remineralizante e antiescorbútica. É um excelente expectorante, com larga utilidade nos casos de gripes e afecções pulmonares. Ajuda nos casos de bronquite crônica e auxilia os diabéticos baixando a taxa de açúcar do sangue. Acredita-se que, usada em excesso, pode provocar irritações no estômago e cistite.

ALAMANDA

Nomes populares: Dedal-de-dama, santa-maria, orélia, quatro-patacas

Nome científico: Allamanda cathartica L., Apocynaceae

Sinonímia:
1) Allamanda grandiflora Lam.
2) Allamanda aubletii Pohl.
3) Allamanda latifolia Presl.

Orixás: Omolu e Oxum

Elementos: Fogo/masculino

Planta nativa da América do Sul, ocorrendo em todas as áreas tropicais e subtropicais do Brasil. A alamanda é encontrada também em diversos países do mundo, sendo utilizada como planta ornamental.

Liturgicamente, na nação Ketu, é usada na ornamentação dos terreiros; todavia, no candomblé de Angola e no Omolokô, esse vegetal é utilizado para banhos de descarregos, e é também atribuído a Omolu e Oxum.

Popularmente, utilizam-se as folhas da alamanda em banhos, para combater sarnas e piolhos.

ALECRIM-DO-MATO

Nomes populares: Vassourinha, alecrim-de-caboclo

Nome científico: Baccharis dracunculifolia DC., Compositae

Sinonímia:
1) Baccharis bracteata Hooker et Arnott
2) Baccharis paucidentata Schultz Bipontinus
3) Conyza linearifolia Spreng.

Orixás: Oxalá e Oxossi

Elementos: Ar/masculino

Nativa da América do Sul, disseminada praticamente por todo o Brasil e países vizinhos.

Esta planta está ligada a Oxoguiã (Oxalá novo) e a Oxossi, sendo que em algumas casas-de-santo, é folha fixa no *àgbo* dos *ọbọrọ* (orixás masculinos) Considerada uma planta de grande poder, "com suas folhas prepara-se um banho, juntamente com *èfínrín, abamoda, eré tuntun, tẹ̀tẹ̀, tẹ̀tèrègun e òdundún*, para melhorar a sorte". Nos rituais de umbanda é utilizada em defumadores e também em banhos para afastar a "negatividade dos médiuns".

As folhas do alecrim-do-mato são empregadas medicinalmente contra o cansaço físico e a debilidade orgânica em geral. O chá é usado também contra tosse, febre, problemas gástricos e reumatismo.

ALFACE

Nome científico: Lactuca sativa L, Compositae

Orixá: Oxum

Elementos: Água/feminino

Disseminada por todos os continentes devido ao seu valor comercial, a alface tem sua origem na Índia ou Ásia Central.

Planta com propriedade calmante, a alface é usada nas casas jêje-nagôs "para enfeitar oferendas a Oxum, Logun Edé, Oxumaré etc.". Nos candomblés-de-caboclos é empregada também com a mesma finalidade.

Nas santerias cubanas, esta verdura é conhecida pelos nomes lucumi *ilénke* e *oggó yéyé*, sendo atribuída a Oxum e Iemanjá. Utilizam-na para envolver o *otá* (pedras colhidas na natureza) dos "assentamentos" dessas *ìyába*, com a finalidade de "esfriar" o orixá quando este está muito "quente" (Cabrera 1992:465).

Na medicina caseira, o chá feito com uma folha de alface acalma o sono agitado dos recém-nascidos. Possui propriedades laxativa, diurética, depurativa, vitaminizante, mineralizante, desintoxicante e calmante.

ALHO

Nome científico: Allium sativum L, Liliaceae

Orixá: Obaluaiê

Elementos: Fogo/masculino

Tendo sua provável origem na Ásia Ocidental, o alho, devido ao seu valor econômico, nos dias atuais, é cultivado em diversos países.

Embora seja muito empregado no tempero dos alimentos do dia-a-dia nas casas de candomblés jêje-nagôs, o alho não é utilizado nas comidas dos orixás, pois é considerado um ẹwó, isto é, um interdito. Nos rituais de umbanda, é usado em banhos de descarregos, defumadores e como amuleto para combater o mau-olhado. Caribé & Campos (1991:17) afirmam que "o odor do alho é tido como obstáculo ao contato do corpo etérico do homem com vibrações mais sutis".

Na África, os babalaôs do culto de Ifá utilizam o alho em trabalhos litúrgicos e medicinais, atribuindo-lhe os nomes *ayò* e *ayù* (Verger 1995:630).

No campo terapêutico, o alho tem uma vasta aplicação, pois é reconhecidamente um excelente antibiótico natural, possuindo propriedades antiinflamatória, antitussígena, laxante, vermífuga, anti-séptica, diurética, depurativa, emoliente, antitérmica etc.

Na zona rural, é costume espalhar palha de alho na entrada das casas para impedir o acesso de ofídios.

AMARANTO

Nomes populares: Veludo, crista-de-galo

Nome científico: Celosia cristata L, Amaranthaceae

Orixás: Ifá, Xangô e Oiá

Elementos: Fogo/masculino

Herbácea anual da América tropical, o amaranto é amplamente cultivado em países da Europa e das Américas como planta ornamental. Suas sementes espalham-se com facilidade, daí ser encontrado, às vezes, em condições espontâneas.

As flores do amaranto são utilizadas na ornamentação de altares e barracões por ocasião das festas de Xangô ou Oiá.

Em Cuba, este vegetal é conhecido pelo nome lucumi *biole* e é atribuído a Orumilá e Aganju, sendo empregado ritualisticamente na forma de pó, na preparação de amuleto para facilitar a palavra e estimular o valor pessoal quando este tende a diminuir. Medicinalmente, algumas gotas do sumo das folhas, diluídas em água, são calmantes; porém, em quantidade exagerada, tornam-se venenosas (Cabrera 1992:327).

No Brasil, esta planta é tida apenas como ornamental, não tendo sido encontrada, na fitoterapia, utilidade para ela.

AMENDOEIRA (RJ)

Nomes populares: Amendoeira-da-índia, chapéu-de-sol, castanhola (CE), sete-copas

Nome científico: Terminalia intermedia Bert., Combretaceae

Sinonímia: Terminalia catappa L.

Orixá: Oxalá

Elementos: Ar/feminino

Originária da Malásia, a amendoeira está disseminada no Brasil, onde é utilizada na arborização de ruas e alamedas, ocorrendo, às vezes, subespontaneamente em áreas litorâneas.

As folhas da amendoeira são utilizadas nas casas-de-santo, em banhos de purificação e sacudimentos, em pessoas com problemas mentais. As folhas secas são empregadas como "defumador para afastar influências negativas".

Em Cuba é conhecida pelos nomes lucumi *iggi uré* e *ecuci*, é atribuída a Obatalá e Ifá, serve para "lavar la cabeza (refrescar Eledá) y en 'despojos', baños y baldeos purificadores de la casa. Para buena suerte" (Cabrera 1992:321).

As folhas, maceradas em álcool e usadas externamente, servem para combater burcites, tendinites, dores reumáticas e musculares.

ARAÇÁ

Nome popular: Araçazeiro

Nome científico: *Psidium cattleianum* Sabine, Mirtaceae

Orixás: Ogum, Oxossi e Ossaim

Elementos: Terra/masculino

Arbusto nativo da América do Sul, que medra do Nordeste ao Sul do Brasil.

Nas casas-de-santo, utilizam-se os frutos do araçá em oferendas aos chamados orixás do tempo — Ogum, Oxossi e Ossaim — juntamente com outras comidas a eles consagradas. As folhas são empregadas no agbô e em banhos dos filhos destes orixás

Medicinalmente, as cascas, folhas e raízes são utilizadas em infusões para combater diarréias, disenterias, doenças do coração, das vias urinárias e hemorragias.

ARARUTA

Nome científico: *Maranta arundinacea L., Marantaceae*

Orixá: *Ibeije*

Elementos: *Terra/feminino*

Nativa das Antilhas, a araruta está disseminada por áreas tropicais do Brasil e de diversos outros países.

Nos candomblés, esta planta é utilizada em banhos de purificação, principalmente para "crianças fracas". A fécula é empregada no preparo de iguarias consumidas no cotidiano, e na liturgia podem ser oferecidas a ibeije ou em borí, "obrigação de fortalecimento da cabeça" (Barros 1993:31).

Na medicina popular, o banho das raízes cozidas serve para acalmar o feto no útero materno quando ele costuma dar muitos pulos. Dessa planta retira-se um amido que é utilizado no preparo de bolos e biscoitos. O mingau feito dessa farinha é apropriado para pessoas com debilidade orgânica, convalescentes e como reforço alimentar de crianças.

ASSA-PEIXE

Nome científico: *Vernonia polyanthes Less., Compositae*

Orixá: Oxum

Elementos: Terra/masculino

O assa-peixe é uma planta muito popular nos Estados da Bahia, Minas Gerais, Espírito Santo e Rio de Janeiro. Considerada como planta invasora de campos e pastagens, medra espontaneamente também nas margens de estradas.

Nos candomblés de origem jêje-nagô, suas folhas são utilizadas nos rituais de iniciação, em banhos purificatórios e na sacralização dos objetos rituais do orixá.

É melífera e muito apropriada no combate às bronquites, pneumonias, gripes fortes, tosses rebeldes e afecções do aparelho respiratório em geral.

ASSA-FÉTIDA

Nomes populares: Cinza-fétida, goma-resina-assafétida, estiercol-do-diabo

Nome científico: Ferula sp., Umbelliferae.

Orixás: Exu e Obaluaiê

Elementos: Ar/masculino

Oleogomoresina obtida por um látex dessecado, produzido e extraído por incisões nos rizomas e raízes de espécies do gênero *ferula*, dentre as quais destacamos Ferula asa foetida L., Ferula marthex Boissier e Ferula foetida (Bunge) Regel.

Utilizada nos cultos afro-brasileiros em defumadores, tem a finalidade de "descarregar e purificar os ambientes".

Seu uso fármaco-terapêutico estende-se aos casos de histeria, afecções respiratórias de fundo nervoso, asma, angina estridulosa, tosses nervosas, espasmos e cólicas em geral. Possui, ainda, propriedades medicinais que combatem vermes e filariose.

AVENCA

Nomes populares: Cabelo-de-vênus, adiantum, avenca-cabelo-de-vênus

Nome científico: Adiantum capillus veneris L., Polypodiaceae

Orixá: Oxum

Elementos: Água/feminino

Originária da Europa, a avenca foi introduzida no Brasil, onde encontra-se aclimatada há muito tempo. Medra, principalmente, em lugares úmidos à beira de córregos e poços.

Atribuída a Oxum, a avenca é usada nas casas de candomblé brasileiras, em banhos purificatórios.

Em Cuba, classificada por Cabrera (1992:414) como *Adiantum tenerum* Sw., é usada em banhos purificatórios e para sacralizar os objetos rituais de Oxum, sendo conhecida pelos nomes lucumi *kotonlo, ewe ofi* e *necentén*.

A avenca contém tânico e ácido gálico, e seu emprego na medicina popular vai desde o combate à tosse, catarro e rouquidão crônica (pois é um excelente expectorante), até a utilização contra cólicas menstruais e regularização uterina. As duas últimas indicações a relacionam com o orixá Oxum, protetor do ventre e da fecundidade feminina.

BÁLSAMO

Nome científico: *Sedum dendroideum* Moc. & Sessé., *Crassulaceae*

Orixá: Oxalá

Elementos: Água/masculino

Planta nativa da Ásia, aclimatada no Brasil, cultivada em jardins como ornamental e medicinal.

Não muito freqüente, as casas de candomblé jêje-nagôs utilizam esta planta em banhos purificatórios; todavia, as folhas frescas são muito usadas na medicina doméstica, pois, amassadas e sob a forma de emplastro, produzem efeito cicatrizante e, do mesmo modo, são usadas nos casos de torções e contusões.

É muito popular o xarope feito com o bálsamo, inflorescências de mamoeiro, coração de bananeira e mel de abelha para combater a bronquite e problemas pulmonares, pois provoca a expectoração.

BOTÃO-DE-ORUMILÁ

Nomes populares: Flor-amarela, flor-de-ouro, estrelinha, botão-de-ouro

Nome científico: Melampodium divaricatum D.C., Asteraceae (Compositae)

Sinonímia:
1) Melampodium paludosum H.B.K.
2) Melampodium rhomboideum D.C.
3) Dysodium divaricatum Rich.

Orixá: Orumilá e Oxum

Elementos: Terra/feminino

Planta comum no Brasil, principalmente nas regiões nordeste e sudeste, onde é encontrada em estado espontâneo.

Segundo um informante, esta planta simboliza o pacto entre Orumilá e Oxum, quando o patrono do Oráculo de Ifá permitiu que esta iabá passasse a jogar com 16 búzios (ẹrindilogun), para vaticinar através de Exu; porém, o ọpẹlẹ, rosário de Ifá, continuou sendo privativo dos homens. Suas folhas são utilizadas em banhos purificatórios, principalmente para as "filhas de Oxum que possuem cargo de jogo", e, juntamente com outras ervas, entra na preparação do amassi empregado na "lavagem das vistas" e dos cauris usados nos jogos divinatórios.

BRASILEIRINHO

Nomes populares: Cróton, folha-imperial, louro-variegado

Nome científico: Codiaeum variegatum Blume, Euphorbiaceae

Sinonímia: 1) Codiaeum medium Baill.
2) Codiaeum pictum Hook.
3) Croton pictus Lodd.
4) Croton variegatus L.

Orixá: Oiá

Elementos: Ar/masculino

Abrangendo um grande número de semilenhosas, este gênero de plantas tem sua origem na Índia, Malásia e ilhas do Pacífico.

Pelo colorido de suas folhas, é utilizado com fins ornamentais nos terreiros e barracões; todavia, o seu emprego nas casas-de-santo está ligado, principalmente, ao culto dos caboclos, onde são usadas as variedades verde/amarela, provavelmente por tratar-se das cores nacionais.

CACAUEIRO

Nome científico: Theobroma cacau L, Esterculiaceae

Orixás: Oxalá e Ossaim

Elementos: Terra/feminino

Originária do México, suas sementes eram utilizadas pelos antigos astecas para fazer o chocolate. Ocorre, ainda, na América do Sul, Antilhas e África.

Nos cultos afro-brasileiros, a árvore do cacau (cacaueiro) é atribuída a Ossaim. A manteiga produzida de suas sementes substitui o òrí (limo-da-costa ou manteiga-de-karité), gordura vegetal de origem africana extraída do *Butyrospermum paradoxum*, da família das sapotáceas (Verger1995:641), que é usada no preparo de alimentos que são oferecidos aos orixás.

Nas santerias cubanas, do mesmo modo que no Brasil, a manteiga de cacau substitui também o limo-da-costa quando é feito o òsẹ (limpeza), para lustrar os objetos rituais de Oxalá.

A banha de cacau é utilizada medicinalmente para curar rachaduras nos lábios, nos bicos dos seios, para tratar as hemorróidas e para tirar manchas do rosto.

CAFEEIRO

Nome científico: *Coffea arabica* L, Rubiaceae

Orixá: Ossaim

Elementos: Ar/masculino

Tendo sua origem no sul da Abissínia, o café foi trazido para o Brasil em 1723 e introduzido inicialmente no Estado do Pará.

Liturgicamente, as folhas do cafeeiro são usadas em banhos de iniciação para os "filhos de Ossaim". O café, bebida preparada com o fruto torrado e moído, é utilizado na umbanda em oferendas aos "pretos-velhos" e às "almas". Nos candomblés, essa bebida recebe o nome de *omi dudu*, que literalmente significa "água preta", e não tem utilidade litúrgica.

Em Cuba, o cafeeiro é conhecido nas santerias pelos nomes lucumis de *obimotigwá* e *igi kan*, e, nas oferendas feitas aos mortos, jamais falta uma xícara de café (Cabrera 1992:348).

Na Nigéria, os iorubás o chamam de *kọfi*, nome adaptado do inglês *coffee*, e também de *ọwọ́ idẹ* (Verger 1995:652).

Desde a antiguidade o café é considerado uma bebida tônica e estimulante das funções cerebrais.

CAJUEIRO

Nome científico: Anacardium occidentale L., Anacardiaceae

Orixás: Oxum, Xangô e Inlé

Elementos: Terra/feminino

Nativo do Brasil, o cajueiro, hoje, está disseminado por toda a América tropical e Antilhas. Encontrado também em condições subespontâneas em alguns países da África e da Ásia.

Nas casas de candomblé, as folhas do cajueiro são utilizadas em banhos purificatórios e sacudimentos. Os frutos são oferecidos aos orixás, principalmente a Oxum e Iemanjá, por ocasião das festas das Iabás.

Nos cultos de umbanda, omolocô e Angola as folhas do cajueiro são utilizadas em "banhos de descarregos" e entram no banho de iniciação dos filhos de Ogum.

Na África, este vegetal é conhecido pelos nomes nagôs *Èjojú, ẹkajú* e *kajú* (Verger 1995:632).

Como "simpatia para curar hemorróidas, usa-se um colar de castanhas de caju verdes em volta da cintura; na medida em que as castanhas secam, a doença regride".

Como medicamento, é tônico, diurético, sudorífico, purgativo e depurativo. Usa-se a casca e a raiz da árvore em decocção para combater a diabetes, ou em gargarejo contra aftas e inflamações da garganta. As flores são afrodisíacas e excitantes.

CAMBOATÁ

Nomes populares: Camboatá-vermelho, camboatá-de-capoeira, arco-de-pipa, pau-de-cantil, cubantã, miguel-pintado (SC), gragoatã (SP)

Nome científico: Cupania vernalis Camb., Sapindaceae

Sinonímia:
1) Cupania uruguensis W.Hook.
2) Cupania clethrodes Mart.
3) Stadmannia sorbifolia Linden.

Orixás: Oiá, Xangô, Dàda e Báayànì

Elementos: Ar/feminino

Árvore nativa do Brasil encontrada nas formações florestais. Ocorre, também, em toda a América tropical.

Suas folhas são utilizadas nos rituais de iniciação de *Dàda Àjàká* (considerado um dos doze Xangôs). Nos candomblés tradicionais da Bahia e Rio de Janeiro, uma comemoração a Xangô traz à memória a questão histórica que é dramatizada nos cânticos e danças onde *Àjàká*, portando o adê (coroa) de *Báayànì* (mãe de Xangô), tem este símbolo real tomado por seu irmão mais novo, Xangô, que só o restitui no final da festa. Segundo Verger (1981:140), o ritual "parece ser a reconstituição do destronamento de *Dàda Àjàká* por Xangô e sua volta ao poder sete anos mais tarde". Na tradição jêje-nagô, esta folha é usada, também, na sacralização dos objetos rituais de *Báayànì*, em banhos purificatórios e sacudimentos dos adeptos de Oiá.

Na fitoterapia utiliza-se o chá da casca desta árvore para combater asma e tosses convulsivas.

CANELA-DE-VELHO

Nome científico: Miconia albicans (Sw.) Trin., Melastomaceae

Sinonímia: Melastoma albicans Sw.

Orixá: Obaluaiê

Elementos: Terra/masculino

Arbusto que medra em campos e cerrados, encontrado das Guianas ao Estado de São Paulo.

Esta, talvez, seja a planta mais popular nas casas de candomblé atribuída a Obaluaiê. É utilizada nos cultos umbandistas, em rituais de "lavagem de cabeça, de guias e em banhos de descarregos". Nos candomblés jêje-nagôs, emprega-se a canela-de-velho no *àgbo* e em banhos purificatórios dos filhos de Obaluaiê.

O decocto das folhas e casca deste vegetal é tido como eupéptico e indicado nos casos de perturbações digestivas.

CAROBINHA-DO-CAMPO

Nomes populares: Caroba, jacarandá-caroba

Nome científico: Jacaranda brasiliana Person., Bignoniaceae

Sinonímia:
1) Jacaranda caroba D.C.
2) Jacaranda brasiliensis D.C.
3) Bignonia brasiliana Lam.

Orixás: Ossaim e Omolu

Elementos: Terra/masculino

Planta de origem brasileira, que ocorre no Centro-Oeste, Nordeste, Sudeste e Sul do território nacional.

Na liturgia dos vegetais, este é utilizado em banhos purificatórios para os filhos de Omolu ou Ossaim.

As afecções da pele em geral, reumatismo, artritismo, afecções das vias urinárias e doenças venéreas têm na carobinha-do-campo um grande adversário, devido, principalmente, às suas propriedades depurativas, diuréticas, sudoríficas e anti-sépticas.

CENOURA

Nome científico: *Daucos carota L., Umbaliferae*

Orixá: *Ossaim*

Elementos: *Terra/masculino*

Originária do Chile, a cenoura, nos dias atuais, é um alimento conhecido e consumido mundialmente pelo seu valor nutricional.

Nos candomblés, apenas a raiz é usada nas casas-de-santo, tanto na alimentação cotidiana, quanto em ebós, juntamente com outros vegetais, para obtenção de saúde.

Na Nigéria, seus habitantes dão a este vegetal o nome *karǫti*, derivado de *carrot*, termo inglês que designa este vegetal.

Como alimento, tem efeito benéfico sobre o organismo, pois possui propriedades medicinais que são vitaminizantes. Devido ao seu alto teor de betacaroteno (pró-vitamina A), a cenoura é indicada nos casos de cegueira noturna, "... é aconselhada para tornar a pele macia e aveludada; por isso, seu suco é usado na psoríase, eczema e outras enfermidades da pele. É estimulante do apetite, facilita a ação intestinal excitando a secreção da bílis, combate as cólicas nefríticas, o reumatismo e a gota, é laxante e aumenta as secreções glandulares, favorecendo a lactação" (Pimentel 1985:55).

CHAPÉU-DE-NAPOLEÃO

Nomes populares: *Fava-elétrica, jorro-jorro, noz-de-cobra*

Nome científico: *Thevetia neriifolia Juss., Apocynaceae*

Sinonímia: *Thevetia peruviana Sch.*

Orixás: *Ossaim e Omolu*

Elementos: *Terra/masculino*

Planta nativa do México, disseminada por diversos continentes, inclusive o africano. No Brasil, é muito utilizada como ornamental, devido à beleza de suas flores.

Esta planta é pouco difundida nos candomblés brasileiros; todavia, nos cultos umbandistas, os caroços dos frutos são utilizados na confecção de colares usados pelos "pretos-velhos".

Os batuqueiros do Rio Grande do Sul utilizam as sementes desta planta como favas consagradas a Xapanã, em seus assentamentos.

Na África, é empregada em rituais, e conhecida pelos nomes iorubás *olómi òjò* e *sopá sopá* (Verger 1995:729).

Na fitoterapia as cascas são indicadas nos casos de febre e como purgativa. O leite liberado pela planta é usado contra dores de dente e para neutralizar o veneno da cobra cascavel; todavia, em qualquer caso, a utilização deste vegetal deve ser cautelosa, pois possui, em seu látex, a tevetina, substância tóxica considerada veneno cardíaco.

CHUCHU

Nome científico: *Sechium edule (Jacq.) Sw.*, Cucurbitaceae

Orixás: Iemanjá e Oxum

Elementos: Ar/feminino

Originário do México, o chuchu é cultivado no Brasil, sendo encontrado também em estado espontâneo em matas úmidas e nas proximidades de habitações rurais.

Nas casas de candombé, o chuchu, juntamente com outras verduras e hortaliças, é utilizado com freqüência em "ebós de limpeza para pessoas com problemas de saúde".

Em Cuba, é conhecido pelos nomes lucumis de *wóbedo, mionlo, tuto* e *laloyago*, sendo atribuído a Oxum e Iemanjá (Cabrera 1992:416).

No campo terapêutico, o chuchu combate as avitaminoses A, B e C, a hipertensão arterial e as afecções renais.

CINCO-FOLHAS

Nomes populares: Barba-de-são-pedro, cinco-chagas, ipê-branco, caroba-branca

Nome científico: Sparattosperma leucanthum (Vell.) Schum., Bignoniaceae

Sinonímia:
1) Sparattosperma vernicosum Bur. & Schum.
2) Bignonia leucantha Vell.
3) Spathodea vernicosa Cham.
4) Tecoma leucantha All.
5) Tecoma subvernicosa DC.

Orixás: Omolu e Oiá

Elementos: Ar/masculino

Planta brasileira que ocorre, principalmente, nos Estados do Rio de Janeiro e Minas Gerais.

Empregada em sacudimentos nas casas de candomblé, é mais utilizada na umbanda, em "banhos de descarregos".

Como medicinal, este vegetal é um poderoso diurético e ajuda a combater a sífilis, a blenorragia, o reumatismo e doenças de pele.

CIPÓ-CABOCLO

Nome científico: **Davila rugosa Poir., Dilleniaceae**

Sinonímia:
1) *Davila americana* D.C.
2) *Davila brasiliana* D.C.
3) *Hieronia scabra* Vell.

Orixá: Oxossi

Elementos: Terra/masculino

Encontrado nos campos, cerrados e matas, o cipó-caboclo é planta de origem brasileira que medra do norte ao sul do território nacional.

Utilizado em banhos de purificação pelos filhos de Oxossi, tanto nos candomblés jêje-nagôs quanto nos rituais de umbanda, onde é dedicado, também, aos caboclos.

Cabrera (1991:340), em Cuba, atribui este vegetal ao Orixá Okó e a Ode Inlé, dando-lhe o nome lucumi de *kénza*.

Devido à aspereza da superfície, as folhas deste cipó eram utilizadas em marcenarias para lixar móveis; todavia, na fitoterapia, são indicadas em banhos, para combater orquites, linfatites crônicas, edemas nos membros inferiores e elefantíase.

CÍRIO-DE-NOSSA-SENHORA

Nomes populares: luca-mansa, agulha-de-adão

Nome científico: *Yucca gloriosa* L., Liliaceae

Orixá: Oxalá

Elementos: Ar/masculino

Planta nativa do México e da Guatemala. No Brasil, é cultivada em jardins como ornamental.

O uso desta planta nos candomblés brasileiros é restrito, pois apenas suas flores são colocadas nos terreiros e altares com a finalidade de purificar o ambiente e ativar o axé.

Em Cuba, ela é uma das folhas mais importantes do "omiero", sendo a primeira de dezesseis ervas de cada orixá, que é colocada na cabeça do ìyàwó e conhecida pelos nomes de *pèrègún* e *denderé* (Cabrera 1992:336).

COENTRO-DE-CABOCLO

Nomes populares: Coentro-cravo, coentro-da-colônia, coentro-do-maranhão, coentro-da-índia

Nome científico: Eryngium foetidum L., Umbelliferae

Orixá: Oxum

Elementos: Terra/masculino

Planta brasileira encontrada no Norte, Nordeste e Sudeste, ocorrendo também em Cuba e vários países da América do Sul.

Utilizada como tempero na culinária doméstica desde a época do Brasil-colônia, o coentro-de-caboclo sempre foi tido como substituto do coentro comum (*Coriandrum Sativo L.*); porém, nos candomblés jêje-nagôs tem sua utilidade limitada, pois seu uso como comestível é proibido ao filhos-de-santo, constituindo-se num ẹ̀wọ́ (interdito). Todavia, quanto à produção de sortilégios chamados de "atração", para as mulheres não existem restrições, pois, torrado, pulverizado e misturado a um perfume da preferência, tem a finalidade, quando usado, de atrair o sexo oposto.

Em Cuba esta planta tem o nome popular de *culantro* ou *culantro del monte* e "con las hojas tiernas se condimenta la comida de los orishas" (Cabrera 1992:414). É atribuído a Iemanjá. Os santeiros a conhecem pelo nome de origem lucumi *ichóro* e utilizam sua raiz, juntamente com a raiz de resedá, malva e arruda, fervidas, nos casos de hemorragias femininas.

Na fitoterapia, utilizam-se as raízes deste vegetal como calmante, sedativo, diurético, sudorífico e antipirético. Combate, ainda, catarro da bexiga, febre tifóide e hidropisia. Regulariza a menstruação, porém o suco é abortivo. É também considerado afrodisíaco.

COPAÍBA

Nomes populares: Copaibeira, copaíba-vermelha, copaíba-da-várzea, bálsamo, copai, óleo-vermelho, óleo-amarelo, óleo-de-copaíba, pau-de-óleo

Nome científico: Copaifera langsdorffii Desf., Leguminosae-Caesalpinioideae

Sinonímia:
1) Copaifera officinalis L.
2) Copaifera jacquini Desf.
3) Copaifera jasquiniana Don.
4) Copaiva officinalis Jacq.

Orixás: Oduduá e Obaluaiê

Elementos: Terra/masculino

Planta nativa brasileira, com ocorrência do Amazonas ao Paraná, que produz um óleo medicinal de grande importância econômica, sendo por este motivo cultivada em vários continentes.

As folhas da copaíba, nos terreiros afro-brasileiros, são utilizadas em banhos de prosperidade e sacudimentos pelas pessoas "do santo". Em alguns candomblés de origem jêje, o óleo-de-copaíba é usado para untar alguns objetos sagrados dos "voduns".
Nas "santerias" cubanas, essa folha é conhecida pelo nome de *kiororo*.

Os índios brasileiros, quando retornavam de suas guerras intertribais, costumavam repousar seus feridos em esteiras sustentadas por varas, sobre um braseiro, com seus corpos untados com este óleo, pois acreditavam no seu poder cicatrizante sobre os ferimentos.

O óleo-de-copaíba é a parte mais importante da árvore, sendo extraído, conforme indicação, a partir de "um pequeno furo no tronco, por onde escorrem, às vezes, até cinco litros"; é um medicamento reconhecido no combate a diversos males, pois é balsâmico e anti-séptico, usado no combate a doenças do aparelho urinário, afecções de origem sifilítica, "catarro da bexiga", incontinência urinária, leucorréia, tosses, bronquites, diarréias, urticárias e moléstias da pele.

COSTELA-DE-ADÃO

Nomes populares: Banana-do-mato, monstera, ceriman

Nome científico: Monstera deliciosa Liemb., Araceae

Sinonímia:
1) Monstera lennea Koch.
2) Philodendron pertusum Kunt et Bouché.
3) Tornelia fragans Gutierrez

Orixá: Ogum

Elementos: Terra/feminino

Originária do México, é encontrada em todos os estados brasileiros, cultivada ou espontânea, sendo uma planta típica de clima tropical.

Vegetal empregado nos rituais de iniciação dos filhos de Ogum, principalmente Ogunjá. Entra no *àgbo* e em banhos de purificação. As folhas entrecortadas e de rara beleza atingem, muitas vezes, até um metro de comprimento e são encontradas adornando os terreiros em dias de festas.

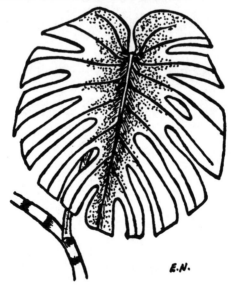

COTIEIRA

Nomes populares: Anda-assu, boleira (ES), fruta-de-arara, fruta-de-cotia, coco-de-purga, purga-de-gentio

Nome científico: Johannesia princeps Vell., Euphorbiaceae

Sinonímia:
1) Anda brasiliensis Raddi.
2) Anda pisonis Mart
3) Anda gomesii Juss.
4) Andicus pentaphyllus Vell.

Orixá: Obaluaiê

Elementos: Terra/masculino

A cotieira é uma árvore brasileira de grande porte, que ocorre em florestas pluviais da encosta atlântica nos Estados do Pará, Bahia, Espírito Santo, Minas Gerais, Rio de Janeiro e São Paulo.

Suas folhas são de fundamental importância na iniciação dos filhos de Obaluaiê, pois, além de serem utilizadas no àgbo e em banhos purificatórios, são colocadas também sob a esteira onde o ìyàwó dorme. Suas amêndoas, também conhecidas como boladeiras, "são usadas em assentamentos de alguns orixás"; para outros, porém, constituem um interdito.

O óleo dos caroços é purgativo. O decocto das sementes é indicado nos casos de sífilis, escrofulose, inchações, febres e problemas menstruais.

CRAVO-DA-ÍNDIA

Nome científico: Syzygium aromaticum (L.) Mert et Perry, Myrtaceae

Sinonímia:
1) Eugenia caryophyllata Thunb.
2) Caryophyllus aromaticus L.
3) Myrtus caryophyllus Spreng.

Orixá: Oxum

Elementos: Terra/masculino

Originário das ilhas Molucas, na Ásia, aclimatado na África e no Brasil, é cultivado para fins comerciais.

Nas casas de candomblés, o cravo-da-índia é utilizado com freqüência em misturas para aromatizar defumadores, com a finalidade de "atrair pessoas e coisas positivas". Todavia, seu uso é extensivo, pois, em banhos ou pulverizado, em conjunto com a canela e outros ingredientes, tem a propriedade de "atrair os homens, quando usado pelas mulheres".

Utilizado como condimento e aromatizante na indústria de perfumaria, o cravo-da-índia é também empregado na fitoterapia como afrodisíaco e digestivo, combatendo gases estomacais, dores de dentes e promovendo o fluxo menstrual.

CRUZEIRINHO

Nome científico: *Eupatorium odoratum L, Compositae*

Orixá: *Xangô*

Elementos: *Fogo/masculino*

Planta nativa brasileira, disseminada por diversas regiões tropicais da América do Sul e Antilhas.

As folhas são utilizadas no *àgbo* e em banhos purificatórios para os filhos de Xangô.

Em Cuba, onde é conhecida pelo nome popular *rompe zaragüey* e pelo lucumi *tabaté*, estas folhas, juntamente com outras, são empregadas em um banho de purificação usado durante os sete dias que antecedem a iniciação do iaô (Cabrera 1992:538).

As flores perfumadas são consideradas melíferas.

DINHEIRO-EM-PENCA

Nome científico: *Pilea nummularifolia* Wedd., Urticaceae

Orixá: *Oxum*

Elementos: *Água/feminino*

    Planta nativa da América tropical, encontrada em todos os estados brasileiros, cultivada ou medrando espontaneamente em lugares úmidos.

    Disfarçadas em vasos como planta ornamental, o dinheiro-em-penca é muito encontrado no interior das casas, sendo também utilizado em banhos pelos adeptos, sempre em conjunto com outras plantas aromáticas, e em pós com a finalidade de melhorar a situação financeira pessoal.

DÓLAR

Nome científico: Plectranthus nummularius Briq., Labiatae (Lamiaceae)

Sinonímia: Plectranthus australis L.

Orixá: Oxum

Elementos: Água/feminino

    Nativa da Austrália e ilhas do Pacífico, esta planta, muito comum no Brasil, é usada principalmente como ornamental em vasos no interior de residências ou em jardins.

    As folhas são utilizadas, pelos filhos de Oxum, em banhos para melhorar a sorte e condições financeiras pessoais. Plantadas em vasos, são utilizadas no interior das casas-de-santo com o propósito de atrair prosperidade financeira.

ERVA-ANDORINHA

Nomes populares: Figatil, ervas-das-verrugas, celidônia, quelidônia

Nome científico: Chelidonium majus L., Papaveraceae

Orixás: Obaluaiê e Ossaim

Elementos: Terra/feminino

De origem européia, encontra-se disseminada por diversas áreas do território nacional.

Embora essa erva seja atribuída a Obaluaiê, seu uso se estende também a Oxumaré e Nanã, que são orixás de origem jêje e pertencem a uma mesma família. As folhas são utilizadas em banhos de purificação.

Como medicinal, o suco das folhas e raízes é indicado contra verrugas, feridas e manchas na pele. Internamente, combate inflamações da vesícula biliar, dores no estômago e crises de asma.

ERVA-CURRALEIRA

Nomes populares: Pé-de-perdiz, alcanforeira, perdiz, velame-verdadeiro, erva-mular, alcânfora, curraleira, mercúrio-do-campo

Nome científico: *Croton antisyphiliticus* Mart., Euphorbiaceae

Sinonímia: *Croton perdicepes* St. Hil.

Orixá: Oxossi

Elementos: Terra/masculino

Folha utilizada nos cultos jêje-nagôs em rituais de iniciação de Oxossi e em banhos purificatórios para os considerados portadores de perturbações mentais.

O poder curativo dessa planta reside em sua propriedade depurativa, combatendo as afecções sifilíticas, cancros venéreos, ulcerações, erupções da pele e dermatoses em geral.

ERVA-DE-BICHO

Nome científico: Polygonum persicaria L.

Orixás: Exu e Obaluaiê

Elementos: Água/masculino

Planta de origem européia, introduzida em vários continentes, inclusive a América do Sul. No Brasil, ocorre em várias regiões, preferindo locais úmidos e margens de rios ou córregos.

Em algumas casas-de-santo, as folhas da erva-de-bicho são utilizadas na sacralização e no *osé* (limpeza) dos objetos rituais de Exu. Todavia, algumas pessoas atribuem esta erva também a Obaluaiê e utilizam-na em banhos, principalmente para pessoas com afecções cutâneas.

No sul do país, os batuqueiros atribuem esta planta a Xapanã e utilizam-na no abô e banhos para os filhos deste vodum.

A erva-de-bicho é uma planta muito empregada na farmacopéia popular para debelar hemorróidas, sendo empregada, ainda, no combate às hemorragias gástricas, vermes, disenterias com sangue e afecções das vias urinárias. Externamente, é utilizada em banhos para combater urticárias, coceiras e afecções cutâneas. Algumas pessoas acreditam que seja tóxica e possa comprometer a saúde.

ERVA-DE-SANTA-MARIA

Nomes populares: Mastruz, vomiqueira, erva-formigueira, chá-do-méxico, ambrosia

Nome científico: Chenopodium ambrosoides L., Chenopodiaceae

Sinonímia:
1) Ambrina antihelmintica Spach.
2) Chenopodium antihelminticum L.
3) Ambrina ambrosoides Spach.
4) Atriplex ambrosoides Crautz.

Orixá: Obaluaiê

Elementos: Terra/masculino

Ocorrendo em todo o território nacional, a erva-de-santa-maria é considerada, por alguns botânicos, como nativa do México, daí ser conhecida popularmente também como chá-do-méxico. Porém, citando Kissmann (1992:500-II): "Segundo A. von Humboldt, todavia, já em tempos pré-históricos a planta crescia nas ilhas Canárias, e povos primitivos usavam-na como auxiliar no embalsamamento de cadáveres", o que leva alguns autores a determinar a América tropical como local de origem da espécie.

Nos candomblés brasileiros, essa planta é usada em sacudimentos de pessoas com problemas de saúde. Todavia, nos cultos lucumis, em Cuba, é utilizada para despachar abikú, trabalhos de amarração, para condimentar a comida do orixá e também em sacudimentos de pessoas e casas.

Na África, onde ocorre espontaneamente, é conhecida pelos nomes iorubás *mánturusí, moníturusí* e *imi iyín* (Verger 1995: 647).

Na forma de chá, o mastruz é utilizado na fitoterapia popular para combater a aerofagia, e o sumo misturado ao leite serve para curar afecções pulmonares e eliminar vermes intestinais das crianças. Os galhos usados secos sob colchões e lençóis, ou em forma de vassoura, afugentam pulgas, percevejos e outras pragas domésticas.

ERVA-SANTA

Nomes populares: Aiapana, japana

Nome científico: *Eupatorium ayapana* Vent., Compositae

Sinonímia: *Eupatorium triplinerve* Vahl.

Orixá: Oiá

Elementos: Ar/masculino

Planta utilizada nos rituais de iniciação dos filhos de Oiá, sacudimentos e banhos purificatórios.

A erva-santa é utilizada medicinalmente em casos de aftas, gengivites, angina e escorbuto, possuindo também propriedades cicatrizantes.

ESPINHEIRA-SANTA

Nome científico: *Maytenus ilicifolia Mart., Celastraceae*

Orixás: *Oxalá e Oxossi*

Elementos: *Ar/masculino*

Planta nativa do Brasil e ocorrendo em locais sombreados, a espinheira-santa é encontrada com mais freqüência nos Estados do Sudeste e do Sul.

Embora muito conhecida nas comunidades religiosas afro-brasileiras, esta folha é mais usada com fins fitoterápicos e, com menor freqüência, em banhos purificatórios ou sacudimentos nas pessoas que almejam uma saúde melhor; todavia, algumas pessoas acreditam que esta é uma planta de muita importância para os orixás ligados à caça.

O poder restaurador da espinheira-santa atua tanto sobre o estômago, combatendo úlceras, dispepsias e gastralgias hiperclorídricas, quanto sobre o intestino, evitando a fermentação e formação de gases; todavia, é contra-indicada para mães que amamentam, pois reduz a lactação.

ESPONJEIRA

Nomes populares: Espinheiro, aromita, esponja, cássia-do-levante, aroma, coronácris, coronha, espinilho

Nome científico: Acacia farnesiana (L.) Willd., Leguminosae-Mimosoideae

Sinonímia: Mimosa farnesiana L.

Orixás: Exu e Xangô

Elementos: Terra/masculino

Planta de origem controvertida, pois é encontrada na Ásia, na África, na América tropical e na Europa, onde é cultivada para utilização de suas flores em perfumaria. No Brasil, ocorre praticamente em todos os Estados.

A esponjeira é uma planta ambígua, pois, se pelo lado litúrgico é empregada em trabalhos maléficos, na fitoterapia ajuda na cura de várias doenças.

Com as folhas e sementes da esponjeira prepara-se um *atín* (pó) que fomenta brigas e discórdias nos ambientes onde é colocado. Acredita-se que mesmo um galho desta planta, jogado num barracão por ocasião de festas litúrgicas, pode gerar "pancadarias". Em algumas casas-de-santo é costume despachar o resto do omiero que lavou os assentamentos de Xangô, aos pés desta árvore.

Em Cuba, a esponjeira é conhecida pelos nomes lucumis *erité* e *eréen*, sendo atribuída a Exu e a Oxum (Cabrera 1992:328).

Segundo Verger (1995:625), na África a *acacia farnesiana* é conhecida pelos nomes iorubás *bǫnni e bani*.

As raízes maceradas em álcool, em fricção, são indicadas nos casos de artritismo e reumatismo. O mel contido em suas vagens é empregado em furúnculos e nas "espinhas" que costumam aparecer na parte interna do nariz ou no rosto. O chá das folhas, em bochecho, nos casos de dores de dente. A infusão das flores é indicada nos casos de palpitação e nervosismo. As sementes da esponjeira são consideradas venenosas.

ESTORAQUE

Nomes populares: Benjoim, estoraqueiro, benjoeiro, beijoeiro, árvore-de-bálsamo

Nome científico: Styrax pohlii A. D.C., Styracaceae

Sinonímia: Styrax benjoin Dry., Styracaceae

Orixá: Oxalá

Elementos: Ar/masculino

Árvore brasileira, encontrada em diversos Estados. "Produz, por incisão do lenho, uma substância resinóide e aromática denominada 'incenso-da-américa', usada na medicina doméstica em substituição ao 'incenso-do-oriente'" (Lorenzi 1992:334).

Junto com o alecrim, manjericão, alfazema e mirra, a resina do estoraque, também conhecida como benjoim, compõe uma mistura para defumador muito popular e usada no candomblé e na umbanda para limpeza espiritual de pessoas e ambientes.

No Maranhão, o estoraque é cultuado como uma das árvores importantes do culto mina-jêje. O banho de purificação, conhecido como "banho de Natal", tem em sua composição o estoraque juntamente com outros vegetais, e, de acordo com Pereira (1979:167), "as propriedades desse banho podem beneficiar a quem, com um pouco dele, apenas lave a cabeça, as têmporaas e a nuca, pois é um estranho complexo de plantas aromáticas e mágicas..."

O estoraque possui propriedades expectorantes e anti-sépticas. Externamente é utilizado em fumigações e inalações nos casos de laringite, coriza e bronquite.

EUCALIPTO

Nome científico: *Eucalyptus globulus* Labill., Myrtaceae

Orixá: Ogum

Elementos: Água/feminino

Árvore de grande porte, originária da Austrália e introduzida no Brasil no século XIX, o eucalipto possui cerca de 500 espécies diferentes.

Liturgicamente, algumas pessoas não fazem distinções entre várias espécies; todavia, a mais utilizada é o *Eucalyptus globulus* Labill., usado nos rituais de defumação, em banhos de purificação e em sacudimento de casas.

Medicinalmente emprega-se o eucalipto nos casos de resfriados e gripes persistentes devido às suas propriedades balsâmicas e sudoríficas. "É bom anti-séptico. O óleo extraído da planta é adstringente, tônico e febrífugo. Não faltam aqueles que o recomendam contra diabetes" (Morgan 1982:95).

FAVA-DE-EXU

Nomes populares: Olho-de-cabra, pau-ripa, pau-de-santo-inácio, angelim-ripa

Nome científico: *Ormosia arborea* (Vell.) Harms, Leguminosae-Papilionoideae

Orixá: Exu

Elementos: Terra/masculino

Árvore nativa brasileira, encontrada principalmente nos Estados da Bahia, Minas Gerais, Mato Grosso do Sul até Santa Catarina.

Nas religiões de origem afro-ameríndia, as sementes desta leguminosa, conhecida como fava-de-exu ou olho-de-exu, são utilizadas tanto como adorno em colares e "guias" quanto nos assentamentos e trabalhos de Exus e Pombas-giras.

FAVA-DE-OBARÁ

Nomes populares: *Ivitinga, mutamba-preta, açoita-cavalo, ubatinga*

Nome científico: *Luehea grandiflora* Mart. et Zucc., Tiliaceae

Orixá: Ifá

Elementos: Terra/feminino

Medrando nos cerrados e em florestas semidecíduas, esta árvore, nativa do Brasil, é encontrada no Estado do Amazonas até São Paulo.

A parte deste vegetal comumente empregada em rituais são os frutos duros e peludos. São utilizados em trabalhos com Obará, um dos signos de Ifá, com a finalidade de atrair riquezas.

FAVA-DE-OMOLU

Nome popular: Seringueira

Nome científico: *Hevea brasiliensis* M. Arg., Euphorbiaceae

Orixá: Omolu

Elementos: Terra/masculino

Durante muito tempo a seringueira foi, entre as árvores nativas do Brasil, uma das mais importantes na economia do país, pois dela era extraído um látex natural utilizado como borracha em diversos segmentos da indústria mundial.

Entre as "pessoas-do-santo", suas sementes são conhecidas como favas-de-Omolu e utilizadas em trabalhos e nos "assentamentos" deste orixá.

FAVA-DE-OXUM

Nome popular: Andiroba

Nome científico: *Carapa procera* D.C., Meliaceae

Orixá: Oxum

Elementos: Água/masculino

Nativa da América do Sul, a andiroba é utilizada em arborização de ruas, parques e jardins. Os frutos produzem várias sementes que servem de alimento a diversos animais, principalmente os esquilos.

Nos candomblés, as sementes são conhecidas como favas-de-Oxum, sendo utilizadas em trabalhos, "assentamentos" e junto ao jogo de búzios.

Na África, a andiroba é também considerada para fins litúrgicos, sendo denominada *abo ògànwó* ou *èfù ìyá* (Verger 1995:644).

O óleo produzido a partir das sementes é considerado insetífugo e medicinal.

FAVA-DIVINA

Nome científico: Schizolobium parahyba (Vell.) Blake, Leguminosae-Caesalpinoideae

Orixá: Oxum

Elementos: Terra/masculino

Árvore nativa brasileira que produz lindas flores amarelas. Utilizada em arborização de ruas e parques.

Embora atribuídas a Oxum, suas sementes são utilizadas popularmente como "simpatia" em crianças pequenas para aflorar a dentição.

FUMO-BRAVO

Nomes populares: Fumo-da-mata, pé-de-elefante, erva-de-veado, erva-grossa, língua-de-vaca, sossoia, suçaia, sussuaiá

Nome científico: *Elephantopus mollis* H.B.K.
Asteraceae (Compositae)

Sinonímias:
1) *Elephantopus tomentosus* L.
2) *Elephantopus martii* Grah.
3) *Elephantopus cernuus* Vell

Orixá: Exu e Omolu

Elementos: Terra/masculino

Nativa do continente americano, medra espontaneamente nas diversas regiões tropicais do país.

O fumo-bravo foi incorporado aos rituais dos cultos afro-brasileiros, sendo utilizado em sacudimentos, em forma de "pó para trabalhos com Exu", e na umbanda, "em banhos de descarregos cozidos, do pescoço para baixo".

Na medicina rural, usa-se a raiz do fumo-bravo para combater bronquites, gripes fortes e contra febre intermitente.

FUNCHO

Nomes populares: Erva-doce, fiolho, fiolho-doce, aniz, funcho-romano

Nome científico: *Foeniculum vulgare* Mill., Umbeliferae

Sinonímia:
1) *Foeniculum officinale* All.
2) *Anethum foeniculum* L.

Orixás: Oxalá e Oxum

Elementos: Água/masculino

Introduzida no Brasil no início da colonização, o funcho, originário do Mediterrâneo, norte da África e Ásia ocidental, adaptou-se com tanta facilidade em nosso solo, que hoje medra espontaneamente em várias regiões.

O uso desta umbelífera nos candomblés é muito restrito; todavia, suas folhas servem para banhos purificatórios e as sementes são utilizadas em defumadores.

Cabrera (1992:453) afirma que esta erva é utilizada por Obatalá, para destruir a ação de bruxarias, sendo ainda usada em cerimônias funerárias, por ocasião do sepultamento "de los mayomberos judíos"; ela atribui-lhe o nome lucumi *korico*.

Para as mulheres que amamentam e possuem pouco leite, o funcho é de grande utilidade, pois aumenta a lactação. O chá das sementes combate cólicas e gases intestinais, principalmente nas crianças.

GENGIBRE

Nome científico: Zingiber officinale Roscoe., Zingiberaceae

Orixá: Ogum

Elementos: Terra/masculino

Tendo sua origem na Ásia tropical, o gengibre é cultivado na África e no Brasil.

De toda a planta, o rizoma é a parte mais utilizada, entrando no preparo do aluá, bebida feita com milho fermentado e rapadura, muito consumida nas festas dos candomblés mais tradicionais. O fruto, juntamente com a cana-do-brejo, colocados sobre o assentamento, serve para "esquentar" Ogum.

No continente africano o gengibre é um condimento muito popular, usado na culinária doméstica e dos orixás, onde é conhecido pelo nome iorubá *atalẹ* (Verger 1995:737).

Medicinalmente, o gengibre é carmitativo, estomáquico, diurético e excitante.

GOIABEIRA

Nome científico: *Psidium guajava* L., Myrtaceae

Sinonímia: 1) *Psidium guayava* Raddi.
2) *Psidium pyriferum* L.

Orixás: Oxalá e Ogum

Elementos: Ar/masculino

Planta tropical, nativa brasileira, encontrada cultivada ou espontânea em todo o território nacional.

As folhas da goiabeira podem ser oferecidas ao animal (quadrúpedes), antes do sacrifício, em substituição às da aroeira ou da cajazeira, e são atribuídas a Ogum. Das hastes são feitos os "àtòrì" (varas rituais) de Oxalá, utilizados na festa do pilão, e os "akidavi", varetas utilizadas na percussão dos atabaques.

Em Cuba, segundo Cabrera (1992:439), a goiabeira recebe o nome lucumi *kénku*, e tanto as folhas quanto os frutos são atribuídos a Exu e servem para trabalhos em encruzilhadas.

Verger (1995:40), referindo-se a plantas e nomes de origem estrangeira utilizados pelos iorubás na África, diz: "O nome Gúábà deriva do português goiaba (PSIDIUM GUAJAVA, Myrtaceae), fruta levada do Brasil. Suas folhas são usadas para tratar irritações da garganta e da boca...". Atribui-lhe, também, os nomes *gúáfà, gúróbà* e *gúrófà* (1995:711).

O fruto da goiabeira, comido ao natural, é rico em vitamina C e indicado nos casos de convalescença e tuberculose pulmonar. As folhas, principalmente os brotos mais tenros, em infusão, combatem a gastroenterite, a incontinência urinária e a diarréia. Nos casos de diarréia renitente, o caldo obtido com o cozimento da goiaba verde, em forma de clister, é de extrema eficácia.

JABORANDI

Nomes populares: *Jaborandi-verdadeiro, jaborandi-de-três-folhas*

Nome científico: *Pilocarpus pinnatifolius L., Rutaceae*

Sinonímia: *Pilocarpus jaborandi Holmes*

Orixá: *Oiá*

Elementos: *Fogo/feminino*

Planta de grande ocorrência no Brasil, principalmente no Estado de Pernambuco.

Nas casas-de-santo, este vegetal é utilizado em sacudimentos. Em banhos, "deve ser usada pouca quantidade, verde e quinada, não devendo ser colocada na cabeça, por ser folha quente". Nos terreiros de umbanda é empregado nos casos de pessoas obsedadas.

O jaborandi, na medicina popular, é usado em loções para fortalecer o couro cabeludo e evitar queda dos cabelos.

JASMIM-DA-ITÁLIA

Nome popular: Junquilho

Nome científico: Isotoma longiflora (Willd.) Presl., Campanulaceae

Sinonímia: 1) Hippobroma longiflora Don.
2) Lobelia longiflora L.

Orixás: Oxalá e Oxum

Elementos: Água/masculino

Originário da América tropical, o jasmim-da-itália é encontrado no Brasil, cultivado como planta ornamental ou em estado espontâneo em lugares úmidos e sombreados.

Suas folhas são utilizadas nos ritos de iniciação, *àgbo* dos filhos de Oxum e "em banhos de prosperidade para todos os filhos-de-santo".
Como planta medicinal, indicam-se suas raízes no tratamento de hérnias. As folhas, maceradas e aplicadas sobre a pele, combatem o vitiligo.

JUREMA-PRETA

Nomes populares: Juremeira, jurema, jerema, espinheiro

Nome científico: Acacia jurema Mart., Leguminosae-mimosoideae

Sinonímia: 1) Acacia hostilis Benth.
2) Mimosa hostilis Benth.

Orixás: Ossaim, Oxossi e Caboclos

Elementos: Terra/masculino

De origem brasileira, a *Acacia jurema* é encontrada, principalmente, no Nordeste e Sudeste brasileiros.

Com o lenho dessa planta, prepara-se a jurema, bebida de origem indígena, composta de vinho moscatel ou aguardente de cana, melado de cana e gengibre. A casca do tronco da jurema-preta é deixada nesta mistura, para curtir por uma semana, sendo às vezes enterrada durante este período. É consumida nos rituais de umbanda, na jurema de mestres no Nordeste e nos candomblés de caboclos na Bahia. Suas folhas servem para banhos lustrais.

Existem, ainda, outras leguminosas conhecidas como jurema, jurema-branca etc.; todavia, a jurema-preta, conhecida também como jurema-dos-feiticeiros, é considerada a verdadeira e se presta ao preparo da bebida utilizada nos rituais.

Os índios brasileiros utilizavam a jurema-preta, segundo suas crenças, para excitar os sentidos, provocando sonhos, estados de êxtase e de encantamento nas pessoas.

A casca dessa árvorte é adstringente, febrífuga e narcótica, aconselhada contra úlceras, cancros, flegmões e erisipela. Suas sementes, segundo alguns manuais de fitoterapia, são tóxicas.

LARANJA

Nome científico: Citrus aurantium L., Rutaceae

Orixás: Xangô e Iabás

Elementos: Terra/feminino

Acredita-se que a cultura da laranja seja bastante antiga, pois era cultivada pelos chineses há quatro mil anos. Atribui-se sua origem à Ásia e ao arquipélago malaio. Esta rutácea foi introduzida, simultaneamente, na Europa e Américas no século XV, sendo que para o Brasil foi trazida por volta de 1540, no início da colonização.

Como a maioria das frutas no camdomblé, a laranja, principalmente suas variedades laranja-pêra (*Pyriformis*), laranja-bahia (*Brasiensis*) e laranja-seleta (*Depressus*), é oferecida às Iabás por ocasião de suas festas no dia 8 de dezembro ou 2 de fevereiro. É utilizada, também, nas oferendas do dia 28 de junho, véspera do dia de São Pedro, ocasião em que são depositadas juntamente com espigas de milho verde e batatas-doces, sobre a fogueira que é dedicada a Xangô.

Nos candomblés de Angola e na umbanda, a folha da laranjeira é atribuída a Oxalá e utilizada nos rituais de "lavagem de cabeça" e em banhos para "unir pessoas apaixonadas".

Fruta consumida em todo o continente africano, onde recebe diversos nomes, tais como *jàganyìn, ọ̀sàn nlá, òrombó, òrombó igún, ọ̀sàn òyìnbó, òrombó-dídùn, ọ̀sàn múmu, òrombó múmu, òro òyìnbó* etc., é também utilizada para fins mágicos em "trabalho para ter relação sexual com uma mulher" e "proteção contra cupim" (Verger 1995:649,369,437).

Como fonte energética e medicinal, a laranja, sendo um fruto rico em vitamina C, ajuda a evitar a arteriosclerose, câncer de mama e estômago, crises de asma, gengivites e, especificamente, o escorbuto. Possui, ainda, propriedades calmantes, febrífugas, antiespasmódicas, estomáquicas e digestivas.

LIMÃO

Nome científico: *Citrus limonia* Osb., Rutaceae

Orixás: Orumilá e Ossaim

Elementos: Terra/feminino

Originário da Índia, o limão é conhecido e cultivado em todos os continentes, pois trata-se de um fruto de muitas utilidades.

Se por um lado o limão é um fruto benéfico à saúde, por outro é utilizado por feiticeiros para fazer diversos malefícios.

Nos candomblés nagôs, o limão, embora seja utilizado na cozinha cotidiana para temperar peixes, aves e na forma de refrescos, no que diz respeito aos orixás constitui-se um tabu, pois acredita-se que "funciona como o sal grosso, cortando tanto a parte negativa quanto a positiva que atuam sobre os filhos-de-santo, deixando-os desprotegidos". Na umbanda, gotas do sumo deste fruto "são pingadas no ouvido de pessoas que são possuídas por eguns, para que estas entidades se afastem".

Em Cuba, onde é conhecido, no culto lucumi, pelos nomes nagôs de *orombo wéwé* e *oróco*, entra em diversas fórmulas com finalidades maléficas (Cabrera 1992:465-466) e acredita-se que cortar o limão em quatro partes atrai má sorte.

No sudeste africano, o limão é conhecido pelos nomes *òròmbó kíkan* e *ọsàn wẹwẹ*.

Terapeuticamente, o limão dispensa apresentação, pois é usado em todo o mundo para diversas finalidades. É indicado com mais freqüência para combater gripes, resfriados e suprir a falta de vitamina C do organismo.

LOSNA-SELVAGEM

Nomes populares: Ambrosia, artemísia, cravorana

Nome científico: Ambrosia elatior L., Asteraceae (Compositae)

Sinonímia: 1) Ambrosia artemisiifolia L.
            2) Artemisia elatior L.

Orixás: Exu e Ossaim

Elementos: Fogo/masculino

Nativa do continente americano, a losna-selvagem medra em quase todo o território nacional, principalmente nos Estados do Sul e Sudeste.

Segundo um informante, na liturgia afro-brasileira existem dois tipos de losna, "a de homem, que tem folhas lisas e não deve ser usada por pessoas do sexo masculino, e a de mulher, com folhas crespas e não é indicada para mulheres". A explicação dada sobre a distinção entre os tipos é que a utilização indevida desse vegetal pode provocar uma inversão sexual. As folhas são utilizadas em trabalhos de "atração", tanto pelas mulheres para atrair os homens como o contrário. Todavia, não foi possível distinguir a "losna de homem" da "losna de mulher"; supomos que sejam espécies diferentes de uma mesma família de vegetais ou variação ambiental, pois sob a denominação de losna encontramos ainda a *Ambrosia polystachya DC* ou *Ambrosia maritima Vell.*, a *Ambrosia tenuifolia Spreng.* ou *Franseria confertiflora (DC) Rydb.*, a *Artemisia verlotorum Lammote*, a *Artemisia absinthium L* e a *Artemisia vulgaris L*.

As losnas, de um modo geral, são estomáquicas; todavia, a *Artemisia verlotorum* é usada contra vermes, febre e para regularizar o fluxo menstrual; a *Artemisia absinthium* é digestiva, antiinflamatória e antifebril. Utilizada, ainda, como emenagoga e para regularizar as funções hepáticas e renais. Körbes (1995:137) sugere: "Não abusar, porque destrói os glóbulos vermelhos."

MAÇÃ

Nome científico: Pyrus malus L., Rosaceae

Orixás: Todos os orixás

Elementos: Água/feminino

A maçã é originária da Ásia central e já era consumida na antiguidade pelos gregos, hebreus e romanos. Em virtude de seu cultivo ocorrer em áreas temperadas, durante muito tempo foi desconhecida na África tropical; todavia, no Brasil, ela foi incorporada ao culto aos orixás pelos nagôs, sendo oferecida nas festas das Iabás e nas "obrigações à cabeça" (borí). Cortada em quatro partes, por ocasião das obrigações, funciona como fruto divinatório do mesmo modo que a cebola, o obí e o orobô.

Embora seja oferecida à maioria dos orixás, existe proibição de seu uso para alguns "filhos de Oxum, Logun Edé e Oxalá", estes últimos, provavelmente, em virtude do interdito que tem do uso da cor vermelha.

A maçã possui propriedades terapêuticas que desintoxicam e fortalecem o organismo; provavelmente, por isso, no Cáucaso, região da antiga União Soviética, onde este fruto faz parte da alimentação básica, a média de vida da população seja uma das mais elevadas do mundo. É indicada para convalescentes, e combate diversas doenças, destacando-se, entre elas, enfermidades do baço, icterícia, reumatismo, problemas intestinais, nervosismo, nefrites, pielites e febres em geral.

MALVAÍSCO

Nomes populares: *Malva-do-reino (CE), hortelã-pimenta (RJ)*

Nome científico: *Coleus ambroinicus Benth., Labiatae*

Orixá: *Exu*

Elementos: *Fogo/feminino*

Folha aromática, usada como tempero na culinária popular especialmente para realçar o sabor das carnes.

Seu uso é restrito a trabalhos com Exu, não sendo utilizado como tempero pelos iniciados, constituindo, portanto, um interdito para aqueles que se autodenominam "Ketu".

Como remédio, o malvaísco é utilizado no combate às inflamações pulmonares, catarros e gripes fortes, pois com suas folhas prepara-se um melado que atua como expectorante que é administrado às crianças.

MANACÁ

Nomes populares: Aguaceiro, jasmim-do-paraguai, manacá-cheiroso, mercúrio-do-pobre

Nome científico: Brunfelsia uniflora (Pohl) D.Don., Solanaceae

Sinonímia:
1) Brunfelsia australis Benth.
2) Brunfelsia hopeana Benth.
3) Brunfelsia latifolia Pohl.

Orixá: Nanã

Elementos: Terra/feminino

Tendo sua origem no Brasil e no Peru, o manacá é encontrado com freqüência em todo o território nacional, servindo como planta ornamental devido à beleza de suas flores, que vão do branco ao lilás em uma mesma planta.

As folhas do manacá são utilizadas em banhos purificatórios para os filhos de Nanã e servem para sacudimentos. Os galhos com flores que embelezam os terreiros nos dias de festas de Nanã servem para purificar o ambiente.

Possuindo propriedades terapêuticas, o manacá é utilizado como anti-reumático, anti-sifilítico, abortivo, depurativo, purgativo, diurético e emenagogo.

MANDACARU

Nomes populares: Arumbeva, urumbeba

Nomes científicos: 1) *Cereus jamacaru* D.C., Cactaceae
2) *Cereus peruvianus* Mill.

Orixás: *Exu e Ossaim*

Elementos: *Fogo/masculino*

Das várias espécies do gênero *Cereus*, destacamos *jamacaru* e *peruvianus* por serem as mais populares. São plantas nativas da América do Sul, que medram principalmente em zonas áridas de caatingas ou no litoral do Norte ao Sul do Brasil.

Como todas as cactáceas, estas estão associadas a Exu nos candomblés brasileiros. Servem para trabalhos litúrgicos e para lavar os objetos rituais deste orixá.

Na fitoterapia, o xarope feito com o suco da planta combate as afecções pulmonares; as flores são empregadas como diuréticas e cardiotônicas, e o emplastro quente da massa do caule debela furúnculos e abscessos.

Em época de seca, o mandacaru é utilizado na alimentação bovina.

MANJERONA

Nome científico: *Origanum majorana* L., Labiatae

Orixá: Xangô

Elementos: Terra/feminino

Nativa do Nordeste africano, Oriente Médio e Índia, a manjerona tornou-se um condimento conhecido mundialmente e cultivado em diversas regiões da Europa e das Américas.

Planta aromática utilizada nos candomblés em banhos purificatórios para os filhos de Xangô e "em defumadores para atrair boa sorte aos filhos-de-santo".

Segundo Cabrera (1992:488), das folhas recolhidas e postas a secar, juntamente com um coração de andorinha, prepara-se um pó que serve para fins benéficos. Acredita-se, ainda, que quando a manjerona cresce em abundância é sinal de prosperidade, mas, se murchar ou morrer, é presságio de ruína, e que um ramo de manjerona levado no bolso traz boa sorte.

Conhecida como condimento usado em quase todo o mundo, a manjerona possui também propriedades terapêuticas que estimulam o apetite, ajudam na digestão, combatem cólicas e ainda são úteis nos casos de debilidade do estômago, dispepsia atônica e flatulência. "Toda a planta é excitante. Contendo um óleo essencial, das propriedades aromáticas resultam as virtudes afrodisíacas que lhe são atribuídas. Tempero da cozinha erótica. Infusão estimulante. Erva propiciatória das bodas" (Sangirardi Júnior 1981:206).

MIRRA

Nome científico: *Commiphora sp., Burseraceae*

Orixá: *Oxalá*

Elementos: *Ar/masculino*

A mirra é uma goma-resina produzida por espécies vegetais do gênero *Commiphora*, principalmente a *Commiphora molmol* Engler e a *Commiphora myrrha* (Ness.) Baillon.

Tanto nos rituais de umbanda quanto nos candomblés a mirra é empregada em defumações do mesmo modo como é feito também na Igreja católica.

Na medicina popular é utilizada internamente como anti-séptico e estomacal, e externamente no combate às afecções e parasitas da pele.

NEGA-MINA

Nome científico: **Siparuna guyanensis Aubl., Monimiaceae**

Sinonímia: **1) Citriosma guianensis Tull.**
2) Siparuna erythrocarpa D.C.

Orixá: **Xangô**

Elementos: **Fogo/masculino**

A nega-mina tem por habitat as terras firmes do Amazonas ao Rio de Janeiro.

Considerada por alguns como folha indispensável no *àgbo* das casas-de-santo de origem jêje-nagô. É utilizada em banhos de purificação e sacudimentos. Os adeptos encontram nessa planta "uma grande defesa contra feitiço e mau-olhado". Nos rituais de umbanda, este vegetal também é utilizado em "banhos de descarrego"; todavia, é atribuído a Oxalá.

Planta aromática, usada na medicina popular como estimulante, servindo para combater reumatismo, cólicas, nevralgias, ingurgitamento do fígado e tosses. É reconhecida, também, como ótimo tônico para fortalecer a potência sexual.

NICURIZEIRO

Nomes populares: Nicuri, licuri, aricuri, alicuri, coco-cabeçudo, urucuri-iba (PE)

Nome científico: Syagrus coronata (Mart.) Becc., Palmae

Sinonímia: Cocos coronata Mart.

Orixá: Oxossi

Elementos: Terra/masculino

Palmeira de origem brasileira que ocorre, principalmente, nas matas pluviais do Sul da Bahia e Pernambuco.

As folhas são utilizadas nos rituais de iniciação, banhos purificatórios e sacudimentos em pessoas de Oxossi.

Na fitoterapia, o suco do coco verde é utilizado no combate à oftalmia.

NOZ-MOSCADA

Nomes populares: Moscadeira, moscadeira-do-brasil, namoscada

Nome científico: Myristica fragans Hoult., Myristicaceae

Sinonímia:
1) Myristica moschata Thunb.
2) Myristica aromatica Lam.
3) Myristica officinalis L.

Orixá: Oxalá

Elementos: Ar/feminino

Nativa das ilhas Molucas e Filipinas, a noz-moscada, devido ao seu valor comercial, foi introduzida em diversos continentes, inclusive na América do Sul. No Brasil é muito utilizada na culinária.

Nos candomblés, a noz-moscada é empregada, principalmente, em "*atin* (pó) e defumadores" com a finalidade de "atrair coisas positivas e prosperidade". Trazida junto ao corpo constitui-se em "simpatia contra os problemas do coração". Nos rituais fúnebres, o axexé, a noz-moscada ralada é misturada ao efun e esfregada na testa e pulso dos presentes, com a finalidade de ficarem protegidos contra as influências nefastas dos eguns.

Na umbanda, usa-se essa noz ralada e misturada ao vinho moscatel e outras ervas no preparo de garrafadas para diversas finalidades litúrgicas e curativas.

Considerada estimulante gástrico e afrodisíaco, a noz-moscada entra também no preparo de iguarias doces e salgadas.

OLHO-DE-BOI

Nomes populares: Coronha, fava-de-café, cabeça-de-frade, mucuna, mucana

Nome científico: Dioclea violacea, Mart. ex Benth., Leguminosae-faboideae

Sinonímia:
1) Dioclea glabra Benth.
2) Dioclea sclerocarpa Ducke
3) Dolichos altissimus Vell.

Orixá: Ossaim

Elementos: Terra/masculino

Planta brasileira que produz uma semente conhecida popularmente pelo nome de olho-de-boi.

É utilizada principalmente nos candomblés de Angola "para combater o mau-olhado e afastar os inimigos". Colocada dentro de um copo com água, dura por muito tempo sem se estragar; todavia, se esta vier a apodrecer "é porque recebeu uma carga grande de irradiações negativas, e deve ser jogada num rio ou num mato e substituída por outra nova".

O olho-de-boi entra na confecção de colares e guias de pretos-velhos e caboclos nos terreiros de umbanda, com a mesma finalidade.

Considerado diurético, afrodisíaco e usado contra a hidropisia e feridas, o olho-de-boi, pulverizado, é útil também como preventivo de derrame e na remoção de seus efeitos. É tônico e calmante dos nervos nos casos de epilepsia.

PALMATÓRIA-DE-EXU

Nomes populares: *Palmatória, figo-da-índia, palma-doce*

Nome científico: *Opuntia cochenillifera (L.) Mill., Cactaceae*

Sinonímia: *1) Nopalea cochenillifera (L.) Lyons.*
2) Cactus cochenillifer L.

Orixás: *Exu e Ossaim*

Elementos: *Fogo/feminino*

Planta de origem mexicana disseminada no Brasil e em diversos continentes de clima tropical. Ocorre em áreas áridas no interior e no litoral. O gênero *Opuntia* abrange várias espécies nativas das Américas, que possuem artículos achatados na forma de palmatória.

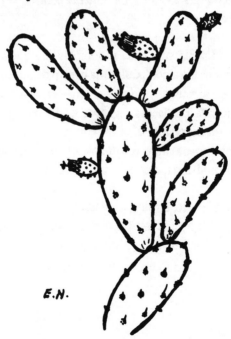

Como a maioria das cactáceas, esta também é atribuída a Exu, sendo encontrada com freqüência plantada junto ao compartimento dedicado a este orixá. É utilizada em trabalhos litúrgicos e macerada em água para lavar os objetos rituais. Seu fruto, no formato de figo, juntamente com outras oferendas, é deixado sobre uma árvore para Ossaim.

O xarope feito dos frutos é usado nas afecções do pulmão. O cataplasma feito do fruto e flores elimina as dores ciáticas e acelera o processo de maturação de furúnculos.

PATCHULI

Nome científico: *Pogostemon patchouly* Pelletier., Labiatae

Orixá: Oxum

Elementos: *Água/feminino*

De origem asiática, provavelmente Índia ou Birmânia, o patchuli é cultivado no Norte, Nordeste e Sudeste do Brasil.

Nos terreiros de candomblé da Bahia o patchuli goza de grande prestígio como folha aromática, pois não só é utilizado na água que enxágua a roupa e como sachê para perfumar as vestimentas dos orixás, mas também em "água-de-cheiro", banhos e trabalhos amorosos que servem para atrair o sexo oposto, quando usado pelas mulheres.

PAU-D'ALHO

Nomes populares: *Guararema, ibirarema*

Nome científico: *Gallesia integrifolia (Spreng.) Harms., Phytolaccaceae*

Sinonímia: *1) Gallesia gorazema (Vell.) Miq.*
2) Crataeva gorarema Vell.

Orixás: *Exu e Obaluaiê*

Elementos: *Fogo/masculino*

Planta que ocorre em áreas tropicais e subtropicais brasileiras, o pau-d'alho é encontrado, principalmente, nas regiões nordeste e sudeste.

Os galhos desta árvore são utilizados na umbanda e no candomblé de Angola em banhos purificatórios, sacudimentos e "limpeza de casas"; todavia, nos terreiros de candomblé de origem nagô seu uso é proibido por ser um interdito de ação semelhante ao do alho.

Na medicina popular, é empregado no combate ao reumatismo, úlceras, hemorróidas, abscessos, hidropisia, moléstias da próstata e gripes.

PICHURIN

Nomes populares: Pichuri, pichulim, fava-pichurin, noz-moscada-do-pará, canela-branca, canela-louro, canela-sassafrás, espora-de-galo

Nome científico: Nectandra lanceolata Nees et Mart ex Ness., Lauraceae

Sinonímia:
1) Nectandra pichurim (H.B.K.) Mez.
2) Nectandra orenadum Mart.
3) Nectandra weddellii Meissn.

Orixá: Oxalá

Elementos: Ar/masculino

Árvore de origem brasileira, encontrada em áreas de florestas tropicais, inclusive no México.

Nos candomblés, "a fava de pichurin serve para preparar um pó de prosperidade que afasta as coisas negativas". Emprega-se, também, em defumações de casas e terreiros.

Em cataplasma, pó e infuso, utiliza-se este vegetal contra dispepsias, problemas gástricos, cólicas, diarréias e picadas de insetos.

TAPETE-DE-OXUM

Nomes populares: Planta-da-vida, jacaré (RJ), rosa-pedra (RS), sanguelavô cabeludo (BA)

Nome científico: Kalanchöe gastonis bonnieri Hamet. & Ferr. Crassulaceae

Orixá: Oxum

Elementos: Água/feminino

Planta originária de Madagascar, introduzida no Brasil, onde é utilizada em bordaduras de jardins ou em vasos ornamentais.

Nos cultos afro-brasileiros, emprega-se uma espécie de limo branco que é produzido nas folhas e caules deste vegetal para lustrar os objetos de Oxum. As folhas entram nos rituais de iniciação, *àgbo* e banhos purificatórios dos filhos deste orixá.

TAPETE-DE-OXOSSI

Nome popular: *Calancoê-fantasma*

Nome científico: *Kalanchöe waldheimi Ham. & Per. Crassulaceae*

Orixá: *Oxossi*

Elementos: *Terra/feminino*

Planta de clima tropical muito utilizada em vasos e jardins na ornamentação de ambientes. Originária da ilha de Madagascar, está disseminada por todo o território nacional.

São poucas as referências sobre esta planta nas casas de candomblé; todavia, alguns erveiros ligados às religiões afro-brasileiras afirmam que esta planta é utilizada nos terreiros em banhos para os filhos de Oxossi.

POEJO

Nome científico: Mentha pulegium L, Labiatae

Orixás: Oxum e Ibeije

Elementos: Água/feminino

Ocorre geograficamente na Ásia ocidental, África setentrional, Europa e América do Sul. No Brasil, este vegetal é comum em quase todo o território nacional.

Nas religiões afro-brasileiras, usa-se o poejo para sacudimentos e banhos de purificação em crianças ou em mulheres com "problema de barriga".
É popularmente conhecido como o "melado" feito com as folhas para debelar gripe e catarro infantil. É tônico e excitante. Em infusão combate gases, cólicas intestinais dos recém-nascidos, falta de menstruação e dores histéricas.

QUARESMEIRA

Nomes populares: Flor-de-quaresma, quaresmeira-roxa, quaresma

Nome científico: Tibouchina granulosa Cogn., Melastomaceae

Sinonímia:
1) Melastoma granulosa Desr.
2) Pleroma granulosa Don.
3) Lasiandra fontanesiana D.C.
4) Melastoma fontanesii Spreng.

Orixá: Nanã

Elementos: Terra/masculino

De origem brasileira, ocorre principalmente nas áreas da Mata Atlântica entre os Estados da Bahia e São Paulo. A quaresmeira é uma árvore que floresce com muita intensidade na época da quaresma, daí seu nome, produzindo lindas flores de tonalidades que vão do rosa-claro ao roxo.

Conhecida como uma planta própria de Nanã, é usada para proteger os ambientes durante as festividades dedicadas a esta orixá.

QUITOCO

Nomes populares: Lucero, erva-lucera, madrecravo, tabacarana

Nome científico: Pluchea sagittalis (Lam.) Cabr. Asteraceae (Compositae)

Sinonímia:
1) Pluchea suaveolens (Vell.) O. Kuntze
2) Pluchea quitoc D.C.
3) Conyza sagittalis Lam.
4) Gnaphalium suaveolens Vell.

Orixá: Obaluaiê

Elementos: Terra/masculino

Planta nativa da América do Sul, medrando do Nordeste ao Sul do Brasil, de preferência na área litorânea e locais úmidos.

Tanto nos candomblés quanto na umbanda este vegetal é utilizado em "banhos de descarregos do pescoço para baixo".

Planta aromática empregada como expectorante e excitante. Indicada no auxílio à digestão, flatulência, reumatismo, bronquite catarral, tosses, catarros crônicos dos brônquios, afecções do fígado e intestino. As raízes são carmitativas, resolutivas, digestivas e anti-histéricas; por isso, é muito utilizada na medicina popular.

ROSA-BRANCA

Nome científico: Rosa centifolia L., Rosaceae

Orixás: Oxalá e Iemanjá

Elementos: Ar/feminino

De origem asiática, a rosa-branca é encontrada em diversos países. No Brasil é cultivada para fins comerciais.

Nas religiões afro-brasileiras, a rosa-branca é utilizada, principalmente, na ornamentação dos terreiros, quartos-de-santo e altares. Nas festas, os orixás costumam carregar ramalhetes de flores que lhes são oferecidos pelos adeptos. Na umbanda, ela é usada em banhos purificatórios.

A rosa-branca possui propriedades adstringentes, purgativas e aromáticas. Utiliza-se a água como colírio.

ROSA-VERMELHA

Nomes populares: Rosa-rubra, rosa-francesa

Nome científico: Rosa galica L., Rosaceae

Orixás: Oxum, Oiá, Obá

Elementos: Ar/feminino

Originária da Ásia ocidental e sul da Europa, a rosa-vermelha está aclimatada no Brasil, onde é cultivada com fins comerciais.

Assim como a rosa-amarela, esta é atribuída às Iabás, que os mitos dão como esposas de Xangô. Na umbanda, a amarela é oferecida a Iansã, e a vermelha entra em oferendas para as pombas-giras (exus-femininos).

Na fitoterapia, a rosa-vermelha em infusão é empregada contra diarréia, prisão de ventre, leucorréia, blenorragia. Nas inflamações na mucosa da boca, dos olhos e em úlceras.

SALSAPARRILHA

Nome científico: *Smilax officinalis Kunth., Smilacaceae*

Orixás: Xangô e Orixá Okó

Elementos: Terra/masculino

Originária da zona equatorial das Américas, esta espécie do gênero *Smilax* medra principalmente no Brasil, Peru e México.

Planta considerada *gun* (excitante), é utilizada em trabalhos ritualísticos, nos candomblés brasileiros, com a finalidade de excitar o orixá para que ele proporcione respostas positivas aos pedidos feitos pelos adeptos.

Em Cuba, a espécie *havanensis* Jacq. é conhecida pelos nomes lucumis *atéwé edin* ou *atéké din* (Cabrera 1992:564). Na África, utilizam o *Smilax kraussiana* Meisn. em trabalhos litúrgicos e atribuem-lhe os nomes iorubás *ka(n) san, ika(n) san, èékánná màgbó, wọ́rẹ̀wọ́rẹ̀* e *ìwọkúwọ* (Verger 1995:721).

A salsaparrilha é depurativa, diurética e sudorífica. Aplica-se o chá de suas raízes contra doenças venéreas, sífilis, reumatismo, gota e dermatoses. "... Tomada em excesso, além de não produzir efeito benéfico, provoca náuseas, vômitos, salivação, queda acentuada do pulso" (Caribé & Campos 1991:197).

TANGERINA

Nomes populares: Bergamota, mexerica

Nome científico: Citrus nobilis Lour., Rutaceae

Orixá: Obá

Elementos: Terra/feminino

Provavelmente originária das regiões tropicais e subtropicais da Ásia e do arquipélago malaio, a tangerina, hoje, é cultivada praticamente em todos os continentes.

Em alguns candomblés de origem jêje, a tangerina é considerada um tabu alimentar. Suas cascas, juntamente com outros ingredientes, entram na preparação de um "pó de efeito maléfico, que, quando jogado nos barracões em dias de festas, gera brigas e confusões".

Segundo Verger (1995:650), os iorubás dão a esta fruta o nome *ta-n-jariîni*.

Tendo sua composição química semelhante à do limão, é utilizada para os mesmos fins daquele. De suas cascas, extrai-se um óleo aromático que é empregado na indústria de perfumes, doces e bebidas, servindo ainda para eliminar manchas na pele.

TOMATE

Nome científico: Lycopersicum esculentum Mill., Solanaceae

Orixás: Oxumaré e Caboclos

Elementos: Água/feminino

De origem discutida, embora alguns autores afirmem ser nativa da América do Sul, pois espécies selvagens foram encontradas na cordilheira dos Andes e na região do Baixo Amazonas.

Em alguns candomblés jêjes este fruto é usado em pratos que são oferecidos a Oxumaré; todavia, nos centros de umbanda, candomblé-de-caboclo e de Angola, o tomate é utilizado em diversas oferendas, principalmente para os caboclos.
Nos batuques do Rio Grande do Sul, o tomate é utilizado na preparação de diversas iguarias para os orixás, principalmente para Oxum e Xangô.
Nas casas lucumis em Cuba, o tomate, conhecido pelos nomes *icán* e *ichomá*, é atribuído a Xangô e Ibeije (Cabrera 1992:549). Na África, é usado tanto como alimento quanto em rituais, sendo conhecido ainda pelos nomes *ṣẹkúnwin, ẹkúẹ, tòmátì* e *tùmátì* (Verger 1995:692).

Além de ser um alimento rico em vitamina C e caroteno, o tomate contém propriedades que o tornam próprio para combater diversas doenças, dentre elas a avitaminose C, tuberculose pulmonar, amigdalite, faringite, nefrite, reumatismo, hemorróidas externas e até picadas de insetos. Todavia, é contra-indicado nos casos de artrite, reumatismo, enfermidades cardíacas e renais.

UVA

Nomes populares: Videira, uva-itália, uva-rosada, uva-moscatel, uva-rubi

Nome científico: Vitis vinifera L. Ampelideae.

Orixás: Oxalá, Oxum, Iemanjá e Ibeije

Elementos: Ar/feminino

Originária das encostas do Cáucaso e do litoral meridional do mar Cáspio, a uva é cultivada há séculos na Europa. No Brasil, foi introduzida em São Vicente (1532) e em Pernambuco (1535) no início da colonização.

Nos candomblés brasileiros, a uva foi incorporada aos rituais, onde é utilizada como oferenda aos orixás, por ocasião de suas festas, nas obrigações à cabeça (borí) e para os erês no ritual do panã.

As folhas da parreira são atribuídas a Oxum e usadas em banhos, "com a finalidade de melhorar a sorte no amor".

"As folhas e os frutos da videira contêm ácido tartárico, bitartarato de potassa, qüercetino, tanino, amido, ácido málico, inosito, açúcar cristalizável e cremor de tártaro" (Cruz 1982:571).

VELAME

Nomes populares: Velame-do-campo, velame-amarelo, ervanço, caruru-açu

Nome científico: Croton campestris Mart., Euphorbiaceae

Orixá: Obaluaiê

Elementos: Terra/masculino

Nativa do Brasil, o velame ocorre em quase todos os Estados, principalmente nos do Norte ao Sudeste.

Nas casas de candomblé este vegetal é utilizado nos rituais de iniciação de Obaluaiê, "lavagem de seus assentamentos e em sacudimento para pessoas com problema de saúde".

Como fitofármaco, o velame-do-campo é usado, interna e **externamente**, para combater afecções venéreas, escrofulose, elefantíase, epilepsia, erisipela, gota, sífilis, úlceras e reumatismo.

VENCE-DEMANDA (BA)

Nome científico: *Justicia gendarussa Burm., Acanthaceae*

Sinonímia: *Justicia violacea L.*

Orixá: *Ogum*

Elementos: *Terra/masculino*

Planta disseminada pelas regiões do Nordeste e Sudeste, onde é cultivada em jardins como planta ornamental.

Na Bahia, esta planta é conhecida popularmente tanto como vence-demanda como comigo-ninguém-pode-africano, e suas folhas, nas casas jêje-nagôs, são indicadas em "banhos de descarregos e sacudimentos para melhorar a sorte e abrir os caminhos".

VERBENA

Nomes populares: Erva-do-fígado, erva-do-sangue, verbena-sagrada

Nome científico: Verbena officinalis L., Verbenaceae

Orixá: Iemanjá

Elementos: Água/feminino

A verbena já era conhecida na "antiguidade clássica, quando a planta era consagrada a Vênus..."(Sangirardi Jr.1981:268). Introduzida nas Américas, no Brasil vegeta nos Estados de Minas Gerais, Rio de Janeiro, São Paulo e Rio Grande do Sul. Todavia, algumas espécies são nativas da América do Sul.

As folhas são usadas nas casas-de-santo "em banhos para atrair boa sorte". Com elas prepara-se também um pó com a mesma finalidade, cuja composição, que nos foi dada, é a seguinte: "Apanha-se a verbena na noite da véspera do dia de São João, para torrá-la junto com um coração de andorinha, até virar pó. Mistura-se com efún. Utiliza-se este pó para tudo que se queira melhorar". Parece-nos que este costume tenha sido absorvido pelos nagôs de algumas tradições européias, pois, segundo Sangirardi Jr., no século XVI, na Alemanha, "a verbena era erva que as fogueiras iluminavam, cada 23 de junho, véspera de São João" (1981:269).

Considerada na antiguidade como planta ligada à magia, a filtros amorosos e ritos de fertilidade, a verbena deve ser usada com precaução, pois é abortiva. Na fitoterapia usa-se para combater afecções hepáticas.

VINCA

Nomes populares: Boa-noite, maria-sem-vergonha, vinca-de-gato, vinca-de-madagascar

Nome científico: *Catharanthus roseus* (L) G.Don., Apocynaceae

Sinonímia: 1) *Vinca rosea* L.
2) *Lochnera rosea*

Orixá: Oxalá

Elementos: Ar/feminino

Originária da Ilha de Madagascar, a vinca, atualmente, está disseminada por diversas regiões tropicais do planeta. No Brasil, é encontrada em estado espontâneo, embora seja muito utilizada em ornamentação de jardins.

Planta utilizada em banhos de purificação e sacudimentos. Usada também para "lavar e refrescar os olhos" daqueles encarregados de jogos divinatórios. Tanto a de flor rosa quanto a branca pertencem a Oxalá.

Em reportagem sobre plantas medicinais, publicada na revista *Globo Ciência*, ano 5, número 52, encontramos informações importantes sobre esta planta: "Trinta anos atrás, pesquisadores americanos souberam que em Madagascar, arquipélago situado no Sudoeste da África, o povo usava a infusão de uma planta para reduzir o açúcar do organismo. Curiosos, eles resolveram testar a planta contra tumores e foi assim que acabaram descobrindo as propriedades da vinca rósea (*Lochnera rosea*), produtora de um grupo de remédios contra o câncer" e ainda, "a vincristina, uma das frações do extrato da planta, funciona em tratamento de leucemias e linfomas, mesmo avançados. Outro derivado, a vimblastina, é usada em tumores de testículo, estômago, mama e rins com relativo sucesso. Uma terceira substância retirada da vinca, a vindesina, é ativa em câncer de pulmão. E da vinca se faz hoje também a vinorelbina, ativa em câncer de pulmão e mama." Dos sessenta alcalóides que esta planta possui, pelo menos seis já foram estudados e testados cientificamente com sucesso no combate à leucemia e diversos tipos de tumores malignos. Popularmente, a raiz é febrífuga, e suas folhas, sob a forma de chá, são usadas contra a diabete.

VIUVINHA

Nomes populares: Trapoeraba-roxa, lambari, judeu-errante

Nome científico: Tradescantia zebrina Hort. ex Bosse, Commelinaceae

Sinonímia:
1) Zebrina pendula Sch.
2) Tradescantia pendula (Sch.) Hunt.
3) Commelina zebrina Hort.

Orixás: Nanã e Obaluaiê

Elementos: Água/feminino

Originária do México, a viuvinha é encontrada em quase todo o território nacional, subespontânea ou cultivada como ornamental em jardins.

Planta utilizada nos candomblés de origem jêje-nagô, no *àgbo* e em banhos de purificação.

No Rio Grande do Sul, os "zeladores-de-santo" utilizam esta planta no *àgbo* e em banhos purificatórios para os filhos de Iemanjá, e seu nome popular é onda-do-mar.

Em Cuba, esta folha é usada em "omiero" para lavar os objetos rituais do orixá. Tem o nome lucumi *àñaí* e é atribuída a Iemanjá (Cabrera 1992:414).

Na fitoterapia, as folhas maceradas são aplicadas sobre as inchações provocadas por picadas de insetos.

Índice de Vegetais com Denominações Jêje-Nagôs

ABÀFẸ̀, 51	Bauhinia forficata Link. Bauhinia candicans Benth. Bauhinia purpurea L.	Pata-de-vaca Unha-de-boi Unha-de-vaca Pata-de-boi Unha-de-anta Bauínia Bauínia-de-flor-branca Bauínia-de-flor-rosa Insulina vegetal
ÀBÁMỌDÁ, 52-53	Bryophyllum pinnatum (Lam.) Oken. Bryophyllum calcinum Salisb. Kalanchoe pinnata Pers.	Folha-da-fortuna Fortuna Folha-grossa Milagre-de-são-joaquim
ÀBÀRÁ ÒKÉ, 54	Vanilla palmarum Lindl.	Baunilha-de-nicuri Baunilha-da-bahia Baunilha-de-fava-grande Baunilha-silvestre
ÁBẸ̀BẸ̀ KÒ, 55	Polyscias guilfoylei Bailey. Nothopanax guilfoylei Merr. Aralia guilfoylei Bull.	Tira-teima Árvore-da-felicidade-macho Arália-cortina
ÁBẸ̀BẸ̀ ỌṢÚN, 56	Hydrocotyle bonariensis Lam. Hydrocotyle multiflora Ruiz & Pav. Hydrocotyle umbellata L. var. bonariensis (Lam.) Spreng.	Erva-capitão Acariçoba Pára-sol Capitão Lodagem
ABẸ́RẸ́, 57	Bidens pilosa L.	Picão Picão-preto Pico-pico Fura-capa Piolho-de-padre Cuambu

ABẸRẸ́-OJÒ, 295	Thelypteris sp.	Samambaia-de-poço Lana-silvestre
ÁBITÓLÁ, 58	Lantana camara L. Lantana undulata Schr. Eupatorium hecatanthus Bak.	Cambará Cambará Camará-de-chumbo Camará-de-espinho
ÀFÒMỌ́N, 59	Phthirusa abdita S. Moore. Phthirusa teobromae Baill. Phoradendron crassifolium Pohl. et. Sichl. Viscum crassifolium Pohl. Psittacanthus calyculatus (DC) G. Don. Sthuthantus marginatus Blume Sthuthantus flexicaulis Martius Sthuthantus brasiliensis Lank. Loranthus marginatus Lam. Loranthus brasiliensis Lank. Phthirusa pyrifolia Eichl.	Erva-de-passarinho Erva-de-passarinho-da-grande
ÀFỌ́N, 60	Clitoria guianensis Benth. Crotolaria guyanensis Aubl. Crotolaria longifolia Lam. Neurocarpum angustifolium Kunth. Neurocarpum logifolium Mart.	Espelina-falsa
ÀGBÁ, 61	Punica granatum L.	Romanzeiro
ÀGBÀDÓ, 62-63	Zea mays L.	Milho
ÀGBAÓ, 64	Cecropia palmata Willd. Cecropia peltata Vell. Cecropia hololeuca Miq.	Imbaúba Árvore-da-preguiça Umbaúba Umbaíba Embaúba Baúna
AGBÉYE, 65	Citrullus citrull (L.) Karst.	Melão-de-água

ÀGBÓLÀ, 66	Senna obtusifolia (L.) Irwin & Barneby. Cassia obtusifolia L.	Mata-pasto Fedegoso Fedegoso-branco Mata-pasto-liso
ÀGBỌN, 67	Cocos nucifera L.	Coqueiro Coqueiro-da-bahia Coco Coco-da-bahia
ÀGOGÓ, 68-69	Datura stramonium L. Datura pseudostramonium Sieb. Datura tatula L. Stramonium spinosum Lam. Stramonium vulgarium Gaertn	Estramônio Figueira-do-inferno Trombeteira Erva-do-diabo Pomo-espinhoso
ÀJÀGBAÓ, 70	Tamarindus indica L.	Tamarineiro
ÀJỌ́BI, 70	Schinus therebenthifolius Radd. Schinus aroeira Vell.	Aroeira-comum Aroeira-vermelha Pimenteira-do-peru
ÀJỌ́BI FUNFUN, 72	Lithraea molleoides (Vell.) Engl. Lithraea aroeirinha March. Schinus molleoides Vell. Schinus leucocarpus Mart.	Aroeira-branca Aroeirinha Aroeira-de-mangue Aroeira-de-fruto-branco
ÀJỌ́BI JINJIN, 72	Lithraea molleoides (Vell.) Engl. Lithraea aroeirinha March. Schinus molleoides Vell. Schinus leucocarpus Mart.	Aroeira-branca Aroeirinha Aroeira-de-mangue Aroeira-de-fruto-branco
ÀJỌ́BI OILÉ, 70	Schinus therebenthifolius Radd. Schinus aroeira Vell.	Aroeira-comum Aroeira-vermelha Pimenteira-do-peru
ÀJỌ́BI PUPÁ, 70	Schinus therebenthifolius Radd. Schinus aroeira Vell.	Aroeira-comum Aroeira-vermelha Pimenteira-do-peru
ÁJỌ̀FÀ, 266	Urera baccifera Gaud. Urtica baccifera L.	Urtiga-brava Cansanção (AM) Urtigão

AKAN, 73	Dioscorea bulbifera L.	Cará-moela
		Cará-do-ar
		Cará-de-corda
		Cará-de-sapateiro
AKERI, 74	Byrsonima crassifolia (L.)H.B.K.	Murici
	Byrsonima lanceolata D.C.	Murici-do-campo
	Byrsonima ferruginea Bth.	Murici-pitanga
	Byrsonima cotinofolia H.B.K.	Marajoara
AKÒKO, 75	Newbouldia laevis Seem.	Acocô
AKONIJĘ, 76	Aristolochia cymbifera Mart.	Jarrinha
		Cipó-mil-homens
		Caçau
		Angelicó
		Papo-de-peru
ALÉKÈSÌ, 77-78	Casearia sylvestris Sw.	São-gonçalinho
	Casearia punctata Spreng.	Língua-de-teiú
	Casearia caudata Uitt.	Chá-de-frade
	Casearia ovoidea Sleum.	Vassatonga
	Casearia parviflora Willd.	Língua-de-lagarto
	Casearia samyda (Gaert.) DC.	Erva-de-bugre
	Casearia subsessiliflora Lund.	Flauta-de-saíra
		Erva-de-lagarto
		Pau-de-lagarto
		Petumba
ÀLÙBỌ́SÀ, 79-80	Allium cepa L.	Cebola
ÀLÙBỌ́SÀ ELÉWÉ, 81	Allium aescalonicum L.	Cebolinha-branca
ÀLÚKERÉSÉ, 82	Ipomoea alba L.	Dama-da-noite
	Convolvulus aculeatus L.	Campainha
	Convolvulus aculeatus var. bona-nox L	Corriola-da-noite
		Boa-noite
	Ipomoea bona-nox L.	Abre-noite-fecha-dia
	Calonyction bona-nox (L.) Boj.	
	Calonyction aculeatum Choisy	

ÀLÙMỌ́N, 83	Vernonia condensata Baker. Vernonia amygdalina Delile	Boldo paulista Alumã Boldo-japonês Boldo-brasileiro
ÀLÙPÀYÍDÀ, 84	Sida linifolia Cav. Sida angustissima Juss, Ex Cav. Sida campi Vell. Sida longifolia Brandeg. Sida linearifolia Schum. & Thon.	Língua-de-galinha Guaxima Língua-de-tucano Guanxuma fina Malva-língua-de-tucano
ÀMÙ, 85	Cuphea balsamona Ch. & Sch. Cuphea aperta Koelm. Cuphea divaricata Pohl.	Sete-sangrias Erva-de-sangue Balsamona Baba-de-burro Escorrega Sete-chagas
AMÚNIMÚYẸ̀, 86	Centratherum punctatum Cass. Centratherum intermedium Less. Amphirephis intermedia Link.	Balainho-de-velho Perpétua Perpétua-roxa Perpétua-do-mato
ANDARÁ, 87	Parkia multijuga Benth Dimorphandra megacarpa Rolfe.	Visgueiro, faveiro

ANTIJUÍ, 88	Brugmansia Suaveolens
	  Bercht & Presl.
	Datura suaveolens H.B. ex Willd.
	Datura arborea sensu Sendth.
	  In Mart.
	Datura gardneri Hook.
		Trombeta-branca
		Cálice-de-vênus
		Trombetão-branco
		Trombeta-de-anjo
		Saia-branca
		Vestido-de-noiva
		Zabumba-branca
		Trombeta-cheirosa
		Babado
		Dama-da-noite

APÁLÁ, 89	Cucumis sativus L.	Pepino
APÁÒKÁ, 90	Artocarpus integrifolia L. f.	Jaqueira

ÁPÉJÈ, 91	Mimosa pudica L. Mimosa sensitiva L. Mimosa dormens H.B.K.	Dormideira Sensitiva Malícia-de-mulher Maria-fecha-porta Juquiri-rasteiro Dorme-dorme Não-me-toques Erva-viva Malícia
ÀPÈJEBÍ, 92	Stemodia viscosa Roxb.	Rabujo Paracari Meladinha-verdadeira
ÀRÀBÀ, 93	Ceiba pentandra (L.) Gaertn. Bombax pentandrum L. Bombax orientale Spreng. Eriophorus javanica Rumph.	Sumaúma-da-várzea Árvore-da-sede Paina-lisa Sumaúma-verdadeira Sumaúma
ÀRÌDAN, 94-95	Tetrepleura tetraptera (Schum & Thour.) Taub.	Aridan
ÀRÚNSÁNSÁN, 96	Ageratum conyzoides L., Ageratum maritimum H.B.K. Ageratum mexicanum Sims. Ageratum obtusifolium Lam. Cacalia mentrasto Vell.	Erva-de-são-joão Mentrasto Catinga-de-bode Picão-roxo Macela-de-são-joão
ÀRÙSÒ, 97	Hyptis carpinifolia Benth.,	Alfazema-do-brasil Rosmarinho
AṢÁ, 141	Nicotiana tabacum L. Tabacum nicotianum Bercht. et Opiz. Nicotiana macrophylla Spreng.	Tabaco Fumo
ÀSARÁGOGO, 98	Sida rhombifolia L. Sida alba Cav., non L. Sida retusa L.	Vassourinha-de-relógio Vassourinha Zanzo Relógio Mata-pasto

		Guanxuma
		Guanxuma-preta
		Malva-preta
ÀṢÍKÙTÁ, 99	Sida cordifolia L.	Malva-branca
		Guanxuma
		Malva-veludo
		Guaxima
		Malva
ATA, 100	Capsicum frutescens L.	Pimenta-malagueta
	Capsicum brasilianum Cluss.	
ATA DUDU, 101	Piper nigrum L.	Pimenta-do-reino
ATAARE, 102	Aframomum melegueta (Roscoe) K. Schum.	Pimenta-da-costa
ATOPÁ KUN, 103	Ruta graveolens L.	Arruda
ÀTÒRÌNÀ, 104	Sambucus nigra L.	Sabugueiro
	Sambucus australasica Fritsch.	
AWỌ́ PUPÁ, 105	Cuscuta racemosa Mart.	Cipó-chumbo
	Cuscuta citricola Schl.	Cipó-dourado
	Cuscuta Suaveolens Lechler.	Fios-de-ovos
		Aletria
		Espaguete
		Tinge-ovos
		Cuscuta
AWÙRÉPÉPÉ, 106	Spilanthes acmella (L.) Murr.	Agrião-do-pará
	Spilanthes arrayana Gardn.	Jambu
	Spilanthes melampodioides Gardn.	Treme-treme
	Spilanthes pseudo-acmella (L.) Murr.	Agrião-do-brasil
	Acmella linnaei Cass.	Pimenta-d'água
	Verbesina acmella L.	Jambu-açu
ÀYỌ̀, 107	Caesalpinia bonduc (L.) Roxb.	Olho-de-gato
		Ariós

		Carniça
		Juquerionano
		Silva-da-praia
BÀLÁ, 108	Arum esculentum Vent.	Taioba
BALABÁ, 109	Hedychium coronarium Koenig. Hedychium flavum Roscoe Hedychium flavescens Carly Hedychium sulphureum Wall.	Lírio-do-brejo Lágrima-de-vênus Borboleta Cardamomo-do-mato
BÁNJÓKÓ, 110	Wedelia paludosa, DC. Acmella brasiliensis Spreng. Wedelia brasiliensis Blake. Wedelia penducolosa DC.	Bem-me-quer
BÀRÀ, 111	Citrullus lanatus (Thunb.) Mansf. Citrullus vulgaris Schrad. Cucurbita citrullus L.	Melancia
BEJEREKUN, 112	Xylopia aromatica (Lam.) Mart.	Pindaíba Biriba Pimenta-de-macaco Pimenta-de-negro Pimenta-da-guiné
BÒTUJẸ̀ FUNFUN, 113	Jatropha curcas L. Curcas indica A. Rich. Curcas purgans Manhem.	Pinhão-branco Pinhão Pinhão-de-purga Pinhão-de-barbados
BÒTÚJẸ PUPA, 114	Jatropha gossypiifolia L.	Pinhão roxo Batata-de-teiú Jalapão
BUJẸ̀, 115-116	Genipa americana L. Genipa americana V. Genipa brasiliensis Mart. Genipa caruto H.B.K. Genipa rumilis Vell. Gardenia genipa Sw.	Jenipapeiro

DÁGUNRÓ, 117	Acanthospermum hispidum DC.,	Carrapicho-rasteiro
		Espinho-de-carneiro
		Carrapicho-de-carneiro
		Chifre-de-veado
		Espinho-de-cigano
		Benzinho
		Maroto
		Cabeça-de-boi
		Retirante
		Federação
DANDÁ, 118	Cyperus esculentus L.	Junquinho
	Cyperus aureus Ten.	Tiririca
	Cyperus tuberosus Pursh.	Tiririca-amarela
	Cyperus nervosus Bert.	Tiririca-mansa
	Chlorocyperus aureus Pall.	Junça
		Três-quinas
DANKÓ, 119	Bambusa vulgaris Schrad.	Bambu
EFIN, 99	Sida cordifolia L.	Malva-branca
		Guanxuma
		Malva-veludo
		Guaxima
		Malva
EFÍNFÍN, 120	Ocimun gratissima L.	Alfavaca
		Alfavaca-do-campo
		Remédio-de-vaqueiro
		Alfavaca-cheirosa
EFÍNRÍN, 121	Ocimun basilicum L.	Manjericão-de-folha-larga
		Manjericão-grande
		Manjericão-de-molho
EFÍNRÍN PUPA, 122	Ocimun basilicum purpureum Hort.	Manjericão-roxo
EFÍNRÍN KÉKÉRÉ, 123	Ocimun minimum L.	Manjericão-de-folha-miúda
		Manjericão
		Manjericão-comum

ẸGẸ́, 124	Manihot esculenta Crantz. Manihot utilissima Pohl.	Mandioca Maniçoba Aipim Macaxeira
ẸGÚSÍ, 125	Cucumis melo L.	Melão
EJÁ ỌMỌDÉ, 126	Eichhornia crassipes (Mart.) Soms. Pondeteria crassipes Mart. Eichhornia speciosa Kunth.	Aguapé Dama-do-lago Orelha-de-viado Rainha-do-lago
EJÌNRÌN, 127	Momordica charantia L. Momordica muricata Willd. Momordica elegans Salisb. Momordica senegalensis Lam. Cucumis africanus Luidl. Melothria pendula Sieb.	Melão-de-são-caetano Erva-de-são-caetano Erva-de-lavadeira Fruto-de-cobra Erva-de-são-vicente Melãozinho
ẸKẸ̀LẸGBARA, 128	Gomphrena celosioides Mart. Gomphrena globosa L.	Perpétua Suspiro-roxo Paratudo Perpétua-brava
ÈKELÈYÍ, 129	Mirabilis jalapa L. Mirabilis odorata L. Admirabilis peruana Nieuwl. Mirabilis dichotoma L. Jalapa dichotoma (L.) Crantz Nyctago mirabilis DC.	Maravilha Jalapa Bonina Batata-de-purga Batata-de-jalapa Pó-de-arroz
ẸKUN, 130	Anantherum bicorne Pol.et Beauv. Imperata exaltata L. Anantherum caudatum Schult. Imperata brasiliensis Trinus Saccharum contractum H.B.K.	Sapê
ELÉGÉDÉ, 131-132	Cucurbita maxima Duch. Cucurbita potiro Pers. Cucurbita pepo L. Cucurbita moschata (Duch. ex Lam.) Duch. ex Poir. Cucurbita argyrosperma Huber.	Abóbora Jerimum Abóbora d'água Abóbora-jerimum Abóbora-moranga Abóbora-cabocla Abóbora-de-pescoço

ÈMỌ́, 133	Cenchrus echinatus L. Cenchrus brevisetus Fourn. Cenchrus pungens H.B.K.	Capim-carrapicho Capim-amoroso Timbete Espinho-de-roseta
ÈMỌ́N, 191	Desmodium adscendens (Sw.) DC. Hedysarum adscendens Sw. Meibomia adscendens (Sw.) Kuntze.	Carrapicho-beiço-de-boi Pega-pega Marmelada-de-cavalo
ẸPÀ, 134	Arachis hypogaea L.	Amendoim
ERÉ TUNTÚN, 135	Mentha citrata L.	Levante-miúda
ERESÍ MOMIN PALA, 136	Eichhornia azurea (Swartz.) Kunth. Pontederia azurea Sw. Pontederia aquatica Vell.	Jacinto-d'água Baronesa Dama-do-lago Murere Orelha-de-veado
ERỌ́ IGBIN, 137	Brillantaisia lamium (Ness) Benth.	Erva-de-bicho (BA, RJ)
ẸṢÁ PUPA, 138	Hibiscus rosa-sinensis L. Hibiscus sinensis Hort.	Brio-de-estudante Mimo-de-vênus Graxa-de-estudante Hibisco-da-china
ÈSÌSÌ, 139	Laportea aestuans (L.) Chew.	Urtiga-de-folha-grande Cansanção
ẸṢÓ FẸLẸJẸ, 140	Datura metel L. Datura fastuosa L. Datura alba ness. Datura cornucopaea Hort. Ex W.W.	Trombeta-roxa Datura Manto-de-cristo Metel Trombeteira Trombeta-cheirosa Cartucho-roxo Zabumba-roxa Saia-roxa Nogueira-de-metel Anágua-de-viúva

ẸTÁBA, 141	Nicotiana tabacum L. Tabacum nicotianum Bercht. et Opiz. Nicotiana macrophylla Spreng.	Tabaco Fumo
ÉTIPÓNLÁ, 142-143	Boerhaavia diffusa L. Boerhaavia coccinea Miller. Boerhaavia caribea Jacq. Boerhaavia paniculata Rich. Boerhaavia hirsuta Willd. Boerhaavia viscosa Lag. & Rod. Boerhaavia decumbens Vahl.	Erva-tostão Agarra-pinto Pega-pinto Tangaraca Amarra-pinto Bredo-de-porco
ETÍTÁRÉ, 144	Monnieria trifolia L. Albletia trifoliata Pers. Monnieria trifolia Aubl.	Maricotinha Alfavaca-de-cobra Omolu Jaborandi-de-três-folhas
ẸWÀ, 145-146	Vigna ungiculata (L.) Walp. Vigna sinensis (L.) Savi ex Hassk. Ssp sinensis	Feijão-fradinho
ẸWÀ DÚNDÚN, 147	Phaseolus vulgaris L.	Feijão-preto
ẸWÀ FUNFUN, 148	Lablabe vulgaris var. Albiflorus	Feijão branco
ẸWÁ IGBÓ, 149	Cajanus indicus Spreng. Cajanus flavus DC. Cajanus cajan (L.) Mill.	Guando Andu Ervilha-de-angola Ervilha-do-congo Feijão-de-árvore

EWÉ AJÉ, 150-151	Alternanthera tenella Colla.
	Bucholzia polygonoides var.
	  diffusa Mart.
	Telanthera polygonoides var.
	  diffusa Moq.
	Telanthera polygonoides var.
	  brachiata Moq.
	Alternanthera ficoidea var.
	  diffusa Kuntze
	Alternanthera ficoidea brachiata
	  (Moq.) Uline & Bray
		Folha da riqueza
		Corrente
		Periquito
		Carrapichinho
		Apaga-fogo
		Manjerico

EWÉ AJẸ́, 152	Synedrella nodiflora (L.) Gaertn.	Folha-da-feiticeira Corredeira Botão-de-ouro Barbatana
EWÉ ALAṢẸ, 153	Schizocentron elegans Meissn. Heeria elegans Schlecht. Heeria procubens Naudin. Heterocentron elegans O. Kuntze.	Quaresminha-rasteira Quaresmeira-rasteira
EWÉ BÀBÁ, 154	Coleus barbatus Benth.	Boldo Falso-boldo Boldo-do-reino Boldo-nacional Boldo-de-jardim Malva-amarga Malva-santa Folha-de-oxalá Tapete-de-oxalá
EWÉ BÍYẸMÍ, 155	Chamaesyce prostata (Ait.) Small. Euphorbia prostata Ait. Euphorbia chamaesyce L. sensu Smith & Downs	Quebra-pedra Erva-de-santa-luzia Leite-de-nossa-senhora Leiteirinho
EWÉ BÒBÓ, 268	Solanum aculeatissimum Jacq. Solanum reflexum Schrank. Solanum khasianum C.B.Clarke. Solanum sisymbriifolium Lam. Solanum balbisii Dunal. Solanum viarum Dunal. Solanum capsicoides All. Solanum ciliatum Lam. Solanum aculeatissimum Jacq. Var. denudatum	Arrebenta-cavalo Joá Juá Joá-bravo
EWÉ BOJUTÒNA, 156	Phyllanthus niruri L. Phyllanthus urinaria Wall., non L. Phyllanthus tenellus Roxb. Phyllanthus corcovadensis Muell. Arg.	Quebra-pedra Erva-andorinha Erva-pombinha Fura-parede Arranca-pedra

	Phyllanthus amarus Schum. & Thonn.	
	Phyllanthus niruri Fawc. & Rendle.	
EWÉ BONOKÓ, 157	Sebastiania brasiliensis Muel.	Língua-de-galinha
	Gymnanthes brasiliensis Muel. Arg.	Laranjinha-branca
	Stillingia brasiliensis Baill.	Capixaba
EWÉ BOYÍ, 158-159	Piper amalago L.	Bétis-cheiroso
	Piper amalago L., var. medium (Jacq.) Yunker	
	Piper angustifolium R. et P.	
	Piper cabralanum C.Dc.	
	Piper eucalyptifolium Rudz.	
	Piper regnellii Kunts.-	
	Piper tectoniifolium Kunth.	
	Piper tuberculatum Jacq.	Pimenta-de-macaco
EWÉ BOYÍ FUNFUN, 160	Piper rivinoides Kunth.	Bétis-branco
EWÉ DAN, 161	Scindapsus aureus Engl.	Jibóia
	Pothos aureus Lind. ex Andre	
EWÉ DIDÙN, 162	Tetradenia riparia (Hochst.) Codd.	Aloisia
	Iboza riparia N.E.Brawn	Erva-de-jurema
	Moschosma riparium Hochst.	Sândalo
		Limonete
		Pluma-de-névoa
EWÉ DÍGÍ, 163	Solanum argenteum Dun. & Poir.	Erva-prata
EWÉ ÈGÙNMỌ, 164	Solanum americanum Mill.	Erva-moura
	Solanum caribaeum Dun.	Maria-preta
	Solanum nodiflorum Jacq.	Pimenta-de-galinha
		Erva-mocó
		Caraxixu
EWÉ EKỌ́, 290	Musa sapientum L.	Bananeira
EWÉ ÈPÈ, 165	Urtica urens Vell.	Urtiga-vermelha
		Urtiga-da-bahia
		Cansanção

		Urtiga-queimadeira
		Urtiga-de-fogo
		Urtiga-do-reino
		Urtiguilha
EWÉ GBÚRE, 166	Talinum triangulare (Jacq.) Willd.	Bredo
	Talinum triangularis Jacq.	Língua-de-vaca (Ba)
		Caruru (Pa)
		Beldroega-grande
		Bredo-major-gomes
EWÉ GBÚRE ỌSUN, 167	Talinum paniculatum (Jacq.) Gaertn.	Língua-de-vaca (Ba)
		Maria-gomes
	Talinum patens (L.) Willd.	Major-gomes
		Caruru
		Bredo
EWÉ IDÀ ÒRÌṢÀ, 168	Sansevieria trifasciata Hort. ex Prain.	Espada-de-são-jorge
	Sansevieria guineensis Gér. et Labr.	Espada-de-ogum
	Sansevieria zeylanica Hort.	Língua-de-sogra
		Rabo-de-lagarto
EWÉ IDÀ ỌYÁ, 169	Tradescantia spathacea Sw.	Espada-de-santa-bárbara
	Rhoeo discolor (L'Hérit.) Hance.	Cordoban
	Rhoeo spathacea (Sw.) Stearn.	Moisés-no-berço
	Tradescantia discolor L'Hérit.	Abacaxi-roxo
EWÉ ÌDÒ, 170	Canna indica L.	Ibiri
		Cana-ibiri
		Biri
		Cana-de-jardim
		Bananinha-de-jardim
		Cana-florífera
		Erva-conteira
		Beri
		Bananeirinha-da-índia
EWÉ IGBÓ, 171	Cannabis sativa L.	Cânhamo-da-índia
		Cânhamo-verdadeiro
		Fumo-de-angola
		Diamba
		Liamba
		Maconha

EWÉ ÌGBOLÉ, 172	Stachytarphetta cayennensis (L.C.Rich.) Vahl. Verbena cayennensis L. C. Rich. Stachytarphetta australis Mold. Stachytarphetta polyura Schauer	Gervão Gervão-roxo Gervão-azul Chá-do-brasil Verônica
EWÉ INỌN, 173	Clidemia hirta Bail. Clidemia crenata D.C. Clidemia elegans Don. Melastoma elegans Aubl. Melastoma hirtum L.	Folha-de-fogo Branda-fogo Folha-de-iansã Pixirica Anhanga
EWÉ ÌṢÁ PA, 174	Hibiscus sabdariffa L.,	Vinagreira Azedinha Caruru-azedo Caruru-da-guiné Quiabo-roxo Rosela
EWÉ IṢINIṢINI, 175	Lepidium sativum L.	Mastruz Mentruz Vassorinha Mentrusto Mastruço
EWÉ IYÁ, 176	Pothomorphe umbellata (L.) Miq. Piper umbellatum L.	Pariparoba Caapeba Capeba-do-norte Catajé Malvaísco Capeba-verdadeira
EWÉ KANAN, 177	Cnidoscolus urens (L.) Arth. Jatropha urens Muell. Arg. Hibiscus trisectus Bertol.	Cansanção-de-leite Cansanção Urtiga Urtiga-cansanção Urtiga-mamão Queimadeira Pinha-queimadeira

EWÉ KAWÓKAWÓ, 178	Ipomoea hederifolia L.	Jitirana-vermelha
	Ipomoea coccinea L. var. hederifolia	Campainha Corda-de-viola
	Quamoclit hederifolia (L.) Choisy	Jitirana Corriola
	Ipomoea sanguinea Vahl.	Primavera-de-caiena
EWÉ KÓKÒ, 179	Xanthosoma sagittifolium (L.) Schott.	Tajá Taioba Mangareto Mangarito Mangarás
EWÉ KÚKÚNDÙNKÚ, 180	Ipomoea batatas (L.) Poir. & Lam.	Batata-doce
EWÉ LÁRÀ FUNFUN, 181-182	Ricinus communis L.	Mamona
	Ricinus digitatus Nor.	Mamona-branca
	Ricinus hibridus Bess.	Carrapateiro
	Ricinus leucocarpus Bert.	Palma-de-cristo Mamoneira
EWÉ LÁRÀ PUPA, 183	Ricinus sanguineus Hoot.	Mamona-vermelha
EWÉ LÀTÍPÀ, 184	Brassica rapa L. Brassica campestris L. Brassica campestris L. var. rapa Hartm. Brassica rapa L. ssp. sylvestris (L.) Janchen	Mostarda
EWÉ LOROGÚN, 185	Lygodium volubile Sw.	Abre-caminho
EWÉ MIMOLÉ, 186	Pilea microphylla Miq. Pilea microphylla Liebm. Pilea muscosa Lindl.	Brilhantina
EWÉ MQNÁN, 187	Parietaria officinalis L.	Parietária
EWÉ OBAYA, 188	Ottonia anisum Sprengel. Piper jaborandi Gaud.	Desata nó Jaborandi Jaborandi-manso

		Jaborandi-do-ceará
		Falso-jaborandi
		Jaborandi-de-minas
		Jaborandi-da-mata-virgem
EWÉ ỌBẸ́, 189	Petroselium sativum L.	Salsa
ẸWÉ ODÁN, 190	Polypodium vaccinifolium Langsd & Fischer	Erva-silvina Cipó-cabeludo Soldinha
EWÉ ỌDẸ́, 191	Desmodium adscendens (Sw.) DC. Hedysarum adscendens Sw. Meibomia adscendens (Sw.) Kuntze.	Carrapicho-beiço-de-boi Pega-pega Marmelada-de-cavalo
EWÉ ỌFẸ́RẸ̀, 192	Trema micrantha (L) Engler. Celtis canescens H.B.K. Celtis micrantha Sw. Celtis schiedeana Schl. Rhamnus micrantha L.	Crideúva Piriquiteira Cambriúva Taleira Motamba Seriúva Chico-magro
EWÉ OGBE ÀKÙKỌ, 193	Heliotropium indicum L. Heliotropium cordifolium Moench Heliotropium horminifolium Mill. Heliotropium foetidum Salisb. Heliotropium indicum DC.	Crista-de-galo Heliotrópio Borragem Borragem-brava Jacuacanga Erva-de-são-fiacre Aguaraá Tiriri
EWÉ ỌGBỌ́, 194-195	Periploca nigrescens Afzel. Parquetina nigrescens, (Afzel) Bullock.	Rama-de-leite Cipó-de-leite Folha-de-leite Orelha-de-macaco
EWÉ OJÚ OMÍ, 196	Coix lacryma-jobi L. Coix lacryma L. Lithagrostis lacryma-jobi (L.) Gaert.	Lágrimas-de-nossa-senhora Capim-de-nossa-senhora

	Sphaerium lacryma (L.) Kuntze.	Capim-de-conta Capim-rosário Lágrima-de-jó
EWÉ OJÚÙSÁJÚ, 197-198	Petiveria alliacea L. Petiveria tetrandra Gomez	Guiné Guiné-pipiu Erva-tipi Erva-guiné Erva-de-alho Tipi-verdadeiro
EWÉ OMÍ, 199	Portulaca oleracea L. Portulaca marginata H.B.K. Portulaca retusa Engelmann Portulaca neglecta Mackenzie & Bush.	Beldroega Portulaca Beldroega-verdadeira Beldroega-pequena Ora-pro-nóbis
EWÉ OMÍ OJÚ, 200	Nymphaea victoria Sch. Victoria amazonica Sow. Victoria amazonum Kl. Victoria regalis Schomb. Victoria regina Gray Victoria regia Lindl.	Vitória-régia Rainha-dos-lagos Milho-d'água Forno-d'água Forno-de-jaçanã
EWÉ OMÍ-ERỌ, 201	Marsilea quadrifolia L.	Trevo-de-quatro-folhas Trevo-aquático Trevo-da-fortuna
EWÉ ỌPÁ, 202	Plantago major L.	Transagem
EWÉ ỌRẸ, 203	Neomarica caerulea Sprague. Marica coerulea Ker-Gawl.	Falso-íris Duas-amigas Lírio-roxo-das-pedreiras
EWÉ ORÍ, 180	Ipomoea batatas (L.) Poir. & Lam.	Batata-doce
EWÉ ÒWÚ, 204-205	Gossypium barbadense L.	Algodoeiro
EWÉ PÀPÓ, 206	Physalis angulata L.,	Camapu Juá-de-capote Bucho-de-rã Bate-testa

EWÉ PẸ́PẸ́, 207	Calendula officinalis L.	Calêndula Malmequer Maravilha-do-jardim
EWÉ PÚPAYO, 208	Pelargonium odoratissimum (L.) Ait.	Gerânio-cheiroso Jardineira Malva-maçã
EWÉ RÉRÉ, 209	Senna occidentalis (L.) Link. Cassia occidentalis L.	Fedegoso Fedegoso-verdadeiro Manjerioba Mata-pasto Mamangá Erva-fedorenta Folha-de-pajé Tararaçu
EWÉ SOLÉ, 210	Eupatorium ballotaefolium H.B.K.	Maria preta Maria-preta-verdadeira Balaio-de-velho
EWÉ TÚNI, 211	Lippia geminata Gardn.	Erva-cidreira-do-campo Salva-do-brasil Erva-cidreira
EWÉ TUTU, 212	Brassica oleracea var. capitata L.	Repolho
EWÉ WẸ̀MỌ́, 213	Brassica oleracea var. acephala L.	Couve
EWÉRÉ, 214	Rosmarinus officinalis L.	Alecrim Rosmarinho
ÉWÚRÓ, 83	Vernonia condensata, Baker. Vernonia amygdalina, Delile	Boldo paulista Alumã Boldo-japonês Boldo-brasileiro
EWÚRO BÀBÁ, 154	Coleus barbatus Benth.	Boldo Falso-boldo Boldo-do-reino Boldo-nacional Boldo-de-jardim

		Malva-amarga
		Malva-santa
		Folha-de-oxalá
		Tapete-de-oxalá
FALÁKALÁ, 215	Chamaesyce hirta (L.) Millsp.	Corredeira
	Euphorbia hirta L.	Erva-de-santa-luzia
	Euphorbia opthalmica Pers.	Erva-andorinha
	Euphorbia procumbens DC.	Erva-de-cobre
	Euphorbia gemella Lag.	Erva-de-sangue
	Euphorbia capitala Lam.	Burra-leiteira
		Alcanjoeira
FIRIRÍ, 216	Merostachys donax L.	Taquaril
		Taquari
FITÍBA, 217	Cassia fistula L.	Canafístula
	Cassia ferruginea Schrad.	Tapira-coiana
	Cassia amazonica Ducke.	Chuva-de-ouro
	Cassia multifuga Rich.	Fedegoso
	Bactyrilobium ferrugineum Schrad.	Fístula-amarela
	Bacctyrilobium fistula Willd.	
GBÁGI, 218	Eleusine indica (L.) Gaertn.	Pata-de-galinha
	Eleusine gracilis Salisb.	Capim-pé-de-galinha
	Cynosurus indicus L.	Grama-sapo
	Cynodon indicus Rasp.	Capim-da-cidade
	Chloris repens Steud.	Capim-criador
GBÈGI, 219	Cynodon dactylon (L.) Pers.	Capim-de-burro
	Cynodon linearis Willd.	Grama-seda
	Digitaria dactylon Scop.	Capim-da-bermuda
		Grama-da-bermuda
		Capim-fino
GBẸ̀RẸ̀FÚTÙ, 220	Artocarpus incisa L.	Fruta-pão
	Artocarpus communis J.R.Forst & G.Forst.	

GBỌ̀RỌ̀ AYABA, 221-222	Ipomoea pes-caprae (L.) R. Br. Convolvulus pes-caprae L. Convolvulus brasiliensis L. Ipomoea brasiliensis (L.) G.F.W. Mey Ipomoea biloba (Roseb.) Forsk.	Salsa-da-praia Salsa-brava Salsa-pé-de-cabra
GỌ̀DỌ̀GBỌ̀DỌ̀, 223	Commelina diffusa Burm. F. Commelina communis Benth. Commelina aquatica J.K.Morton Commelina agraria Kunth Commelina longicaulis Jacq.	Trapoeraba Olhos-de-santa-Luzia Marianinha (BA) Capim-gomoso Maria-mole
ÌBẸ́PẸ, 224-225	Carica papaya L. Carica hermaphrodita Blanco. Carica mamaia Vell. Papaya communis Noronha Papaya edulis Boj. Papaya papaya Karst.	Mamão Mamoeiro Papaia Mamoeiro-das-antilhas Árvore-do-mamão
IDẸ́, 226	Dicksonia sellowiana H.B.K.	Feto Samambaiaçu Xaxim
IGBÁ, 227	Crescentia cujete L.	Cabaceira Cuieira Árvore-de-cuia
IGBÁ ÀJÀ, 272	Solanum paniculatum L. Solanum jubeba Vell. Solanum manoelii Moricandi	Jurubeba
IGBÁ IGÚN, 272	Solanum paniculatum L. Solanum jubeba Vell. Solanum manoelii Moricandi	Jurubeba
IGI ÈSO PUPA, 228	Syzygium jambolanum D.C. Eugenia jambos L. Myrtus jambos H.B.K. Caryiphyllus jambos Stokes Jambosa jambos Mill.	Jambeiro-rosa

IGI IGBALÉ, 241	Casuarina equisitifolia L.	Casuarina
IGI IKÚ, 229	Cupressus pyramidalis Targ. Cupressus sempervirens L. Cupressus funebris Endl.	Cipreste-piramidal Cipreste-vulgar Cipreste-fúnebre
IGI ITOBÍ, 230	Persea gratissima G. Persea americana Mill. Persea persea Cocherell Laurus persea Linn.	Abacateiro
IGÍ ÌYEYÈ, 231-232	Spondias lutea L. Spondias mombin L. Spondias aurantica Schum. et Tronn. Spondias brasiliensi M. Spondias axillaris Roxb. Spondias graveolens Macf. Spondias lucida Salisb. Spondias myrobalanus L. Spondias dubia Rich.	Cajazeira Cajá-mirim Cajá-miúda Cajá-mimoso Cajá-amarelo Taperebá Cajazeiro Cajá-do-sertão
IGÍ MÉSÀN, 233	Melia azedarach L.	Pára-raio Santa-bárbara Árvore-do-paraíso Cinamomo Amargoseira Jasmim-de-caiena
IGI ÒGUN BẸRẸKẸ, 234-235	Delonix regia (Boj. ex Hook.) Raf.	Flamboyant Flor-do-paraíso
IGÍ QMQ FUNFUN, 236	Annona muricata L.,	Graviola Araticum-do-grande Araticum Graviola-do-norte Jaca-de-pobre
IGI ÒPÈ, 237-239	Elaeis guineensis Jacq. Elaeis guineensis L. Palma spinosa Miller	Dendezeiro

IGI ÒRÚRU, 240	Spathodea campanulata P. Beauv.	Tulipeira Espatódea Tulipeira-africana
IGI QYÁ, 241	Casuarina equisitifolia L.	Casuarina
IKÈRÈGBÈ, 242	Cestrum laevigatum Sch. Cestrum axillare Vell. Cestrum bracteatum Link. Cestrum multiflorum Schott.	Coerana
IKIKIGÚN, 243	Euphorbia tirucalli L. Euphorbia heterodoxa Muell. Euphorbia gymnoclada Boss. Euphorbia rhipsaloides Lem. Euphorbia viminalis Mill.	Aveloz Árvore-de-são-sebastião Coroa-de-cristo
IKIRIWÍ, 244	Salvia officinalis L.	Sálvia Salva Salva-das-boticas Salva-dos-jardins
ÌKỌ́, 245	Raphia vinifera P. Beauv.	Palha-da-costa
ILÁ, 246	Hibiscus esculentus L. Abelmoschus esculentus (L.) Moench.	Quiabo
ÌLASA ỌMỌDÉ, 247	Urena lobata L. Urena heterophylla Presl.	Guaxima Guaxima-roxa Malva-roxa Guaxima-rosa Guaxima-cor-de-rosa Aramina Malva-rosa
ILERÍN, 248	Drymaria cordata (L.) Willd. Drymaria diandra Blume.	Erva-vintém Vintém Esperguta-rasteira Folha-de-vintém Cordão-de-sapo Mastruço-do-brejo Jaboticaá

IMU, 249	Begonia fischeri Schrank.	Azedinha do brejo
	Begonia acida Vell.	Erva-saracura
	Begonia bahiensis D.C.	Erva-do-sapo
		Erva-azeda
		Azeda-de-ourives
ÌPÈSÁN, 250-251	Guarea guidonia (L.) Sleumer.	Carrapeta
	Guarea trichillioides L.	Bilreiro
	Guarea aubletii Juss.	Jitó
	Guarea surinamensis Miq.	Carrapeta-verdadeira
	Guarea guara Wilson	Carrapeteira
	Trichilia guara L.	
IPÒLERIN, 252	Aloe vera L.	Babosa
	Aloe barbadensis Mill.	
	Aloe elongata Murr.	
	Aloe vulgaris Lam.	
ÌRÈKÉ, 253	Saccharum officinarum L.	Cana-de-açúcar
ÌRẸSÌ, 254	Orysa sativa L.	Arroz
ÌRÓKÒ, 255-256	Ficus doliaria M.	Gameleira
		Figueira
		Tatajuba
		Iroco
		Figueira-branca
		Figueira-brava
		Figueira-grande
IRÙNGBỌ̀N, 257	Tillandsia usneoides L.	Barba-de-velho
	Tillandsia trichoides H.B.K.	Barba-de-pau
	Tillandsia filiformis Lodd., Cat.	Samambaia
	Tillandsia pendula Louvain Hortus	
	Tillandsia crinita Willd.	
IṢAN, 258	Morus nigra L.	Amoreira
		Amora-preta
		Amoreira-preta
ISÉ, 259	Pimpinela anisum L.	Erva-doce

ISÍN, 318	Crotolaria retusa L.	Xique-xique Cascaveleira Guizo de cascavel Crotolária Chocalho Maraca
IŞU, 260	Dioscorea rotundata Poir.	Inhame-da-costa Inhame-cará Inhame-da-guiné-branco Cará-do-pará
ÍTÀ, 261	Eugenia pitanga Berg. Eugenia indica Mich. Eugenia micheli Lam. Eugenia uniflora L. Myrtus brasiliana L. Stenocalyx michelii Berg.	Pitangueira
ÍTÈTÈ, 262	Plumeria drastica M.	Jasmim-manga
ÌYÁ KOLOMI, 274	Inga marginata Willd. Inga uruguensis Hooker et Arnott	Ingá Ingazeiro Ingá-do-brejo Ingá-de-quatro-quinas Ingá-banana
ÌYÁBẸYÍN, 263	Ruellia gemminiflora H.B.K.	Mãe-boa
ÌYÈYÉ, 264	Piper aduncum Vell. Piper mollicomum Kunth. Piper gaudichaudianum Kunth. Piper truncatum Vell. Piper chimonanthifolium Kunth.	Aperta-ruão
JIMI, 296	Chaptalia nutans (L.) Polack. Leria nutans DC. Gerbera nutans Schultz-Bip. Tussilago nutans L.	Costa branca Língua-de-vaca Língua-de-vaca-miúda Tapira Paraqueda Paraquedinha

		Fumo-do-mato Erva-de-sangue Sanguineira
JOBÓ, 265	Hyptis pectinata (L.) Poit. Nepeta pectinata L. Clinopodium imbricatum Vell.	Neves Alfazema-brava Macaé Mercúrio-do-campo Poejo-do-brejo
JOJQFÀ, 266	Urera baccifera Gaud. Urtica baccifera L.	Urtiga-brava Cansanção (Am) Urtigão
JOKOJẸ́, 76	Aristolochia cymbifera Mart.	Jarrinha Cipó-mil-homens Caçau Angelicó Papo-de-peru
JOKONIJẸ́, 76	Aristolochia cymbifera Mart.	Jarrinha Cipó-mil-homens Caçau Angelicó Papo-de-peru
KAN-KAN, 267	Urtica dioica L.	Urtiga Urtiga-miúda Urtiga-queimadeira
KANAN-KANAN, 268	Solanum aculeatissimum Jacq. Solanum reflexum Schrank. Solanum khasianum C.B.Clarke. Solanum sisymbriifolium Lam. Solanum balbisii Dunal. Solanum viarum Dunal. Solanum capsicoides All. Solanum ciliatum Lam. Solanum aculeatissimum Jacq. Var. denudatum	Arrebenta-cavalo Joá Juá Joá-bravo

KÀNÉRÌ, 269	Spermacoce verticillata L. Borreria verticillata (L.) G.F.W.Meyer. Borreria stricta Mey. Borreria commutata Spreng. Borreria thymocephala Gris. Spermacoce reclinata Ness.	Vassourinha-de-botão Carqueja Poaia-botão Poaia-rosário Poaia-preta
KANKANESIN, 270	Centrosema brasilianum (L.) Bth.	Jequitirana Patinho-roxo
KANKÌNSE, 271	Passiflora edulis Sims.	Maracujá Maracujá-comum Maracujá-de-garapa Flor-da-paixão
KISIKISI, 272	Solanum paniculatum L. Solanum jubeba Vell. Solanum manoelii Moricand.	Jurubeba
KOLÉORỌ́GBÀ, 273	Monstera adansonii Schott. Monstera pertusa Schott.	Cinco-chagas
KOLOMI, 274-275	Inga marginata Willd. Inga uruguensis Hooker et Arnott	Ingá Ingazeiro Ingá-do-brejo Ingá-de-quatro-quinas Ingá-banana
KORÍKO QBA, 275	Cymbopogon citratus (DC) Stapf. Cymbopogon schoenanthus Spreng. Cymbopogon citriodorus Link.	Capim limão Capim-santo Capim-cidreira Capim-cidrão Erva-cidreira
KURUKURU, 276	Ipomoea salzmanii Choizy.	Batatinha
LABẸ́-LABẸ́, 277	Cyperus rotundus L., Cyperaceae Cyperus hexastachyos Rottb. Cyperus tetrastachyos Desf.	Tiririca Capim-dandá Junça-aromática Alho Tiririca-vermelha

LÀTÓRIJẸ́, 265	Hyptis pectinata (L.) Poit., Labiatae Nepeta pectinata Linn. Clinopodium imbricatum Vell.	Neves Alfazema-brava Macaé Mercúrio-do-campo Poejo-do-brejo
MAKASA, 278	Hyptis mollissima Bth.	Catinga-de-mulata
MÀRÌWÒ, 237-239	Elaeis guineensis Jacq. Elaeis guineensis L. Palma spinosa Miller	Dendezeiro
MÀRÌWÒ ÌYÁ, 279	Attalea princeps M. Scheelea princeps Karst.	Guacuri Palmeira-de-guacuri Guaicuri
MOBORÒ, 280	Leonotis nepetifolia (L) W.T.Aiton. Leonotis nepetaefolia Schimp.. ex Benth Leonurus nepetaefolius Mill. Phlomis nepetaefolia L.	Cordão-de-são-francisco Cordão-de-frade Pau-de-praga Rubim Tolonga Corindiba
NEKIGBÉ, 281	Achras sapota L. Achras sapota Mill. Achras sapota Jacq. Sapota achras Mill. Sapota zapotilla Coville	Sapotizeiro Sapodilho Sapota Sapotilha Sapotilheiro
OBẸ́ SEMI ỌYÁ, 169	Tradescantia spathacea Sw. Rhoeo discolor (L'Hérit.) Hance. Rhoeo spathacea (Sw.) Stearn. Tradescantia discolor L'Hérit.	Espada-de-santa-bárbara Cordoban Moisés-no-berço Abacaxi-roxo
OBÌ, 282-283	Cola acuminata (P.Beauv.) Sch. & Endl. Cola nitida Vent. Sterculia cuminata Palis	Noz-de-cola Cola Cola-africana Cacau-do-sudão Café-do-sudão Coleira

ỌDẸ́ ÀKÒSÙN, 284	Solanum erianthum D. Don. Solanum auriculatum Ait. Solanum granuloso-leprosum Dun. Solanum verbascifolium var. Auriculatum sensu Ktze. Solanum maurirtianum Scop. Solanum tabacifolium Vell. Solanum auriculatum Ait.	Caiçara Couvetinga Capoeira-branca Fumeira Fumo-bravo
ODIDI, 285	Erythrina speciosa Andrews.	Bico-de-papagaio Mulungu Mulungu-do-litoral Eritrina-candelabro
ÒDÒDÓ IYÉYÉ, 286	Helianthus annus L.	Girassol
ỌDÚNDÚN, 287-288	Kalanchoe brasiliensis Camb. Kalanchoe crenata (Andr.) Haw.	Folha-da-costa Saião Folha-grossa Paratudo Erva-grossa
ỌDUNDÚN ODÒ, 289	Emilia sagitatta (Vahl) DC.	Pincel Pincel-de-estudante Falsa-serralha Serralha-mirim Emília
ÒGẸ̀DẸ̀, 290-291	Musa sapientum L.	Bananeira
ÒJẸ̀ DÚDÚ, 292	Mikania glomerata Spreng. Mikania guaco Humboldt.	Guaco Cipó-caatinga Erva-dutra Erva-de-cobra Erva-das-serpentes Uaco
OJÚORÓ, 293	Pistia stratiotes L. Pistia occidentalis Blume	Alface-d'água Flor-d'água Mururé Pajé Lentilha-d'água Erva-de-santa-luzia

OKINKÁN, 231-232	Spondias lutea L.	Cajazeira
	Spondias mombin L.	Cajá-mirim
	Spondias aurantica Schum. et Tronn.	Cajá-miúda
		Cajá-mimoso
	Spondias brasiliensi M.	Cajá-amarelo
	Spondias axillaris Roxb.	Taperebá
	Spondias graveolens Macf.	Cajazeiro
	Spondias lucida Salisb.	Cajá-do-sertão
	Spondias myrobalanus L.	
	Spondias dubia Rich.	
OKÓWÓ, 248	Drymaria cordata (L.) Willd.	Erva-vintém
	Drymaria diandra Blume.	Vintém
		Esperguta-rasteira
		Folha-de-vintém
		Cordão-de-sapo
		Mastruço-do-brejo
		Jaboticaá
OLIBẸ́, 294	Entada sp.	Fava-de-Xangô
Ọ̀MUN, 295	Thelypteris sp.	Samambaia-de-poço
		Lana-silvestre
ÒPÁṢÓRÓ, 296	Chaptalia nutans (L.) Polack.	Costa branca
	Leria nutans DC.	Língua-de-vaca
	Gerbera nutans Schultz-Bip.	Língua-de-vaca-miúda
	Tussilago nutans L.	Tapira
		Paraqueda
		Paraquedinha
		Fumo-do-mato
		Erva-de-sangue
		Sanguineira
OPINIÉ, 297	Pandanus veitchii Hort.	Pandano
ÒRÓ ÒYÌNBÓ, 298-299	Mangifera indica L.	Mangueira
ORÓGBÓ, 300-301	Garcinia kola Heckel.	Orobô
	Garcinia livingstoni T. Anders.	

OṢÈ, 302	Bertholletia excelsa H.B.K. Bertholletia nobillis Miers. Adansonia digitata L.	Castanheira-do-pará Castanha-do-pará Castanha-do-brasil Baobá Árvore dos mil anos Imbondeiro Adansônia Calabaceira Bondo
OṢÈ ỌBÁ, 303	Piper amplum Kunth. Piper arboreum Aubl. Piper arboreum Aubl., var. Arboreum	Vence-demanda
ÒṢẸ̀ PÒTU, 304	Sida carpinifolia L. Sida acuta var. Carpinifolia (L.f.) K. Schum.	Guanxuma-lisa Vassoura Vassourinha-de-botão Sida Tupitixá
ÒṢÍBÀTÁ, 305-306	Nymphaea alba L. Nuphar luteum Sibt. et Smith. Nymphaea rubra Roxb. ex Salisb. Nymphaea caerulea Andr. Nymphaea capensis Thunb.	Golfo-de-flor-branca Ninféia-branca Lírio-d'água Golfo-de-flor-amarelo Ninféia-amarela Golfo-de-flor-vermelha Ninféia-vermelha Golfo-de-flor-lilás Ninféia-azul
OSÙN ẸLẸ́DẸ̀, 307	Bixa orellana L. Bixa americana Poir. Bixa urucurana Wild.	Urucum Urucu Açafroa Açafroeira-da-terra
ỌYỌ́, 308	Corchorus olitorius L.	Caruru-da-Bahia Juta-azul
PÁPÁSAN, 199	Portulaca oleracea L. Portulaca marginata H.B.K. Portulaca retusa Engelmann Portulaca neglecta Mackenzie & Bush.	Beldroega Portulaca Beldroega-verdadeira Beldroega-pequena Ora-pro-nóbis

PATIỌBA, 309-310	Xanthosoma Atrovirens, Koch. et Bouche., var. Appendiculatum,	Tamba-tajá
PÈRÈGÚN, 311-312	Dracaena fragans (L.) Ker Gawl.	Nativo Pau-d'água Dracena Coqueiro-de-vênus
PÈRÈGÚN FUNFUN, 313	Dracaena fragans var. Massangeana L.	Coqueiro-de-vênus-nativo Dracena-listrada Dracena-verde-e-amarela Nativo
PÈRÈGÚN KÒ, 313	Dracaena fragans var. Massangeana L.	Coqueiro-de-vênus-nativo Dracena-listrada Dracena-verde-e-amarela Nativo
RINRIN, 314	Peperomia pellucida (L.) Kunth.	Alfavaquinha-de-cobra
SEMIN-SEMIN, 315	Scoparia dulcis L. Scoparia procumbens Jacq. Scoparia ternata Forsk.	Vassourinha-de-oxum Vassourinha-doce Vassourinha Vassourinha-benta Tapixaba
SẸNÍ, 316	Polygala paniculata L	Barba-de-são-pedro Vassourinha-de-santo-antônio Alecrim-de-santa-catarina Arrozinho
ṢÈNÍKAWÁ, 317	Zornia diphylla, Pers. Zornia latifolia, Sm.	Arrozinho Carrapicho Orelha-de-caxinguelê Alfafa-do-campo Urinária
ṢẸRẸ ỌBA, 318	Crotolaria retusa L.	Xique-xique Cascaveleira Guizo de cascavel

		Crotolária
		Chocalho
		Maraca
ṢẸ́ṢẸ́RẸ́, 319	Echinodorus grandiflorus (Cham. & Schlech.) Mich.	Chapéu-de-couro
		Chá-mineiro
	Alisma grandiflorum Cham. & Schlech.	Erva-do-brejo
		Congonha-do-brejo
	Echinodorus floribundus (Seub.) Seub.	Aguapé
	Alisma floribundum Seub.	
	Echinodorus pubescens (Mart.) Seub.	
	Echinodorus muricatus Gris.	
SUKUÍ, 320	Ilex aquifolium L.	Azevinho
TAMANDẸ́, 321	Solidago microglossa DC.	Arnica-do-campo
	Solidago chilensis Meyen.	Erva-lanceta
		Lanceta
		Espiga-de-ouro
		Sapé-macho
		Arnica-do-brasil
TARAPẸ́, 322	Polyscias fruticosa L.	Árvore-da-felicidade
	Polyscias multifidum Hort.	Árvore-da-felicidade fêmea
TÉEMI, 323	Cinnamomum zeilanicum Breyne.	Canela
	Cinnamomum aromaticum Arah.	Canela-da-índia
	Cinnamomum cassia Ness.	Canela-do-ceilão
	Laurus cinnamomum L.	Canela-de-cheiro
TẸNÚBE, 324	Eclipta alba (L.) Hassk.	Botão-de-santo-antônio
	Eclipta erecta L.	Lanceta
	Eclipta prostrata L.	Erva-de-botão
	Verbesina alba L.	Agrião-do-brejo
	Verbesina prostrata L.	Pimenta-d'água
		Surucuína
		Suricuína
		Tangaracá
		Ervanço
		Cravo-bravo

TÈTÈ, 325-326	Amarunthus viridis L. Amaranthus gracilis Desf.	Caruru Bredo Caruru-de-mancha Caruru-de-porco Caruru-de-soldado
TÈTÈ GÚN, 327-328	Amaranthus spinosus L. Amaranthus diacanthus Raf. Amaranthus caracasanus H.B.K.	Bredo-de-espinho Bredo-bravo Caruru-de-espinho Caruru-bravo
TÈTÈRÈGÚN, 329-330	Costus spicatus Swartz. Costus arabicus Jacq. Costus spicatus Rosc. Alpinia spicata Jacq.	Cana-do-brejo Cana-de-macaco Cana-do-mato Sanguelavô Sangolovô Ubacaia
TÓ, 331	Pavonia cancellata Cav. Hibiscus cancellatus L. Malache cancellata (L.) Kuntz Pavonia modesta Mart. Pavonia deldoidea Mart. Pavonia procumbens Cas. Pavonia hirta Klotzch.	Malva rasteira Barba-de-boi (Ba)
TÓTÓ, 332	Alpinia zerumbet (Pers) Burtt & Smith. Alpinia Nutans Roscoe. Costus zerumbet Pers. Alpinia aromatica Aubl. Alpinia speciosa K. Schum	Colônia
WÉRÉNJÉJÉ, 333-334	Abrus precatorius L. Abrus abrus Weight. Abrus maculatus Noronha Abrus minor Dess. Abrus panciflorus Dess. Abrus squamulosus E. Ney	Jequiriti Arvoeiro Olho-de-pombo Tento-miúdo Cipó-de-alcaçuz Tentinho Assacu-mirim Carolina-miúda Tento-da-américa Piriquiti

WOBOMÚ, 335	Dieffenbachia aglaonematifolia Engl.	Comigo-ninguém-pode verde
WOBOMÚ FUNFUN, 336	Dieffenbachia picta (Lodd.) Schott. Dieffenbachia maculata (Lodd.) G.Don.	Comigo-ninguém-pode

Índice de Nomes Populares

Abacateiro, 230
Abacaxi, 339
Abecedária, 340
Abóbora, 131
Abóbora d'água, 131
Abóbora-cabocla, 131
Abóbora-de-pescoço, 131
Abóbora-jerimum, 131
Abóbora-moranga, 131
Abre-caminho, 185
Abre-noite-fecha-dia, 82
Açafroa, 307
Açafroeira-da-terra, 307
Acariçoba, 56
Acocô, 75
Açoita-cavalo, 388
Adansônia, 302
Adiantum, 353
Agarra-pinto, 142
Agave, 340
Agnocasto, 341
Agnus-castus, 341
Agrião-d'água, 342
Agrião-do-brasil, 342
Agrião-do-brejo, 324
Agrião-do-pará, 106
Aguaceiro, 404
Aguapé, 126, 319
Aguaraá, 193
Agulha-de-adão, 368
Aiapana, 382
Aipim, 124
Alamanda, 343
Alcânfora, 379
Alcanforeira, 379
Alcanjoeira, 215
Alecrim, 214
Alecrim-de-angola, 341
Alecrim-de-santa-catarina, 316
Alecrim-do-mato, 344

Aletria, 105
Alface, 293, 345
Alface-d'água, 293
Alfafa-do-campo, 317
Alfavaca, 120
Alfavaca-cheirosa, 120
Alfavaca-de-cobra, 144
Alfavaca-do-campo, 120
Alfavaquinha-de-cobra, 314
Alfazema-brava, 265
Alfazema-de-caboclo, 265
Alfazema-do-brasil, 97
Algodoeiro, 204
Alho, 277, 346
Alicuri, 409
Aloisia, 162
Alumã, 83
Amaranto, 347
Amargoseira, 233
Amarra-pinto, 142
Ambrosia, 381, 401
Amendoeira (RJ), 348
Amendoeira-da-Índia, 348
Amendoim, 134
Amora-preta, 258
Amoreira, 258
Amoreira-preta, 258
Anágua-de-viúva, 140
Anda-assu, 373
Andiroba, 390
Andu, 149
Angelicó, 76
Angelim-ripa, 387
Anhangam 173
Aniz, 393
Apaga-fogo, 150
Aperta-ruão, 264
Arália-cortina, 55
Aramina, 247
Araruta, 350

Araticum, 236
Araticum-do-grande, 236
Arco-de-pipa, 360
Aricuri, 409
Aridan, 94
Ariós, 107
Arnica-do-brasil, 321
Arnica-do-campo, 321
Aroeira-branca, 72
Aroeira-comum, 71
Aroeira-de-fruto-branco, 72
Aroeira-de-mangue, 72
Aroeira-vermelha, 71
Aroeirinha, 72
Aroma, 384
Aromita, 384
Arranca-pedra, 156
Arrebenta-cavalo, 268
Arroz, 254
Arrozinho, 317
Arruda, 103
Artemísia, 401
Arumbeva, 405
Arvoeiro, 333
Árvore-da-castidade, 341
Árvore-da-felicidade, 322
Árvore-da-felicidade-fêmea, 322
Árvore-da-preguiça, 64
Árvore-da-sede, 93
Árvore-de-bálsamo, 385
Árvore-de-cuia, 227
Árvore-de-são-sebastião, 243
Árvore-do-mamão, 224
Árvore-do-paraíso, 233
Árvore-dos-mil-anos, 302
Assafétida, 352
Assa-peixe, 351
Assacu-mirim, 333
Aveloz, 243
Avenca, 353
Avenca-cabelo-de-vênus, 353
Azeda-de-ourives, 249
Azedinha, 174

Azedinha-do-brejo, 249
Azevinho, 320

Babá, 268
Baba-de-burro, 85
Babado, 88
Babosa, 252
Babosa-brava, 340
Balainho-de-velho, 86
Balaio-de-velho, 210
Bálsamo, 354, 370
Balsamona, 85
Bambu, 119
Banana-do-mato, 372
Bananeira, 290
Bananeirinha-da-índia, 170
Bananinha-de-jardim, 170
Baobá, 302
Barba-de-boi (Ba), 331
Barba-de-pau, 257
Barba-de-são-pedro, 316, 366
Barba-de-velho, 257
Barbatana, 152
Baronesa, 136
Batata-de-jalapa, 129
Batata-de-purga, 129
Batata-de-teiú, 114
Batata-doce, 180
Batatinha, 276
Bate-testa, 206
Baunínia-de-flor-branca, 51
Baunínia-de-flor-rosa, 51
Baúna, 64
Baunilha-da-bahia, 54
Baunilha-de-fava-grande, 54
Baunilha-de-nicuri, 54
Baunilha-silvestre, 54
Beijoeiro, 385
Beldroega, 199
Beldroega-pequena, 199
Beldroega-verdadeira, 199
Bem-me-quer, 110
Benjoeiro, 385
Benjoim, 385

Benzinho, 117
Bergamota, 425
Beri, 170
Bétis-branco, 160
Bétis-cheiroso, 158
Bico-de-papagaio, 285
Bilreiro, 250
Biri, 170
Biriba, 112
Boa-noite, 82, 431
Bobó, 268
Boldo, 154
Boldo paulista, 83
Boldo-brasileiro, 83
Boldo-de-jardim, 154
Boldo-do-reino, 154
Boldo-japonês, 83
Boldo-nacional, 154
Boleira, 373
Bondo, 302
Bonina, 129
Borboleta, 109
Borragem, 193
Borragem-brava, 193
Botão-de-orumilá, 355
Botão-de-ouro, 152, 355
Botão-de-santo-antônio, 324
Branda-fogo, 173
Brasileirinho, 356
Bredo, 167, 325
Bredo-bravo, 327
Bredo-de-espinho, 327
Bredo-de-porco, 142
Bredo-major-gomes, 166
Brilhantina, 186
Brio-de-estudante, 148
Bromil, 316
Bucho-de-rã, 206
Burra-leiteira, 215

Caapeba, 176
Cabaceira, 227
Cabeça-de-boi, 117
Cabeça-de-frade, 411

Cabelo-de-vênus, 353
Caçau, 76
Cacau-do-sudão, 282
Cacaueiro, 357
Café-do-sudão, 282
Cafeeiro, 358
Caiçara, 284
Cajá-amarelo, 231
Cajá-do-sertão, 231
Cajá-mimoso, 231
Cajá-mirim, 231
Cajá-miúda, 231
Cajazeira, 231
Cajazeiro, 231
Cajueiro, 359
Calabaceira, 302
Calancoê-fantasma, 418
Calêndula, 207
Cálice-de-vênus, 88
Camapu, 206
Camará, 58
Camará-de-chumbo, 58
Camará-de-espinho, 58
Cambará, 58
Camboatá, 360
Camboatá-de-capoeira, 360
Camboatá-vermelho, 360
Cambriúva, 192
Campainha, 82, 178
Cana-de-açúcar, 253
Cana-de-jardim, 170
Cana-de-macaco, 329
Cana-do-brejo, 329
Cana-do-mato, 329
Cana-florífera, 170
Cana-ibiri, 170
Canafístula, 217
Canela, 323
Canela-branca, 416
Canela-da-índia, 323
Canela-de-cheiro, 323
Canela-de-velho, 361
Canela-do-ceilão, 323
Canela-louro, 416

Canela-sassafrás, 416
Cânhamo-da-índia, 171
Cânhamo-verdadeiro, 171
Cansanção, 139, 165, 177
Cansanção (AM), 265
Cansanção-de-leite, 177
Capeba-do-norte, 176
Capeba-verdadeira, 176
Capim limão, 275
Capim-amoroso, 133
Capim-carrapicho, 133
Capim-cidrão, 275
Capim-cidreira, 275
Capim-criador, 218
Capim-da-bermuda, 219
Capim-da-cidade, 218
Capim-dandá, 277
Capim-de-burro, 219
Capim-de-conta, 196
Capim-de-nossa-senhora, 196
Capim-fino, 219
Capim-gomoso, 223
Capim-pé-de-galinha, 218
Capim-rosário, 196
Capim-santo, 275
Capitão, 56
Capixaba, 157
Capoeira-branca, 284
Cará-de-corda, 73
Cará-de-sapateiro, 73
Cará-dô-ar, 73
Cará-do-pará, 260
Cará-moela, 73
Caraxixu, 164
Cardamomo-do-mato, 109
Carniça, 107
Caroba, 362
Caroba-branca, 366
Carobinha-do-campo, 362
Carolina-miúda, 333
Carqueja, 269
Carrapateiro, 181
Carrapeta, 250
Carrapeta-verdadeira, 250

Carrapeteira, 250
Carrapichinho, 150
Carrapicho, 317
Carrapicho-beiço-de-boi, 191
Carrapicho-de-carneiro, 117
Carrapicho-rasteiro, 117
Cartucho-roxo, 140
Caruru, 167, 325
Caruru (PA), 166
Caruru-açu, 428
Caruru-azedo, 174
Caruru-bravo, 327
Caruru-da-bahia, 308
Caruru-da-guiné, 174
Caruru-de-espinho, 327
Caruru-de-mancha, 325
Caruru-de-porco, 325
Caruru-de-soldado, 325
Cascaveleira, 318
Cássia-do-levante, 384
Castanha-do-brasil, 302
Castanha-do-pará, 302
Castanheira-do-pará, 302
Castanhola (CE), 348
Casuarina, 241
Catajé, 176
Catinga-de-bode, 96
Catinga-de-mulata, 278
Cebola, 79
Cebolinha-branca, 81
Celidônia, 378
Cenoura, 363
Ceriman, 372
Chá-de-frade, 77
Chá-do-brasil, 172
Chá-do-méxico, 381
Chá-mineiro, 319
Chapéu-de-couro, 319
Chapéu-de-napoleão, 364
Chapéu-de-sol, 348
Chico-magro, 192
Chifre-de-veado, 117
Chocalho, 318
Chuchu, 365

Cinamomo, 233
Cinco-chagas, 273, 366
Cinco-folhas, 366
Cinza-fétida, 352
Cipó-caatinga, 292
Cipó-cabeludo, 190
Cipó-caboclo, 367
Cipó-chumbo, 105
Cipó-de-alcaçuz, 333
Cipó-de-leite, 194
Cipó-dourado, 105
Cipó-mil-homens, 76
Cipreste-fúnebre, 229
Cipreste-piramidal, 229
Cipreste-vulgar, 229
Círio-de-nossa-senhora, 368
Coco, 67
Coco-cabeçudo, 409
Coco-da-bahia, 67
Coco-de-purga, 373
Coentro-cravo, 369
Coentro-da-colônia, 369
Coentro-da-índia, 369
Coentro-de-caboclo, 369
Coentro-do-maranhão, 369
Coerana, 242
Cola, 282
Cola-africana, 282
Coleira, 282
Colônia, 332
Comigo-ninguém-pode, 336
Comigo-ninguém-pode-verde, 335
Congonha-do-brejo, 319
Copai, 370
Copaíba, 370
Copaíba-da-várzea, 370
Copaíba-vermelha, 370
Copaibeira, 370
Coqueiro, 67
Coqueiro-da-bahia, 67
Coqueiro-de-vênus, 311
Coqueiro-de-vênus-nativo, 313
Corda-de-viola, 178
Cordão-de-frade, 280

Cordão-de-são-francisco, 280
Cordão-de-sapo, 248
Cordoban, 169
Corindiba, 280
Coroa-de-cristo, 243
Coronácris, 384
Coronha, 384, 411
Corredeira, 152, 215
Corrente, 150
Corriola, 178
Corriola-da-noite, 82
Costa-branca, 296
Costela-de-adão, 372
Cotieira, 373
Couve, 213
Couvetinga, 284
Cravo-bravo, 324
Cravo-da-índia, 374
Cravorana, 401
Crideúva, 192
Crista-de-galo, 193, 347
Crotolária, 318
Cróton, 356
Cruzeirinho, 375
Cuambu, 57
Cubantã, 360
Cuieira, 227
Curraleira, 379
Cuscuta, 105

Dama-da-noite, 82, 88
Dama-do-lago, 126
Datura, 140
Dedal-de-dama, 343
Dendezeiro, 237
Desata-nó, 188
Diamba, 171
Dinheiro-em-penca, 376
Dólar, 377
Dorme-dorme, 91
Dormideira, 91
Dracena, 311
Dracena-listrada, 313

Dracena-verde-e-amarela, 313
Duas-amigas, 203

Embaúba, 64
Emília, 289
Eritrina-candelabro, 285
Erva-andorinha, 156, 215, 378
Erva-azeda, 249
Erva-capitão, 56
Erva-cidreira, 211, 275
Erva-cidreira-do-campo, 211
Erva-conteira, 170
Erva-curraleira, 379
Erva-das-serpentes, 292
Erva-de-alho, 197
Erva-de-bicho, 380
Erva-de-bicho (BA), 136
Erva-de-botão, 324
Erva-de-bugre, 77
Erva-de-cobra, 292
Erva-de-cobre, 215
Erva-de-jurema, 162
Erva-de-lagarto, 77
Erva-de-lavadeira, 127
Erva-de-passarinho, 59
Erva-de-sangue, 215
Erva-de-santa-luzia, 155, 215, 293
Erva-de-santa-maria, 381
Erva-de-são-caetano, 127
Erva-de-são-fiacre, 193
Erva-de-são-joão, 96
Erva-de-são-vicente, 127
Erva-de-veado, 392
Erva-do-brejo, 319
Erva-do-diabo, 68
Erva-do-fígado, 430
Erva-de-sangue, 86, 296, 430
Erva-do-sapo, 249
Erva-doce, 259, 393
Erva-dutra, 292
Erva-fedorenta, 209
Erva-formigueira, 381
Erva-grossa, 287
Erva-guiné, 197

Erva-lanceta, 321
Erva-lucera, 421
Erva-grossa, 392
Erva-mocó, 164
Erva-moura, 164
Erva-mular, 379
Erva-pombinha, 156
Erva-prata, 163
Erva-santa, 382
Erva-saracura, 249
Erva-silvina, 190
Erva-tipi, 197
Erva-tostão, 142
Erva-vintém, 248
Erva-viva, 91
Ervanço, 324, 428
Ervas-das-verrugas, 378
Ervilha-de-angola, 149
Ervilha-do-congo, 149
Escorrega, 86
Espada-de-ogum, 168
Espada-de-santa-bárbara, 169
Espada-de-são-jorge, 168
Espaguete, 105
Espatódea, 240
Espelina-falsa, 60
Esperguta-rasteira, 248
Espiga-de-ouro, 321
Espinheira-santa, 383
Espinheiro, 384, 398
Espinho-de-carneiro, 117
Espinho-de-cigano, 117
Espinho-de-roseta, 133
Espinilho, 384
Esponja, 384
Esponjeira, 384
Espora-de-galo, 416
Estiercol-do-diabo, 352
Estoraque, 385
Estoraqueiro, 385
Estramônio, 68
Estrelinha, 355
Eucalipto, 386

Falsa-serralha, 289
Falso-boldo, 154
Falso-íris, 203
Falso-jaborandi, 188
Fava-de-café, 411
Fava-de-exu, 387
Fava-de-obará, 388
Fava-de-omolu, 389
Fava-de-oxum, 390
Fava-de-Xangô, 294
Fava-divina, 391
Fava-elétrica, 364
Fava-pichurim, 416
Faveiro, 87
Fedegoso, 66, 209
Fedegoso-branco, 66
Fedegoso-verdadeiro, 209
Federação, 117
Feijão branco, 148
Feijão-de-árvore, 149
Feijão-fradinho, 145
Feijão-preto, 147
Feto, 226
Figatil, 378
Figo-da-índia, 412
Figueira, 255
Figueira-branca, 255
Figueira-brava, 255
Figueira-do-inferno, 68
Figueira-grande, 255
Fiolho, 393
Fiolho-doce, 393
Fios-de-ovos, 105
Fístula-amarela, 217
Flamboyant, 234
Flauta-de-saíra, 77
Flor-amarela, 355
Flor-d'água, 293
Flor-da-paixão, 271
Flor-de-ouro, 355
Flor-de-quaresma, 420
Flor-do-paraíso, 234
Folha-da-costa, 287
Folha-da-feiticeira, 152

Folha-da-fortuna, 52
Folha-da-riqueza, 150
Folha-de-fogo, 173
Folha-de-iansã, 173
Folha-de-leite, 194
Folha-de-oxalá, 154
Folha-de-pajé, 209
Folha-de-vintém, 248
Folha-grossa, 52, 287
Folha-imperial, 356
Forno-d'água, 200
Forno-de-jaçanã, 200
Fortuna, 52
Fruta-de-arara, 373
Fruta-de-cotia, 373
Fruta-pão, 220
Fruto-de-cobra, 127
Fumeira, 284
Fumo, 141
Fumo-bravo, 284, 392
Fumo-da-mata, 392
Fumo-de-angola, 171
Fumo-do-mato, 295
Funcho, 393
Funcho-romano, 393
Fura-capa, 57
Fura-parede, 156

Gameleira, 255
Gengibre, 394
Gerânio-cheiroso, 208
Gervão, 172
Gervão-azul, 172
Gervão-roxo, 172
Girassol, 286
Goiabeira, 395
Golfo-de-flor-amarela, 305
Golfo-de-flor-branca, 305
Golfo-de-flor-lilás, 305
Golfo-de-flor-vermelha, 305
Goma-resina-assafétida, 352
Gragoatã (SP), 360
Grama-da-bermuda, 219

Grama-sapo, 218
Grama-seda, 219
Gravatá-açu, 340
Graviola, 236
Graviola-do-norte, 236
Graxa-de-estudante, 138
Guaco, 292
Guacuri, 279
Guaicuri, 279
Guando, 149
Guanxuma, 99, 304
Guanxuma-fina, 84
Guanxuma-lisa, 304
Guanxuma-preta, 98
Guararema, 415
Guaxima, 84, 99, 247
Guaxima-cor-de-rosa, 247
Guaxima-rosa, 247
Guaxima-roxa, 247
Guiné, 197
Guiné-pipiu, 197
Guizo de cascavel, 318

Heliotrópio, 193
Hibisco-da-china, 138
Hortelã-pimenta (RJ), 403

Ibirarema, 415
Ibiri, 170
Imbaúba, 64
Imbondeiro, 302
Ingá, 274
Ingá-banana, 274
Ingá-de-quatro-quinas, 274
Ingá-do-brejo, 274
Ingazeiro, 274
Inhame-cará, 260
Inhame-da-costa, 260
Inhame-da-guiné-branco, 260
Insulina vegetal, 51
Ipê-branco, 366
Iroco, 255
Ivitinga, 388
Iuca-mansa, 368

Jaborandi, 188, 396
Jaborandi-da-mata-virgem, 188
Jaborandi-de-minas, 188
Jaborandi-de-três-folhas, 396
Jaborandi-do-ceará, 188
Jaborandi-manso, 188
Jaborandi-verdadeiro, 396
Jaboticaá, 248
Jaca-de-pobre, 236
Jacarandá-caroba, 362
Jacaré, 417
Jacinto-d'água, 136
Jacuacanga, 193
Jalapa, 129
Jalapão, 114
Jambeiro-rosa, 228
Jambu-açu, 406
Japana, 382
Jaqueira, 90
Jardineira, 208
Jarrinha, 76
Jasmim-de-caiena, 233
Jasmim-da-itália, 397
Jasmim-do-paraguai, 404
Jasmim-manga, 262
Jenipapeiro, 115
Jequiriti, 333
Jequitirana, 270
Jerema, 398
Jerimum, 131
Jibóia, 161
Jitirana, 178
Jitirana-vermelha, 178
Jitó, 250
Joá, 268
Joá-bravo, 268
Jorro-jorro, 364
Juá, 268
Juá-de-capote, 206
Judeu-errante, 433
Junça, 118
Junça-aromática, 277
Junquilho, 397
Junquinho, 118

Juquerionano, 107
Juquiri-rasteiro, 91
Jurema, 398
Jurema-preta, 398
Juremeira, 398
Jureminha, 341
Jurubeba, 272
Juta-azul, 308

Lágrima-de-jó, 196
Lágrima-de-vênus, 109
Lágrimas-de-nossa-senhora, 196
Lambari, 433
Lana-silvestre, 295
Lanceta, 321, 324
Laranja, 399
Laranjinha-branca, 157
Leite-de-nossa-senhora, 155
Leiteirinho, 155
Lentilha-d'água, 293
Levante miúda, 135
Liamba, 171
Licuri, 409
Limão, 400
Limonete, 162
Língua-de-galinha, 84, 157
Língua-de-lagarto, 77
Língua-de-sogra, 168
Língua-de-teiú, 77
Língua-de-tucano, 84
Língua-de-vaca, 167, 392
Língua-de-vaca (BA), 295
Língua-de-vaca-miúda, 295
Lírio-d'água
Lírio-do-brejo, 109
Lírio-roxo-das-pedreiras, 203
Lodagem, 56
Losna-selvagem, 401
Louro-variegado, 356
Lucero, 421

Maçã, 402
Macaé, 265

Macaxeira, 124
Macela-de-são-joão, 96
Maconha, 171
Madrecravo, 421
Mãe-boa, 263
Major-gomes, 167
Malícia, 91
Malícia-de-mulher, 91
Malmequer, 207
Malva, 99
Malva-amarga, 154
Malva-branca, 99
Malva-do-reino (CE), 403
Malva-língua-de-tucano, 84
Malva-maçã, 208
Malva-preta, 98
Malva-rasteira, 331
Malva-rosa, 247
Malva-roxa, 154
Malva-santa, 154
Malva-veludo, 99
Malvaísco, 176, 403
Mamangá, 209
Mamão, 224
Mamoeiro, 224
Mamoeiro-das-antilhas, 224
Mamona, 181
Mamona-branca, 181
Mamona-vermelha, 183
Mamoneira, 181
Manacá, 404
Manacá-cheiroso, 404
Mandacaru, 405
Mandioca, 124
Mangarás, 179
Mangareto, 179
Mangarito, 179
Mangueira, 298
Maniçoba, 124
Manjericão, 123
Manjericão-comum, 123
Manjericão-de-folha-larga, 121

Manjericão-de-folha-miúda, 123
Manjericão-de-molho, 121
Manjericão-grande, 121
Manjericão-roxo, 122
Manjerico, 150
Manjerioba, 209
Manjerona, 406
Manto-de-cristo, 140
Maraca, 318
Maracujá, 271
Maracujá-comum, 271
Maracujá-de-garapa, 271
Marajoara, 74
Maravilha, 129
Maravilha-do-jardim, 207
Maria-fecha-porta, 91
Maria-gomes, 167
Maria-mole, 223
Maria-preta, 164, 210
Maria-preta-verdadeira, 210
Maria-sem-vergonha, 431
Marianinha (BA), 223
Maricotinha, 144
Marmelada-de-cavalo, 191
Maroto, 117
Mastruço, 175
Mastruço-do-brejo, 248
Mastruz, 175, 381
Mata-cavalo, 268
Mata-pasto, 66, 209
Mata-pasto-liso, 66
Meladinha-verdadeira, 92
Melancia, 111
Melão, 125
Melão-de-água, 65
Melão-de-são-caetano, 127
Melãozinho, 127
Mentrasto, 96
Mentrusto, 175
Mentruz, 175
Mercúrio-do-campo, 265, 379
Mercúrio-do-pobre, 404

Metel, 140
Mexerica, 425
Miguel-pintado (SC), 360
Milagre-de-são-joaquim, 52
Milho, 62
Milho-d'água, 200
Mimo-de-vênus, 138
Mirra, 407
Monstera, 372
Moscadeira, 410
Moscadeira-do-brasil, 410
Mostarda, 184
Motamba, 192
Mucana, 411
Mucuna, 411
Mulungu, 285
Mulungu-do-litoral, 285
Mureré, 293
Murici, 74
Murici-do-campo, 74
Murici-pitanga, 74
Mururé
Mutamba-preta, 388

Namoscada, 410
Não-me-toques, 91
Nativo, 311, 313
Nega-mina, 408
Neves, 265
Nicuri, 409
Nicurizeiro, 409
Nogueira-de-metel, 140
Noz-de-cobra, 364
Noz-de-cola, 282
Noz-moscada, 410
Noz-moscada-do-pará, 416

Óleo-amarelo, 370
Óleo-de-copaíba, 370
Óleo-vermelho, 370
Olho-de-boi, 411
Olho-de-cabra, 387
Olho-de-gato, 107

Olho-de-pombo, 333
Olhos-de-santa-luzia, 223
Omolu, 144
Ora-pro-nóbis, 199
Orelha-de-caxinguelê, 317
Orelha-de-macaco, 194
Orelha-de-veado, 126
Orélia, 343
Orobô, 301

Pajé, 293
Paina-lisa, 93
Palha-de-costa, 245
Palma, 237
Palma-de-cristo, 181
Palma-doce, 412
Palmatória, 412
Palmatória-de-exu, 412
Palmeira-de-guacuri, 279
Pandano, 297
Papaia, 224
Papo-de-peru, 76
Pára-raio, 233
Pára-sol, 56
Paracari, 92
Paraqueda, 295
Paraquedinha, 295
Paratudo, 128, 287
Parietária, 187
Pariparoba, 176
Pata-de-boi, 51
Pata-de-galinha, 218
Pata-de-vaca, 51
Patchuli, 414
Patinho-roxo, 270
Pau-d'água, 311
Pau-d'alho, 415
Pau-de-angola, 341
Pau-de-cantil, 360
Pau-de-lagarto, 77
Pau-de-óleo, 370
Pau-de-praga, 280
Pau-de-santo-inácio, 387
Pau-ripa, 387

Pé-de-elefante, 392
Pé-de-perdiz, 379
Pega-pega, 191
Pega-pinto, 142
Pepino, 89
Perdiz, 379
Periquito, 154
Perpétua, 86, 128
Perpétua-brava, 128
Perpétua-do-mato, 86
Perpétua-roxa, 86
Petumba, 77
Picão, 57
Picão-preto, 57
Picão-roxo, 96
Pichulim, 416
Pichuri, 416
Pichurim, 416
Pico-pico, 57
Pimenta-d'água, 324
Pimenta-da-costa, 102
Pimenta-da-guiné, 112
Pimenta-de-galinha, 164
Pimenta-de-macaco, 112, 158
Pimenta-de-negro, 112
Pimenta-do-reino, 101
Pimenta-dos-monges, 341
Pimenta-malagueta, 100
Pimenteira-do-peru, 71
Pincel, 289
Pincel-de-estudante, 289
Pindaíba, 112
Pinha-queimadeira, 177
Pinhão, 113
Pinhão roxo, 114
Pinhão-branco, 113
Pinhão-de-barbados, 113
Pinhão-de-purga, 113
Piolho-de-padre, 57
Piriquiteira, 192
Piriquiti, 333
Pita, 340
Pitangueira, 261

Piteira, 340
Pixirica, 173
Planta-da-vida, 417
Pluma-de-névoa, 162
Pó-de-arroz, 129
Poaia-botão, 269
Poaia-preta, 269
Poaia-rosário, 269
Poejo, 419
Poejo-do-brejo, 265
Pomo-espinhoso, 68
Portulaca, 199
Primavera-de-caiena, 178
Purga-de-gentio, 373

Quaresma, 420
Quaresmeira, 420
Quaresmeira-rasteira, 153
Quaresmeira-roxa, 420
Quaresminha-rasteira, 153
Quatro-patacas, 343
Quebra-pedra, 155, 156
Queimadeira, 177
Quelidônia, 378
Quiabo, 246
Quiabo-roxo, 174
Quitoco, 421

Rabo-de-lagarto, 168
Rabujo, 92
Rainha-do-lago, 126
Rainha-dos-lagos, 200
Rama-de-leite, 194
Remédio-de-vaqueiro, 120
Repolho, 211
Retirante, 117
Romanzeiro, 61
Rosa-branca, 422
Rosa-francesa, 423
Rosa-pedra, 417
Rosa-rubra, 423
Rosa-vermelha, 423

Rosela, 174
Rosmarinho, 97, 214
Rubim, 280

Sabugueiro, 104
Saia-branca, 88
Saia-roxa, 140
Saião, 287
Salsa, 189
Salsa-brava, 221
Salsa-da-praia, 221
Salsa-pé-de-cabra, 221
Salsaparrilha, 424
Salva, 244
Salva-das-boticas, 244
Salva-do-brasil, 211
Salva-dos-jardins, 244
Sálvia, 244
Samambaia, 257
Samambaia-de-poço, 295
Samambaiaçu, 226
Sândalo, 162
Sangolovô, 329
Sanguelavô, 329
Sanguelavô cabeludo, 417
Sanguineira, 295
Santa-bárbara, 233
Santa-maria, 343
São-gonçalinho, 77
Sapê, 130
Sapé-macho, 321
Sapodilho, 281
Sapota, 281
Sapotilha, 281
Sapotilheiro, 281
Sapotizeiro, 281
Sensitiva, 91
Seringueira, 389
Seriúva, 192
Serralha-mirim, 289
Sete-chagas, 86
Sete-copas, 348

Sete-sangrias, 86
Silva-da-praia, 107
Soldinha, 190
Sossoia, 392
Suçaia, 392
Sumaúma, 93
Sumaúma-da-várzea, 93
Sumaúma-verdadeira, 93
Suricuína, 324
Surucuína, 324
Suspiro-roxo, 128
Sussuaiá, 392

Tabacarana, 421
Tabaco, 141
Taioba, 108, 179
Tajá, 179
Taleira, 192
Tamarineiro, 70
Tamba-tajá, 309
Tangaraca, 142, 324
Tangerina, 425
Taperebá, 231
Tapete-de-oxalá, 154
Tapete-de-oxossi, 418
Tapete-de-oxum, 417
Tapira, 295
Tapira-coiana, 217
Tapixaba, 315
Taquari, 216
Taquaril, 216
Tararaçu, 209
Tatajuba, 255
Tentinho, 333
Tento-da-américa, 333
Tento-miúdo, 333
Timbete, 133
Tinge-ovos, 105
Tipi-verdadeiro, 197
Tira-teima, 55
Tiriri, 193
Tiririca, 118, 277

Tiririca-amarela, 118
Tiririca-mansa, 118
Tiririca-vermelha, 277
Tolonga, 280
Tomate, 426
Transagem, 202
Trapoeraba, 223
Trapoeraba-roxa, 433
Treme-treme, 106
Três-quinas, 118
Trevo-aquático, 201
Trevo-da-fortuna, 201
Trevo-de-quatro-folhas, 201
Trombeta-branca, 88
Trombeta-cheirosa, 88, 140
Trombeta-de-anjo, 88
Trombeta-roxa, 140
Trombetão-branco, 88
Trombeteira, 68, 140
Tulipeira, 240
Tulipeira-africana, 240
Tupitixá, 304
Tupixá, 304

Uaco, 292
Ubacaia, 329
Ubatinga, 388
Umbaíba, 64
Umbaúba, 64
Unha-de-anta, 51
Unha-de-boi, 51
Unha-de-vaca, 51
Urinária, 317
Urtiga, 177, 267
Urtiga-brava, 265
Urtiga-cansanção, 177
Urtiga-da-bahia, 165
Urtiga-de-fogo, 165
Urtiga-de-folha-grande, 139
Urtiga-do-reino, 165
Urtiga-mamão, 177
Urtiga-miúda, 267
Urtiga-queimadeira, 165, 267

Urtiga-vermelha, 165
Urtigão, 265
Urtiguilha, 165
Urucu, 307
Urucum, 307
Urucuri-iba (PE), 409
Urumbeba, 405
Uva, 427
Uva-itália, 427
Uva-moscatel, 427
Uva-rosada, 427
Uva-rubi, 427

Vassatonga, 77
Vassourinha, 175, 304, 315, 316
Vassourinha-benta, 315
Vassourinha-de-botão, 269
Vassourinha-de-oxum, 315
Vassourinha-de-relógio, 98
Vassourinha-de-santo-antônio, 316
Vassourinha-doce, 315
Velame, 428
Velame-amarelo, 428
Velame-do-campo, 428
Velame-verdadeiro, 379

Veludo, 347
Vence-demanda, 303
Vence-demanda (BA), 429
Verbena, 430
Verbena-sagrada, 430
Verônica, 172
Vestido-de-noiva, 88
Videira, 427
Vinagreira, 174
Vinca, 431
Vinca-de-gato, 431
Vinca-de-madagascar, 431
Vintém, 248
Visgueiro, 87
Vitória-régia, 200
Viuvinha, 433
Vomiqueira, 381

Xaxim, 226
Xique-xique, 318

Zabumba-branca, 88
Zabumba-roxa, 140
Zanzo, 98

Índice de Nomes Científicos

Abelmoschus esculentus (L.) Moench., 246
Abrus abrus Weight., 333
Abrus maculatus Noronha, 333
Abrus minor Dess., 333
Abrus panciflorus Dess., 333
Abrus precatorius L., 333
Abrus squamulosus E. Ney, 333
Acacia farnesiana (L.) Willd., 384
Acacia hostilis Benth., 398
Acacia jurema Mart., 398
Acanthospermum hispidum DC., 117
Achras sapota Jacq., 281
Achras sapota L., 281
Achras sapota Mill., 281
Acmella brasiliensis Spreng., 110
Acmella linnaei Cass., 106
Adansonia digitata L., 302
Adiantum capillus veneris L., 353
Admirabilis peruana Nieuwl., 129
Aframomum melegueta (Roscoe) K.Schum., 102
Agave Americana L., 340
Ageratum conyzoides L., 96
Ageratum maritimum H.B.K., 96
Ageratum mexicanum Sims., 96
Ageratum obtusifolium Lam., 96
Albletia trifoliata Pers., 144
Alisma floribundum Seub., 319
Alisma grandiflorum Cham. & Schlech., 319
Allamanda aubletii Pohl., 343
Allamanda cathartica L., 343
Allamanda grandiflora Lam., 343
Allamanda latifolia Presl., 343
Allium aescalonicum L., 81
Allium cepa L., 79
Allium sativum L., 346
Aloe barbadensis Mill., 252
Aloe elongata Murr., 252

Aloe vera L., 252
Aloe vulgaris Lam., 252
Alpinia aromatica Aubl., 332
Alpinia Nutans Roscoe., 332
Alpinia speciosa K. Schum., 332
Alpinia spicata Jacq., 329
Alpinia zerumbet (Pers) Burtt & Smith., 332
Alternanthera ficoidea brachiata (Moq.) Uline & Bray., 150
Alternanthera ficoidea var. diffusa Kuntze., 150
Alternanthera tenella Colla., 150
Amaranthus caracasanus H.B.K., 327
Amaranthus diacanthus Raf., 327
Amaranthus gracilis Desf., 325
Amaranthus spinosus L., 327
Amarunthus viridis L., 325
Ambrina ambrosoides Spach., 381
Ambrina antihelmintica Spach., 381
Ambrosia artemisiifolia L., 401
Ambrosia elatior L., 401
Amphirephis intermedia Link., 86
Anacardium occidentale Lin., 358
Ananas comosus (L.) Merr., 339
Ananas sativus Schult. var. microstachys, 339
Ananas sativus Schult. var. pyramidalis Bert., 339
Anantherum bicorne Pol. et Beauv., 130
Anantherum caudatum Schult.
Anda brasiliensis Raddi, 373
Anda gomesii Juss., 373
Anda pisonis Mart., 373
Andicus pentaphyllus Vell., 373
Anethum foeniculum L., 393
Annona muricata L., 236
Arachis hypogaea L., 134
Aralia guilfoylei Bull., 55

Aristolochia cymbifera Mart., 76
Artemisia elatior L., 401
Artocarpus communis J.R.Forst & G.Forst., 220
Artocarpus incisa L., 220
Artocarpus integrifolia L. f., 90
Arum esculentum Vent., 108
Atriplex ambrosoides Crautz., 381
Attalea princeps M., 279

Baccharis bracteata Hooker et Arnott., 344
Baccharis dracunculifolia DC., 344
Baccharis paucidentata Schultz Bipontinus., 344
Bacctyrilobium fistula Willd., 217
Bactyrilobium ferrugineum Schrad., 217
Bambusa vulgaris Schrad., 119
Bauhinia candicans Benth., 51
Bauhinia forficata Link., 51
Bauhinia purpurea L., 51
Begonia acida Vell., 249
Begonia bahiensis D.C., 249
Begonia fischeri Schrank., 249
Bertholletia excelsa H.B.K., 302
Bertholletia nobillis Miers., 302
Bidens pilosa L., 57
Bignonia brasiliana Lam., 362
Bignonia leucantha Vell., 366
Bixa orellana L., 307
Bixa americana Poir., 307
Bixa urucurana Wild., 307
Boerhaavia caribea Jacq., 142
Boerhaavia coccinea Miller., 142
Boerhaavia decumbens Vahl., 142
Boerhaavia diffusa L., 142
Boerhaavia hirsuta Willd., 142
Boerhaavia paniculata Rich., 142
Boerhaavia viscosa Lag. & Rod., 142
Bombax orientale Spreng., 93
Bombax pentandrum L., 93
Borreria commutata Spreng., 269
Borreria stricta Mey., 269
Borreria thymocephala Gris., 269

Borreria verticillata (L.) G.F.W.Meyer., 269
Brassica campestris L., 184
Brassica campestris L. var. rapa Hartm., 184
Brassica oleracea var. acephala L., 213
Brassica oleracea var. capitata L., 211
Brassica rapa L., 184
Brassica rapa L. ssp. sylvestris (L.) Janchen., 184
Brillantaisia lamium (Ness) Benth., 137
Bromelia ananas L., var. pyramidalis Arr. Cam., 339
Brugmansia Suaveolens Bercht & Presl., 88
Brunfelsia australis Benth., 404
Brunfelsia hopeana Benth., 404
Brunfelsia latifolia Pohl., 404
Brunfelsia uniflora (Pohl) D.Don., 404
Bryophyllum calcinum Salisb., 52
Bryophyllum pinnatum (Lam.) Oken., 52
Bucholzia polygonoides var. diffusa Mart., 150
Byrsonima cotinofolia H.B.K., 74
Byrsonima crassifolia (L.)H.B.K., 74
Byrsonima ferruginea Bth., 74
Byrsonima lanceolata D.C., 74

Cacalia mentrasto Vell., 96
Cactus cochenillifer L., 412
Caesalpinia bonduc (L.) Roxb., 107
Cajanus cajan (L.) Mill., 149
Cajanus flavus DC., 149
Cajanus indicus Spreng., 149
Calendula officinalis L., 207
Calonyction aculeatum Choisy, 82
Calonyction bona-nox (L.) Boj., 82
Canna indica L., 170
Cannabis sativa L., 171
Capsicum brasilianum Cluss., 100
Capsicum frutescens L., 100
Carapa procera, 390
Carica hermaphrodita Blanco., 224
Carica mamaia Vell., 224
Carica papaya L., 224

Caryiphyllus jambos Stokes., 228
Caryophyllus aromaticus L., 374
Casearia caudata Uitt., 77
Casearia ovoidea Sleum., 77
Casearia parviflora Willd., 77
Casearia punctata Spreng., 77
Casearia samyda (Gaert.) DC., 77
Casearia subsessiliflora Lund., 77
Casearia sylvestris Sw., 77
Cassia amazonica Ducke., 217
Cassia ferruginea Schrad., 217
Cassia fistula L., 217
Cassia multifuga Rich., 217
Cassia obtusifolia L., 66
Cassia occidentalis L., 209
Casuarina equisitifolia L., 241
Catharanthus roseus (L) G.Don., 431
Cecropia hololeuca Miq., 64
Cecropia palmata Willd., 64
Cecropia peltata Vell., 64
Ceiba pentandra (L.) Gaert., 93
Celosia cristata L., 347
Celtis canescens H.B.K., 192
Celtis micrantha Sw., 192
Celtis schiedeana Schl., 192
Cenchrus brevisetus Fourn., 133
Cenchrus echinatus L., 133
Cenchrus pungens H.B.K., 133
Centratherum intermedium Less., 86
Centratherum punctatum Cass., 86
Centrosema brasilianum (L.) Bth., 270
Cereus jamacaru D.C., 405
Cereus peruvianus Mill'., 405
Cestrum axillare Vell., 242
Cestrum bracteatum Link., 242
Cestrum laevigatum Sch., 242
Cestrum multiflorum Schott., 242
Chamaesyce hirta (L.) Millsp., 155
Chamaesyce prostata (Ait.) Small., 155
Chaptalia nutans (L.) Polack., 296
Chelidonium majus L., 378
Chenopodium ambrosoides L., 381

Chenopodium antihelminticum L., 381
Chloris repens Steud., 218
Chlorocyperus aureus Pall., 118
Cinnamomum aromaticum Arah., 323
Cinnamomum cassia Ness., 323
Cinnamomum zeilanicum Breyne., 323
Citriosma guianensis Tull., 408
Citrullus citrull (L.) Karst., 65
Citrullus lanatus (Thunb.) Mansf., 111
Citrullus vulgaris Schrad., 111
Citrus aurantium L., 399
Citrus limonia Osb., 400
Citrus nobilis Lour., 425
Clidemia crenata D.C., 173
Clidemia elegans Don., 173
Clidemia hirta Bail., 173
Clinopodium imbricatum Vell., 265
Clitoria guianensis Benth., 60
Cnidoscolus urens (L.) Arth., 177
Cocos coronata Mart., 409
Cocos nucifera L., 67
Codiaeum medium Bail., 356
Codiaeum pictum Hook., 356
Codiaeum variegatum Blume, 356
Coffea arabica L., 358
Coix lacryma L., 196
Coix lacryma-jobi L., 196
Cola acuminata (P.Beauv.) Sch. & Endl., 282
Cola nitida Vent., 282
Coleus ambroinicus Benth., 403
Coleus barbatus Benth., 154
Commelina agraria Kunth., 223
Commelina aquatica J.K.Morton., 223
Commelina communis Benth., 223
Commelina diffusa Burm. F., 223
Commelina longicaulis Jacq., 223
Commelina zebrina Hort., 433
Commiphora molmol Engler., 407
Commiphora myrrha (Ness.) Baillon., 407
Commiphora sp., 407
Convolvulus aculeatus var. bona-nox L., 82

Convolvulus aculeatus L, 82
Convolvulus brasiliensis L., 221
Convolvulus pes-caprae L., 221
Conyza linearifolia Sprengel., 344
Conyza sagittalis Lam., 421
Copaifera jacquini Desf., 370
Copaifera jasquiniana Don., 370
Copaifera langsdorffii Desf., 370
Copaifera officinalis L., 370
Copaiva officinalis Jacq., 370
Corchorus olitorius L., 308
Costus arabicus Jacq., 329
Costus spicatus Rosc., 329
Costus spicatus Swartz., 329
Costus zerumbet Pers., 332
Crataeva gorarema Vell., 415
Crescentia cujete L., 227
Crotolaria guyanensis Aubl., 60
Crotolaria longifolia Lam., 60
Crotolaria retusa L., 318
Croton antisyphyliticus Mart., 379
Croton campestris Mart., 428
Croton perdiceps St. Hil., 379
Croton pictus Lodd., 356
Croton variegatus L., 356
Cucumis africanus Luidl., 127
Cucumis melo L., 125
Cucumis sativus L., 89
Cucurbita argyrosperma Huber., 131
Cucurbita citrullus L., 111
Cucurbita maxima Duch., 131
Cucurbita moschata (Duch. ex Lam.) Duch. ex Poir., 131
Cucurbita pepo L., 131
Cucurbita potiro Pers., 131
Cupania clethrodes Mart., 360
Cupania uruguensis W.Hook., 360
Cupania vernalis Camb., 360
Cuphea aperta Koelm., 85
Cuphea balsamona Ch. & Sch., 85
Cuphea divaricata Pohl., 85

Cupressus funebris Endl., 229
Cupressus pyramidalis Targ., 229
Cupressus sempervirens L., 229
Curcas indica A. Rich., 113
Curcas purgans Manhem., 113
Cuscuta citricola Schl., 105
Cuscuta racemosa Mart., 105
Cuscuta Suaveolens Lechler., 105
Cymbopogon citratus (DC) Stapf., 275
Cymbopogon citriodorus Link., 275
Cymbopogon schoenanthus Spreng., 275
Cynodon dactylon (L.) Pers., 219
Cynodon indicus Rasp., 218
Cynodon linearis Willd., 219
Cynosurus indicus L., 218
Cyperus aureus Ten., 118
Cyperus esculentus L., 118
Cyperus hexastachyos Rottb., 277
Cyperus nervosus Bert., 118
Cyperus rotundus L., 277
Cyperus tetrastachyos Desf., 277
Cyperus tuberosus Pursh., 118

Datura alba ness., 140
Datura cornucopaea Hort. Ex W.W., 140
Datura fastuosa L., 140
Datura gardneri Hook., 88
Datura metel L., 140
Datura pseudostramonium Sieb., 68
Datura stramonium L., 68
Datura tatula L., 68
Daucos carota L., 363
Davali americana D.C., 367
Davila brasiliana D.C., 367
Davila rugosa Poir., 367
Delonix regia (Boj. ex Hook.) Raf., 234
Desmodium adscendens (Sw.) DC., 191
Dicksonia sellowiana H.B.K., 226
Dieffenbachia aglaonematifolia Engl., 335
Dieffenbachia picta (Lodd.) Schott., 336
Dieffenbachia maculata (Lodd.) G.Don., 336

Digitaria dactylon Scop., 219
Dimorphandra megacarpa Rolfe., 87
Dioclea glabra Benth., 411
Dioclea sclerocarpa Ducke., 411
Dioclea violacea, Mart. ex Benth., 411
Dioscorea bulbifera L., 73
Dioscorea rotundata Poir., 260
Dolichos altissimus Vell., 411
Dracaena fragans (L.) Ker Gawl., 311
Dracaena fragans var. Massangeana L., 313
Drymaria cordata (L.) Willd., 248
Drymaria diandra Blume., 248
Dysodium divaricatum Rich., 355

Echinodorus floribundus (Seub.) Seub., 319
Echinodorus grandiflorus (Cham. & Schlech.) Mich., 319
Echinodorus muricatus Gris., 319
Echinodorus pubescens (Mart.) Seub., 319
Eclipta alba (L.) Hassk., 324
Eclipta erecta L., 324
Eclipta prostrata L., 324
Eichhornia azurea (Swartz.) Kunth., 136
Eichhornia crassipes (Mart.) Soms., 126
Eichhornia speciosa Kunth., 126
Elaeis guineensis Jacq., 237
Elaeis guineensis L., 237
Elephantopus cernuus Vell., 392
Elephantopus martii Grah., 392
Elephantopus mollis H.B.K., 392
Elephantopus tomentosus L., 392
Eleusine gracilis Salisb., 218
Eleusine indica (L.) Gaertn., 218
Emilia sagitatta (Vahl) DC., 289
Entada sp., 294
Eriophorus javanica Rumph., 93
Eryngium foetidum L., 369
Erythrina speciosa Andrews., 285
Eucalyptus globosus Labil., 386
Eugenia caryophyllata Thunb., 374

Eugenia indica Mich., 261
Eugenia jambos L., 228
Eugenia micheli Lam., 261
Eugenia pitanga Berg., 261
Eugenia uniflora L., 261
Eupatorium ayapana Vent., 382
Eupatorium ballotaefolium H.B.K., 210
Eupatorium hecatanthus Bak., 58
Eupatorium odoratum L., 375
Eupatorium triplinerve Vahl., 382
Euphorbia capitala Lam., 215
Euphorbia chamaesyce L. sensu Smith & Downs, 155
Euphorbia gemella Lag., 215
Euphorbia gymnoclada Boss., 243
Euphorbia heterodoxa Muell., 243
Euphorbia hirta L., 215
Euphorbia opthalmica Pers., 215
Euphorbia procumbens DC., 215
Euphorbia prostata Ait., 155
Euphorbia rhipsaloides Lem., 243
Euphorbia tirucalli L., 243
Euphorbia viminalis Mill., 243

Ferula asafoetida L., 352
Ferula foetida (Bunge) Regel., 352
Ferula marthex Boissier., 352
Ferula sp., 352
Ficus doliaria M., 255
Foeniculum officinale All., 393
Foeniculum vulgare Mill., 393

Gallesia gorazema (Vell.) Miq., 415
Gallesia integrifolia (Spreng.) Harms., 415
Garcinia kola Heckel., 300
Garcinia livingstoni T. Anders., 300
Gardenia genipa Sw., 115
Genipa americana L., 115
Genipa americana Vell., 115
Genipa brasiliensis Mart., 115
Genipa caruto H.B.K., 115

Genipa rumilis Vell., 115
Gnaphalium suaveolens Vell., 421
Gomphrena celosioides Mart., 128
Gomphrena globosa L., 128
Gossypium barbadense L., 204
Guarea aubletii Juss., 250
Guarea guara Wilson., 250
Guarea guidonia (L.) Sleumer., 250
Guarea surinamensis Miq., 250
Guarea trichillioides L., 250
Gymnanthes brasiliensis Muel. Arg., 157

Hedychium coronarium Koenig., 109
Hedychium flavescens Carly., 109
Hedychium flavum Roscoe., 109
Hedychium sulphureum Wall., 109
Hedysarum adscendens Sw., 191
Heeria elegans Schlecht., 153
Heeria procubens Naudin., 153
Helianthus annus L., 286
Heliotropium cordifolium Moench., 193
Heliotropium foetidum Salisb., 193
Heliotropium horminifolium Mill., 193
Heliotropium indicum DC., 193
Heliotropium indicum L., 193
Heterocentron elegans O. Kuntze., 153
Hibiscus cancellatus L., 331
Hibiscus esculentus L., 246
Hibiscus rosa-sinensis L., 138
Hibiscus sabdariffa L., 174
Hibiscus sinensis Hort., 138
Hibiscus trisectus Bertol., 177
Hieronia scabra Vell., 367
Hippobroma longiflora Don., 397
Hydrocotyle bonariensis Lam., 56
Hydrocotyle multiflora Ruiz & Pav., 56
Hydrocotyle umbellata L. var. bonariensis
    (Lam.) Spreng., 56
Hyptis carpinifolia Benth., 97
Hyptis mollissima Bth., 278
Hyptis pectinata (L.) Poit., 265

Iboza riparia N.E.Brawn., 162
Ilex aquifolium L., 320
Imperata brasiliensis Trinus, 130
Imperata exaltata L., 130
Inga marginata Willd., 274
Inga uruguensis Hooker et Arnott., 274
Ipomoea alba L., 82
Ipomoea batatas (L.) Poir. & Lam., 180
Ipomoea biloba (Roseb.) Forsk., 221
Ipomoea bona-nox L., 82
Ipomoea brasiliensis (L.) G.F.W. Mey., 221
Ipomoea coccinea L. var. hederifolia., 178
Ipomoea hederifolia L., 178
Ipomoea pes-caprae (L.) R. Br., 221
Ipomoea salzmanii Choizy., 276
Ipomoea sanguinea Vahl., 178
Isotoma longiflora (Willd.) Presl., 397

Jacaranda brasiliana Person., 362
Jacaranda brasiliensis D.C., 362
Jacaranda caroba D.C., 362
Jalapa dichotoma (L.) Crantz., 129
Jambosa jambos Mill., 228
Jatropha curcas L., 113
Jatropha gossypiifolia L., 114
Jatropha urens Muell. Arg., 177
Johannesia princeps Vell., 373
Justicia gendarussa Burm., 429
Justicia violacea L., 429

Kalanchoe brasiliensis Camb., 287
Kalanchoe crenata (Andr.) Haw., 287
Kalanchoe gastonis bonnieri Hamet. &
    Ferr., 417
Kalanchoe pinnata Pers., 52
Kalauchoe waldheimi, 418

Lablabe vulgaris var. Albiflorus, 148
Lactuca sativa L., 345
Lantana camara L., 58
Lantana undulata Schr., 58

Laportea aestuans (L.) Chew., 139
Lasiandra fontanesiana DC., 420
Laurus cinnamomum L., 323
Laurus persea Linn., 230
Leonotis nepetaefolia Schimp. ex Benth., 280
Leonotis nepetifolia (L) W.T.Aiton., 280
Leonurus nepetaefolius Mill., 280
Lepidium sativum L., 175
Leria nutans DC., 296
Lippia geminata Gardn., 211
Lithagrostis lacryma-jobi (L.) Gaert., 196
Lithraea aroeirinha March., 72
Lithraea molleoides (Vell.) Engl., 72
Lobelia longiflora L., 397
Lochnera rosea, 431
Loranthus brasiliensis Lank., 59
Loranthus marginatus Lam., 59
Luchea grandiflora, 388
Lycopersicum esculentum Mill., 426
Lygodium volubile Sw., 185

Malache cancellata (L.) Kuntz., 331
Mangifera indica L., 298
Manihot esculenta Crantz., 124
Manihot utilissima Pohl., 124
Maranta arundinacea L., 350
Marsilea quadrifolia L., 201
Maytenus ilicifolia Mart., 383
Meibomia adscendens (Sw.) Kuntze, 191
Melampodium divaricatum DC., 355
Melampodium paludosum H.B.K., 355
Melampodium rhomboideum DC., 355
Melastoma albicans Sw., 361
Melastoma elegans Aubl., 173
Melastoma fontanesii Spreng., 420
Melastoma granulosa Desr., 420
Melastoma hirtum L., 173
Melia azedarach L., 233
Melothria pendula Sieb., 127
Mentha citrata L., 135

Mentha pulegium L., 419
Merostachys donax L., 216
Miconia albicans (Sw.) Trin., 361
Mikania glomerata Spreng., 292
Mikania guaco Humboldt., 292
Mimosa dormens H.B.K., 91
Mimosa farnesiana L., 384
Mimosa hostilis Benth., 398
Mimosa pudica L., 91
Mimosa sensitiva L., 91
Mirabilis dichotoma L., 129
Mirabilis jalapa L., 129
Mirabilis odorata L., 129
Momordica charantia L., 127
Momordica elegans Salisb., 127
Momordica muricata Willd., 127
Momordica senegalensis Lam., 127
Monnieria trifolia Aubl., 144
Monstera adansonii Schott., 273
Monstera deliciosa Liemb., 372
Monstera lennea Kock., 372
Monstera pertusa Schott., 273
Morus nigra L., 258
Moschosma riparium Hochst., 162
Musa sapientum L., 290
Myristica aromatica Lam., 410
Myristica fragans Hoult., 410
Myristica moschata Thunb., 410
Myristica officinalis L., 410
Myrtus brasiliana L., 261
Myrtus caryophyllus Spreng., 374
Myrtus jambos H.B.K., 228

Nasturtium officinale R.Br., 342
Nectandra lanceolata Nees et Mart ex Ness., 416
Nectandra orenadum Mart., 416
Nectandra pichurim (H.B.K.) Mez., 416
Nectandra weddellii Meissn., 416
Neomarica caerulea Sprague., 203
Nepeta pectinata Linn., 265

Neurocarpum angustifolium Kunth., 60
Neurocarpum logifolium Mart., 60
Newbouldia laevis Seem., 75
Nicotiana macrophylla Spreng., 141
Nicotiana tabacum L., 141
Nopalea cochenillifera (L.) Lyons., 412
Nothopanax guilfoylei Merr., 55
Nuphar luteum Sibt. et Smith., 305
Nyctago mirabilis DC., 129
Nymphaea alba L., 305
Nymphaea caerulea Andr., 305
Nymphaea capensis Thunb., 305
Nymphaea rubra Roxb. ex Salisb., 305
Nymphaea victoria Sch., 200

Ocimun basilicum L., 121
Ocimun basilicum purpureum Hort., 122
Ocimun gratissima L., 120
Ocimun minimum L., 123
Opuntia cochenillifera (L.) Mill., 412
Origanum majorana L., 406
Ormosia arborea, 387
Orysa sativa L., 254
Ottonia anisum Sprengel., 188

Palma spinosa Miller., 237
Pandanus veitchii Hort., 297
Papaya communis Noronha, 224
Papaya edulis Boj., 224
Papaya papaya Karst., 224
Parietaria officinalis L., 187
Parkia multijuga Benth., 87
Parquetina nigrescens, (Afzel) Bullock., 194
Passiflora edulis Sims., 271
Pavonia cancellata Cav., 331
Pavonia deldoidea Mart., 331
Pavonia hirta Klotzch., 331
Pavonia modesta Mart., 331
Pavonia procumbens Cas., 331
Pelargonium odoratissimum (L.) Ait., 208

Peperomia pellucida (L.) Kunth., 314
Periploca nigrescens Afzel., 194
Persea americana Mill., 230
Persea gratissima G., 230
Persea persea Cocherell., 230
Petiveria alliacea L., 197
Petiveria tetrandra Gomez, 197
Petroselium sativum L., 189
Phaseolus vulgaris L., 147
Philodendron pertusum Kunt. et Bouché., 372
Phlomis nepetaefolia L., 280
Phoradendron crassifolium Pohl. et. Sichl., 59
Phthirusa abdita S.Moore., 59
Phthirusa pyrifolia Eichl., 59
Phthirusa teobromae Baill., 59
Phyllanthus amarus Schum. & Thonn., 156
Phyllanthus corcovadensis Muell. Arg., 156
Phyllanthus niruri Fawc. & Rendle, 156
Phyllanthus niruri L., 156
Phyllanthus tenellus Roxb., 156
Phyllanthus urinaria Wall., non L., 156
Physalis angulata L., 206
Pilea microphylla Liebm., 186
Pilea microphylla Miq., 186
Pilea muscosa Lindl., 186
Pilea nummularifolia Wedd., 376
Pilocarpus jaborandi Holmes., 396
Pilocarpus pinnatifolius L., 396
Pimpinela anisum L., 259
Piper aduncum Vell., 264
Piper amalago L., 158
Piper amalago L., var. medium (Jacq.) Yunker, 158
Piper amplum Kunth., 303
Piper angustifolium R. et P., 158
Piper arboreum Aubl., 303
Piper arboreum Aubl., var. Arboreum, 303
Piper cabralanum C.Dc., 158

Piper chimonanthifolium Kunth., 264
Piper eucalyptifolium Rudz., 158
Piper gaudichaudianum Kunth., 264
Piper jaborandi Gaud., 188
Piper mollicomum Kunth., 264
Piper nigrum L., 101
Piper regnellii Kunth., 158
Piper rivinoides Kunth., 160
Piper tectoniifolium Kunth., 158
Piper truncatum Vell., 264
Piper tuberculatum Jacq., 158
Piper umbellatum L., 176
Pistia occidentalis Blume., 293
Pistia stratiotes L., 293
Plantago major L., 202
Plectranthus australis Linn., 377
Plectranthus nummularius Briq., 377
Pleroma granulosa Don., 420
Pluchea quitoc DC., 421
Pluchea sagittalis (Lam.) Cabr., 421
Pluchea suaveolens (Vell.) O. Kuntze., 421
Plumeria drastica M., 262
Pogostemon patchouly Pelletier., 414
Polygala paniculata L, 316
Polygonum persicaria L., 380
Polypodium vaccinifolium Langsd & Fischer, 190
Polyscias fruticosa L., 322
Polyscias guilfoylei Bailey., 55
Polyscias multifidum Hort., 322
Pondeteria crassipes Mart., 126
Pontederia aquatica Vell., 136
Pontederia azurea Sw., 136
Portulaca marginata H.B.K., 199
Portulaca neglecta Mackenzie & Bush., 199
Portulaca oleracea L., 199
Portulaca retusa Engelmann., 199
Pothomorphe umbellata (L.) Miq., 176
Pothos aureus Lind. ex Andre., 161
Psidium cattleianum, 349
Psidium guajava L., 395

Psidium guayava Rad., 395
Psidium pyriferum L., 395
Psittacanthus calyculatus (DC) G.Don., 59
Punica granatum L., 61
Pyrus malus L., 402

Quamoclit hederifolia (L.) Choisy., 178

Rhamnus micrantha L., 192
Raphia vinipra P. Beaw., 245
Rhoeo discolor (L'Hérit.) Hance., 169
Rhoeo spathacea (Sw.) Stearn., 169
Ricinus communis L., 181
Ricinus digitatus Nor., 181
Ricinus hibridus Bess., 181
Ricinus leucocarpus Bert., 181
Ricinus sanguineus Hoot., 183
Rosa centifolia L., 422
Rosa galica L., 423
Rosmarinus officinalis L., 214
Ruellia gemminiflora H.B.K., 263
Ruta graveolens L., 103

Saccharum contractum H.B.K., 130
Saccharum officinarum L., 253
Salvia officinalis L., 244
Sambucus australasica Fritsch., 104
Sambucus nigra L., 104
Sansevieria guineensis Gér. et Labr., 168
Sansevieria trifasciata Hort. ex Prain., 168
Sansevieria zeylanica Hort., 168
Sapota achras Mill., 281
Sapota zapotilla Coville, 281
Scheelea princeps Karst., 279
Schinus aroeira Vell., 71
Schinus leucocarpus Mart., 72
Schinus molleoides Vell., 72
Schinus therebenthifolius Radd., 71
Schizocentron elegans Meissn., 153
Schizolobium parahyba, 391
Scindapsus aureus Engl., 161

Scoparia dulcis L., 315
Scoparia procumbens Jacq., 315
Scoparia ternata Forsk., 315
Sebastiania brasiliensis Muel., 157
Sechium edule Sw., 365
Sedum dendroideum Moc. & Sessé., 354
Senna obtusifolia (L.) Irwin & Barneby., 66
Senna occidentalis (L.) Link., 209
Sida acuta var. Carpinifolia (L.f.) K. Schum., 304
Sida alba Cav., non L., 98
Sida angustissima Juss, Ex Cav., 84
Sida campi Vell., 84
Sida carpinifolia L., 304
Sida cordifolia L., 99
Sida linearifolia Schum. & Thon., 84
Sida linifolia Cav., 84
Sida longifolia Brandeg., 84
Sida retusa L., 98
Sida rhombifolia L., 98
Siparuna erythrocarpa DC., 408
Siparuna guyanensis Aubl., 408
Sisymbrium nasturtium L., 342
Smilax officinalis Kunth., 424
Solanum aculeatissimum Jacq., 268
Solanum aculeatissimum Jacq. Var. denudatum, 268
Solanum americanum Mill., 164
Solanum argenteum Dun. & Poir., 163
Solanum auriculatum Ait., 284
Solanum balbisii Dunal., 268
Solanum capsicoides All., 268
Solanum caribaeum Dun., 164
Solanum ciliatum Lam., 268
Solanum erianthum D. Don., 284
Solanum granuloso-leprosum Dun., 284
Solanum jubeba Vell., 272
Solanum khasianum C.B.Clarke., 268
Solanum manoelii Moricand., 272
Solanum manoelii Moricandi., 272
Solanum maurirtianum Scop., 284

Solanum nodiflorum Jacq., 164
Solanum paniculatum L., 272
Solanum reflexum Schrank., 268
Solanum sisymbriifolium Lam., 268
Solanum tabacifolium Vell., 284
Solanum verbascifolium var. Auriculatum sensu Ktze., 284
Solanum viarum Dunal., 260
Solidago chilensis Meyen., 321
Solidago microglossa DC., 321
Sparattosperma leucanthum (Vell.) Schum., 366
Sparattosperma vernicosum Bur. & Schum., 366
Spathodea campanulata P. Beauv., 240
Spathodea vernicosa Cham., 366
Spermacoce reclinata Ness., 269
Spermacoce verticillata L., 269
Sphaerium lacryma (L.) Kuntze., 196
Spilanthes acmella (L.) Murr., 106
Spilanthes arrayana Gardn., 106
Spilanthes melampodioides Gardn., 106
Spilanthes pseudo-acmella (L.) Murr., 106
Spondias aurantica Schum. et Tronn., 231
Spondias axillaris Roxb., 231
Spondias brasiliensi M., 231
Spondias dubia Rich., 231
Spondias graveolens Macf., 231
Spondias lucida Salisb., 231
Spondias lutea L., 231
Spondias mombin L., 231
Spondias myrobalanus L., 231
Stachytarpheta australis Mold., 172
Stachytarpheta cayennensis (L.C.Rich.) Vahl., 172
Stachytarpheta polyura Schauer., 172
Stadmannia sorbifolia Linden., 360
Stemodia viscosa Roxb., 92
Stenocalyx michelii Berg., 261
Sterculia cuminata Palis., 282
Sthuthantus brasiliensis Lank., 59

Sthuthantus flexicaulis Martius., 59
Sthuthantus marginatus Blume., 59
Stillingia brasiliensis Baill., 157
Stramonium spinosum Lam., 68
Stramonium vulgarium Gaertn., 68
Styrax benjoin Dry., 385
Styrax pohlii D.C., 385
Syagrus coronata (Mart.) Becc., 409
Synedrella nodiflora (L.) Gaertn., 152
Syzygium aromaticum (L.) Mert et Perry., 374
Syzygium jambolanum D.C., 228

Tabacum nicotianum Bercht. et Opiz., 141
Talinum paniculatum (Jacq.) Gaertn., 167
Talinum patens (L.) Willd., 167
Talinum triangulare (Jacq.) Willd., 166
Talinum triangularis Jacq., 166
Tamarindus indica L., 70
Tecoma leucantha All., 366
Tecoma subvernicosa D.C., 366
Telanthera polygonoides var. brachiata Moq., 150
Telanthera polygonoides var. diffusa Moq., 150
Terminalia catappa L., 348
Terminalia intermedia Bert., 348
Tetradenia riparia (Hochst.) Codd., 162
Tetrepleura tetraptera (Schum & Thour.) Taub., 94
Thelypteris sp., 295
Theobroma cacau L., 357
Thevetia neriifolia Juss., 364
Thevetia peruviana Sch., 364
Tibouchina granulosa Cogn., 420
Tillandsia crinita Willd., 257
Tillandsia filiformis Lodd., Cat., 257
Tillandsia pendula Louvain Hortus., 257
Tillandsia trichoides H.B.K., 257
Tillandsia usneoides L., 257
Tornelia fragans Gutierrez., 372

Tradescantia discolor L'Hérit., 169
Tradescantia pendula (Sch.) Hunt., 433
Tradescantia spathacea Sw., 169
Tradescantia zebrina Hort. ex Bosse., 433
Trema micrantha (L) Engler., 192
Trichilia guara L., 250
Tussilago nutans L., 296

Urena heterophylla Presl., 247
Urena lobata L., 247
Urera baccifera Gaud., 265
Urtica baccifera L., 265
Urtica dioica L., 267
Urtica urens Vell., 165

Vanilla palmarum Lind., 54
Verbena cayennensis L. C. Rich., 172
Verbena officinalis L., 430
Verbesina acmella L., 106
Verbesina alba L., 324
Verbesina prostrata L., 324
Vernonia amygdalina Delile, 83
Vernonia condensata, Baker., 83
Vernonia polyanthes Less., 351
Victoria amazonica Sow., 200
Victoria amazonum Kl., 200
Victoria regalis Schomb., 200
Victoria regia Lindl., 200
Victoria regina Gray, 200
Vigna sinensis (L.) Savi ex Hassk. Ssp sinensis, 145
Vigna ungiculata (L.) Walp., 145
Vinca rosea L., 431
Viscum crassifolium Pohl., 59
Vitex lupinifolia Salis., 341
Vitex robusta Lebas., 341
Vitex-agnus-castus L., 341
Vitis vinifera L., 427

Wedelia brasiliensis Blake., 110
Wedelia paludosa, DC., 110
Wedelia penducolosa DC., 110

Xanthosoma Atrovirens, Koch. et
    Bouche., var. Appendiculatum., 309
Xanthosoma sagittifolium (L.) Schott., 179
Xylopia aromatica (Lam.) Mart., 112

Yucca gloriosa L., 368

Zea mays L., 62
Zebrina pendula, Sch., 433
Zingiber officinale Rosc., 394
Zornia diphylla, Pers., 317
Zornia latifolia, Sm., 317

Glossário

ADÓṢÙ = Iniciado. Aquele que recebeu o ÓṢÙ.
ÀGBO (abô) = Mistura de folhas usada na iniciação do Iaô.
ÀṢẸ (axé) = Termo de múltiplo significado. Representa a força sobrenatural, que assegura a existência e permite que as coisas aconteçam. Designa, ainda, o local da fundação do terreiro, partes do corpo do animal sacrificado e o compartimento de reclusão do iniciado. Refere-se, ainda, à linhagem ascendente de uma pessoa ou casa de candomblé.
AṢQ = Roupa, veste.
AWO = Segredo, mistério, fundamento.
ÀIYÉ = Mundo.
BÀBÁ = Pai. Termo também utilizado para Oxalá.
BÀBÁ KÉKERÉ = Pai pequeno.
BÀBÁLÁWO = Sacertote do oráculo de Ifá, o que vaticina.
BÀBÁLORÌṢÀ = Sacerdote do culto dos orixás. Pai-de-santo. Zelador-de-santo.
BÀBÁLỌSÁNYÌN = Sacerdote do culto de Ossaim.
BORI = Ritual de fortalecimento da cabeça, "dar comida à cabeça".
DỌ̀BÁLẸ̀ = Ato de prostrar-se no chão para reverenciar o orixá.
EBỌ (ebó) = Oferendas, sacrifícios.
ẸFÓ (efó) = Verduras, vegetais.
ẸFÚN = Giz, pemba, pó branco de origem mineral.
ẸGBẸ́ = Sociedade. Comunidade.
ÈGBO (ebô) = Milho branco cozido que é oferecido a Oxalá.
EGBÒGI = Remédios a base de ervas.
ẸGBỌ́MI (ebomi) = Meu irmão mais velho. Meu parente mais velho.
ẸGBỌ́N MI = O mesmo que Ebomi.
EJẸ = Sangue.
ENÍ = Esteira de palha de coqueiro, "esteira cigana".
ẸRỌ̀ = Calmante, de calma.
ÈṢÙ = O mesmo que Exu. O mensageiro.
EWÉ = Folha, erva, planta rasteira.
ẸWỌ̀ (euó) = O que é proibido. Algo proibido ao iniciado e ao Orixá, interdito, tabu.
ẸIYẸ = Pássaro, ave.
ẸIYẸILÉ = Pombo.
FUNFUN = Branco.
GÚN = Excitante, excitação.
ÌBÀ = Reverência, respeito, bênção.
IGBÁ = Cabaça, terrina onde são colocados os objetos rituais dos Orixás.
IGBÁ ORI = Conjunto de tigela, pratos e quartinha de louça utilizados no BORI.

IGBÓ (ibô) = Floresta sagrada, mata dos Orixás, floresta.
IGI (igui) = Árvore.
ÌKQ = Palha da costa utilizada para fazer as vestes de Omolu.
ILẸ̀ = Terra, casa, lar.
INÁ = Fogo.
INQN = Forma arcaica de Iná.
ÌTÀN = Lendas, mitos, estórias.
ÌYÁ = Mulher, mãe.
ÌYÁ KÉKERÉ = Mãe pequena.
ÌYÁ MI = Minha mãe, mãe ancestral, feiticeiras.
ÌYÁ ORÍ = Qualidade de Iemanjá, dona das cabeças.
ÌYÁBÁ = Mãe, rainha.
ÌYÀLORÌṢÀ = Sacerdotisa do culto dos orixás. Mãe-de-santo. Zeladora-de-santo.
ÌYÀWÓ (iaô) = Pessoa que foi iniciada recentemente. Recém-iniciado.
IYEWA (Ieuá) = Orixá de origem jêje, cultuada no rio Ewá, na África.
KQ ORIN = Cantiga, cântico.
KQRIN EWÉ = Cantiga de folhas, cânticos sagrados de Ossaim.
NÀNÁ = Nanã, dona da chuva e da lama. Mãe de Obaluaiê e Oxumaré.
QBÀ = O mesmo que Iobá, uma das mulheres de Xangô.
QBALUAIYÉ = O mesmo que Obaluaiê ou Omolu. Orixá da varíola e doenças endêmicas.
ỌBẸ-ÌFÁRÍ = Navalha usada para raspar a cabeça. Ato ritual de raspar a cabeça.
ODÙ = Signos do Oráculo de Ifá.
QFỌ̀ = Palavra pronunciada com sentido mágico para fazer as coisas acontecerem. Encantamento.
ÒGÚN = O mesmo que Ogum. Orixá da guerra, do ferro e da lavoura.
OJÚ = Olhos.
OKÚTA = Seixo de rio que compõe os assentamentos dos orixás, também chamado *otá*.
OLÓDÙMARÈ = O mesmo que Ọlọ́run.
ỌLỌ́RUN = Divindade suprema dos iorubás, criador de tudo que existe. Está fora do alcance dos seres humanos, que não lhe podem render culto.
ỌLỌ́SÁNYÌN = (Olossaim) Sacerdote encarregado da coleta e da preparação ritual das ervas sagradas. O mesmo que BABALOSÁNYÌN.
OMI = Água.
OMÌÈRÒ = Água calmante, banho feito com folhas frias (de calma).
ỌMỌ = Também pronunciado oman. Filho.
Ọ̀PẸ = Palmeira.
ỌRẸ́ = Amigo, amizade.
ORI = Cabeça, destino.
ÒRÍ = Limo da costa, manteiga de karité.
ÒRÌṢÀ (orixá) = Nome genérico dado às divindades de origem nagô.
ORÒ (orô) = Ritual. Cerimônia ritual. Fundamentos do culto.
Ọ̀RUN = Além, o mundo espiritual

ORÚKO = Nome.
ORÚKO ÒRÌṢÀ = Nome do Orixá.
ÒRÚNMÌLÀ = Orixá patrono do orá.
ỌSÁNYÌN = Ossaim, o patrono dos vegetais.
ÒSÌ = Lado esquerdo.
ỌṢỌ́ỌSI = O mesmo que Oxossi. Orixá da caça, filho de Iemanjá e irmão de Ogum e Exu.
ỌṢÙ = Massa cônica que o Iaô recebe na cabeça por ocasião de sua iniciação.
OṢÙMÀRÈ = O mesmo que Oxumarê. O arco-íris, a serpente.
ỌṢUN = Oxum, a dona das águas doces, patrona da maternidade. Uma das esposas de Xangô.
OSÙN = Pó vermelho de origem vegetal, utilizado nas iniciações.
ÒTÚN = Lado direito.
OWÓ = Dinheiro.
ỌYA = Oiá, Iansã. Orixá que comanda os ventos e as tempestades. Uma das três mulheres de Xangô. Patrona do culto dos Egunguns.
PÀDÉ = Rito que é desempenhado no início das cerimônias do candomblé em homenagem a Exu, para que este mantenha ordem e tranqüilidade no decorrer da festa.
PUPA = Vermelho, amarelo.
RERE = Bom, boa, bem.
ṢÀNGÓ = Xangô. Orixá dos raios, trovões e dono do fogo.
SASÁNYÌN = Ritual em louvor a Ossaim, com a finalidade de despertar o poder mágico dos vegetais.
ṢẸ́RẸ́ = Tipo de chocalho que imita o barulho da chuva usado para invocar Xangô.
ṢIRÉ = Conjunto de danças cerimoniais onde ocorrem distintos ritmos, cânticos e estilos coreográficos característicos do desempenho de cada orixá.
TUNTUN = Novo, nova, tenro.
WÁJÌ = Pó azul de origem vegetal, utilizado nas iniciações.
YEMỌJA = Ye ọmọ ejá = A mãe dos filhos peixes. Iemanjá, a rainha do mar no Brasil.
YÈYÉ = Mãe.

Bibliografia

ALMEIDA, Edvaldo Rodrigues de. PLANTAS MEDICINAIS BRASILEIRAS. Conhecimentos Populares e Científicos. São Paulo, Hemus Editora Ltda., 1993.
ARANHA, Condorcet. SISTEMA DE PLANTAS INVASORAS. Campinas, Instituto Campineiro de Ensino Agrícola, 1988.
BALBACH, Alfons. A FLORA NACIONAL NA MEDICINA DOMÉSTICA. (2 vol.) São Paulo, Edições "A Edificação do Lar".
BARROS, José Flavio Pessoa de & LA MENZA, Horacio Trujillo. PATIOBA: An Anthropological Study of a Brazilian Edible Aroid. In CURARE — Zeitschrift für Ethnomedizin und transkulturelle Psychiatrie. Vol. 10. Federal Republic of Germany, 1987.
BARROS, José Flavio Pessoa de & TEIXEIRA, Maria Lina Leão. SASSANHE: O "CANTAR DAS FOLHAS" E A CONSTRUÇÃO DO SER. Trabalho apresentado no módulo Cultura Religiosa Afro-Americana, do Congresso Internacional ESCRAVIDÃO, realizado na Universidade de São Paulo, junho de 1988.
BARROS, José Flavio Pessoa de & TEIXEIRA, Maria Lina Leão. O CÓDIGO DO CORPO: Inscrições e Marcas dos Orixás. In CATIVEIRO E LIBERDADE. Seminário do Instituto de Filosofia e Ciências Humanas da Universidade do Estado do Rio de Janeiro, 1989.
BARROS, José Flavio Pessoa de. O SEGREDO DAS FOLHAS: Sistema de Classificação de Vegetais no Candomblé Jêje-Nagô do Brasil. Rio de Janeiro, Editora Pallas, 1993.
BARROS, José Flavio Pessoa de. ASPECTOS SIMBÓLICOS NA POSSESSÃO AFRO-AMERICANA. In REFLEXÕES SOBRE JOSÉ MARTI. Rio de Janeiro, PROEALC — UERJ, 1994.
BARROS, José Flavio Pessoa de & TEIXEIRA, Maria Lina Leão. DEMOCRACIA E DIVERSIDADE HUMANA: Conservando a Vida e a Crença. In AMÉRICA LATINA EM DISCUSSÃO. Rio de Janeiro, UERJ, 1994.
BARROS, José Flavio Pessoa de & MOTA, Clarice Novaes. ESPAÇO E TEMPO: O Sagrado e o Profano nos Candomblés Keto e entre os Índios Kariri-Shoko. In AMÉRICA LATINA E CARIBE — Desafio do Século XXI. Rio de Janeiro, PROEALC — UERJ, 1995.
BARROS, José Flavio Pessoa de & SILVA MELO, Marco Antonio & VOGEL, Arno. A GALINHA-D'ANGOLA: Iniciação e Identidade na Cultura Afro-Brasileira. Rio de Janeiro, Editora Pallas, 1993.
BASTIDE, Roger. "O SEGREDO DAS ERVAS", *Anhembi*, 18:333-334, SP, 1955.
BISSE, Johannes. ÁRBOLES DE CUBA. Havana, Cuba, Ministerio de Cultura — Editorial Científico-Técnico, 1988.
CABRERA, Lidia. EL MONTE — Igbo-Finda; Ewe Orisha; Vititi Nfinda. Miami, Flórida, Ediciones Universal, 1992.
———. "EL DUEÑO DE EWE (Oluwa-Ewe)" In Memoires de l'Institut Français d'Afrique Noire, 27:169-180, 1952.

CACCIATORE, Olga Gudolle. DICIONÁRIO DE CULTOS AFRO-BRASILEIROS. Rio de Janeiro, Editora Forense Universitária — SEEC/RJ, 1977.

CAMARGO, Maria Thereza Lemos de Arruda. PLANTAS MEDICINAIS E DE RITUAIS AFRO-BRASILEIROS I. São Paulo, ALMED, 1988.

——. MEDICINA POPULAR: Aspectos metodológicos para pesquisa, garrafada, objeto de pesquisa, componentes medicinais de origem vegetal, animal e mineral. São Paulo, ALMED, 1985.

CARIBÉ, Dr. José & CAMPOS, Dr. José Maria. PLANTAS QUE AJUDAM O HOMEM: Guia Prático para a Época Atual. São Paulo, Editora Pensamento Ltda., 1991.

CARVALHO, José Jorge de. CANTOS SAGRADOS DO XANGÔ DO RECIFE. Brasilia, Fundação Cultural Palmares, 1993.

CONCEIÇÃO, Moacir. AS PLANTAS MEDICINAIS NO ANO 2000. São Paulo, Tao Editora Ltda., 1982.

CORRÊA, Norton F. O BATUQUE DO RIO GRANDE DO SUL. Porto Alegre, Editora da Universidade/UFRGS, 1990.

CORREA Jr., Cirino & MING, Lin Chau & SCHEFFER, Marianne Cristina. CULTIVO DE PLANTAS MEDICINAIS, CONDIMENTARES E AROMÁTICAS. Curitiba, EMATER-Paraná, 1991.

CORRÊA, M. Pio. DICIONÁRIO DAS PLANTAS ÚTEIS DO BRASIL E DAS EXÓTICAS CULTIVADAS. Rio de Janeiro. (6 vol.), 1926.

COSTA, A. Mendes da & AIYEMI, K. Ajibola. NOÇÕES DE YORUBA. São Paulo, TEMA — Centro de Divulgação Cultural — Núcleo de Cultura Africana, 1978.

CROW W.B. PROPRIEDADES OCULTAS DAS ERVAS & PLANTAS: Seu uso mágico e simbolismo astrológico — O ritual das plantas e suas poções mágicas. São Paulo, Hemus Editora Ltda., 1982.

CRUZ, G. L. DICIONÁRIO DAS PLANTAS ÚTEIS DO BRASIL. Rio de Janeiro, Editora Bertrand Brasil, 1982.

DALZIEL, J.M. THE USEFUL PLANTS OF WEST TROPICAL AFRICA. Londres, Ed. The Crown Agents for the Colonies, 1948.

EMPERAIRE, Laure. LA CAATINGA DU SUD-EST DU PIAUI — Brésil — Étude Ethnobotanique, Paris, Éditions Recherche sur les civilisations, 1983.

FICALHO (Conde) Francisco de Melo. PLANTAS ÚTEIS DA ÁFRICA PORTUGUESA. Lisboa, Ed. Divisão de Publicações e Biblioteca — Agência Geral das Colônias, 1947.

FORSBERG, F.R. PLANT COLLECTING AS AN ANTHROPOLOGICAL FIELD METHOD. *Separata*, México, Ed. El Palacio, 1960.

FURLO, C. & BRANDÃO, M. AS ERVAS COMESTÍVEIS — Descrição, Ilustração e Receitas. Rio de Janeiro, Coleção do Agricultor-Ecologia, Editora Globo, 1989.

GUEDES, R.R. & PROFICE, S.R. & COSTA, E. de LIMA & BAUMGRATZ, J.F.A. & LIMA, H.C. PLANTAS UTILIZADAS EM RITUAIS AFRO-BRASILEIROS NO ESTADO DO RIO DE JANEIRO — Um Ensaio Etnobotânico. In *Rodriguesia*, 37 (63): 3-9, 1985.

GUIMARÃES, Elsie F. CONSIDERAÇÕES SOBRE O GÊNERO OTTONIA SPRENGEL NO BRASIL. In *Boletim do Museu Botânico Kuhlmann* n? 3 — IBDF — Jardim Botânico do Rio de Janeiro, 1984.

GUIMARÃES, Elsie F. & MAUTONE, Luciana & RIZINNI, Carlos Toledo & MATTOS FILHO, Armando de. ÁRVORES DO JARDIM BOTÂNICO DO RIO DE JANEIRO. Rio de Janeiro, Jardim Botânico, 1993.

HOEHNE, F. C. ALBUM DA SECÇÃO DE BOTÂNICA DO MUSEU PAULISTA. São Paulo, Imprensa Methodista, 1925.

HUIBERS, Jaap. O LIVRO DE OURO DA SAÚDE: Plantas Medicinais. São Paulo, Hemus Editora Ltda.

HUIBERS, Jaap. CURAR O FÍGADO COM AS PLANTAS MEDICINAIS. São Paulo, Hemus Editora Ltda., 1983.

ÌDÒWÚ, Gideon Babalolá. UMA ABORDAGEM MODERNA AO YORÙBÁ (NAGÔ). Porto Alegre, Palmarinca, 1990.

JACKSON, Mildred & TEAGUE, Terri. MANUAL DE REMEDIOS NATURALES — Alternativa a la medicina química. Madrid, Editorial EDAF, 1993.

JACCOUD, R.J.S. CONTRIBUIÇÃO PARA O ESTUDO DAS PLANTAS MEDICINAIS NO NORTE DE MINAS GERAIS, PEDRA AZUL — I. In SELLOWIA, Anais Botânicos do Herbário "Barbosa Rodrigues" n? 6 — Itajaí-SC, 1954.

KAYODE, Michael & OLUYEMI, Michael. CÂNTICOS DOS ORIXÁS EM YORÙBÁ. Volta Redonda, FEVRE, 1991.

KISSMANN, Kurt Gottfried. PLANTAS INFESTANTES E NOCIVAS. (3 vol.) São Paulo. BASF Brasileira (Tomo I), 1991, (Tomo II), 1992, (Tomo III), 1995.

KÖRBES, Vunibaldo Cirilo, Irmão. PLANTAS MEDICINAIS. Francisco Beltrão (PR), Associação de Estudos, Orientação e Assistência Rural, 1995.

LAINETTI, Ricardo & BRITO, Nei R. Seabra de. A CURA PELAS ERVAS E PLANTAS MEDICINAIS. Rio de Janeiro, Edições de Ouro, 1979.

LODY, Raul. TEM DENDÊ TEM AXÉ. Rio de Janeiro, Editora Pallas, 1992.

LONGHI, Rubens Alberto. LIVRO DAS ÁRVORES: Árvores e Arvoretas do Sul. Porto Alegre, L & PM Editores, 1995.

LORENZI, Harri. ÁRVORES BRASILEIRAS : Manual de Identificação e Cultivo de Plantas, Árvores Nativas do Brasil. São Paulo, Editora Plantarum Ltda., 1992.

————. MANUAL DE IDENTIFICAÇÃO E CONTROLE DE PLANTAS DANINHAS. São Paulo, Editora Plantarum Ltda., 1994.

————. PLANTAS ORNAMENTAIS NO BRASIL: Arbustivas, herbáceas e trepadeiras. São Paulo, Editora Plantarum Ltda., 1995.

MORGAN, Rene. ENCICLOPÉDIA DAS ERVAS E PLANTAS MEDICINAIS. São Paulo, Hemus Editora Ltda., 1982.

NEIVA, Lauro. A CURA DO CÂNCER PELO AVELOZ. Rio de Janeiro, Editora Artenova S.A., 1974.

NOTARE, Marcelo. PLANTAS HIDRÓFILAS e seu Cultivo em Aquário. Rio de Janeiro, Edições Sulamérica, 1992.

PALAZZO JR., José Truda. FLORA ORNAMENTAL BRASILEIRA: Um guia para o paisagismo ecológico. Porto Alegre, Sagra:DC Luzzatto, 1993.
PEREIRA, Nunes. A CASA DAS MINAS. Petrópolis, Editora Vozes, 1979.
PIMENTEL, Álvaro A. M. Pantoja. OLERICULTURA NO TRÓPICO ÚMIDO: Hortaliças na Amazônia. São Paulo, Editora Agronômica Ceres, 1985.
POTT, Arnildo & POTT, Vali J. PLANTAS DO PANTANAL. Corumbá, EMBRAPA — Centro de Pesquisa Agropecuária do Pantanal, 1994.
RICCIERE, Tania M. Nora. BIBLIOGRAFIA DE PLANTAS MEDICINAIS I. Rio de Janeiro, Ed. Expressão e Cultura, 1989.
RIO, João. AS RELIGIÕES DO RIO DE JANEIRO. Rio de Janeiro, Org. Simões, 1951.
ROCHA, Agenor Miranda. OS CANDOMBLÉS ANTIGOS DO RIO DE JANEIRO: A Nação de Ketu: Origens, Ritos e Crenças. Rio de Janeiro, TOPBOOKS Editora, 1994.
RODRIGUES, Roberto Martins. A FLORA DA AMAZÔNIA. Belém, CEJUP, 1989.
SANGIRARDI JÚNIOR. PLANTAS ERÓTICAS. Rio de Janeiro, Editora Codecri Ltda., 1981.
———. DEUSES DA ÁFRICA E DO BRASIL. Rio de Janeiro, Editora Civilização Brasileira S.A., 1988.
SANTOS, Eurico. NOSSAS MADEIRAS. Belo Horizonte, Editora Itatiaia Ltda., 1987.
SANTOS, Juana Elbein dos. OS NÀGÓ E A MORTE. Petrópolis, Editora Vozes, 1979.
SCHNELL, R. FLORE ET VÉGÉTACION DE L'AFRIQUE TROPICALE. (2 vol.) Bordas, Paris, Gauthier-Villars, (Tomo I), 1976, (Tomo II), 1977.
SILVA, M.B.N. In "CULTURA NO BRASIL COLONIAL", Coleção História Brasileira, n.º 6, Rio de Janeiro, Editora Vozes, 1981.
SIMPSON, G.E. YORUBA RELIGION AND MEDICINE. Nigéria, Ed. Ibadan University Press, 1980.
VERGER, Pierre Fatumbi. EWÉ — USO DAS PLANTAS NA SOCIEDADE IORUBÁ. São Paulo, Companhia das Letras, 1995.
———. ARTIGOS — Tomo I. São Paulo, Editora Corrupio, 1992.
———. ORIXÁS. Salvador, Editora Corrupio, 1981.
———. POISONS (ORÔ) AND ANTIDOTES (ÈRÒ): from evil works (abílù) and protection from them Idáàbòbò. Stimulants and tranquilizers. Anais, Seminar, University of Ifé, 1976.
———. COLLOQUE SUR LES CULTES DE POSSESSION, CNRS, Paris, 1968.
———. AWON EWÉ OSANYIN: Yoruba Medicinal Leaves. Nigéria, University of Ife, Ed. Institute of African Studies, 1967.
———. O FUMO DA BAHIA E O TRÁFICO DE ESCRAVOS DO GOLFO DE BENIN. Salvador, Ed. CEAO, 1966.
VIEIRA, Lúcio Salgado. FITOTERAPIA DA AMAZÔNIA — Manual das plantas medicinais. São Paulo, Editora Agronômica Ceres, 1992.
VON HERTWIG, Francisco Igor. PLANTAS AROMÁTICAS E MEDICINAIS. São Paulo Ícone Editora, 1991.

Este livro foi composto na tipografia
Trebuchet MS, em corpo 10,5/15, e impresso em
papel off-set no Sistema Digital Instant Duplex
da Divisão Gráfica da Distribuidora Record.